처음 읽는 **한문**

계몽편·동몽선습

처음 읽는 한문

계몽편 · 동몽선습

이재황 지음

안나푸르나

머리말

　　한문은 한글을 풍요롭고 더 정확하게 사용하기 위한 언어이다. 본질적으로 한문과 중국어는 다른 언어다. 그러므로 이 책은 중국어를 배우기 위한 사람의 교재가 될 수 없다. 이 책을 쓰면서 '한글 전용'의 주장을 되새겨본다. 한문을 익히지 않고 공부를 하고, 저마다의 표현을 글로 쓸 수 있다면 한글로 충분하다. 모두가 국어학자가 아닌 다음에야 굳이 어려운 한문을 공부할 필요가 있나 싶다. 무릇 말이란 자연스럽게 익히는 것이 맞다. 자신의 모국어가 아닌 문자를 억지로 익혀야 하는 수고는 번거롭고 힘들다. 이 책은 한문을 모든 사람이 공부해야 한다는 주장을 기반으로 쓰인 것은 아니다. 다만 시대가 변해서 '한글 전용'과 '한문 공부'가 함께 필요한 세상이 되어간다. 그러니 그저 한문 공부를 하고 싶은 이들에게 도움이 되길 바라며 적는다.

　　번역본으로 옛 고전을 읽으면 뭔가 허전한 느낌이 들 때가 있다. 딱히 번역의 문제라기보다, 번역으로는 결코 표현할 수 없는 여지가 남기 때문이다. 가령 인(仁)이니 군자(君子)니 하는 글자들이 난데없이 튀어나오는데, 막상 이해하려고 보면 그 개념들이 무슨 뜻인지 막막하다. 그럴 때 한문 원문 자체로 뛰어들고 싶은 충동을 느낀다. 순수하게 한문으로만 이루어진 문장으로 그 뜻을 관통하고 싶은 욕구, 충동이 아니라 필요에 따라서 원전을 확인해야 하는 경우도 있을 것이다. 그러려면 먼저 한문을 읽을 수 있는 공부를 해야 한다.

 의욕을 가지고 한문을 배워보려 학습서를 잡지만, 몇 장 넘기다가 포기하는 경우가 많다. 이유는 딱딱한 공부 방법 때문이다. 정확히 말하면 한문 공부도 영어를 익히는 방식으로 덤벼들기 때문이다. 한문은 문법 체계를 익히고 그 문법의 힘으로 주어진 문장을 분석해서 파악하는 언어가 아니다. 문법 체계 자체가 원시적이기 때문이다. 문법 체계가 확고하지 않은 언어를 현대적인 문법 체계로 접근하면 오히려 혼란만 가중된다. 한문은 수천 년 전에도 사용됐던 언어이지만 그 성장이 멈춘 지 오래다. 이렇게 오래된 언어를 익히는 방법으로, 서양의 언어를 익히는 방식을 취한다는 것은 위험하기도 할 뿐 아니라 효과적이지 못할 수 있다.

모든 언어는 인내심을 발휘하며 공부하면 뜻하는 바를 이룰 수 있다. 그러나 한문 공부는 그러한 인내심 이상의 것이 필요하다. 때문에 한문의 특성에 맞는 교육 방법을 따르면 단순히 한자를 외우는 것 이상을 체득할 수 있지 않을까 하는 생각에서 이 책을 쓰게 되었다. 방법을 바꾸면 문장이 눈에 들어오고 저절로 익힐 수 있을 것 같았다. 그럼 그 방법은 무엇일까. 그냥 한번 술술 읽고 끝내는 것이다! 아니 그렇게 쉬운 길만 찾아서 공부가 되겠느냐고 할지 모르지만, 내 생각으로는 그게 훨씬 효과적이다. 무엇보다 중도에 포기하여 영원히 한문 공부와 담을 쌓는 함정에 빠지지 않기 때문이다.

이 책은 그런 시도의 하나로서, 복잡한 문법에 연연하지 않고 한문 공부를 하도록 만들어봤다. 옛날부터 초학 교재로 쓰였던 《계몽편》과 《동몽선습》을 읽되, 문법 설명은 최소화하고 비슷한 구문을 반복해서 봄으로써 자연스럽게 문장과 친숙해질 수 있다. 한문을 읽어나가자면 문법보다는 옛 문화에 대한 상식이 필요하기 때문에, 두 텍스트의 보충 설명 삼아 관련되는 동양 문화 상식을 이것저것 덧붙였다. 더불어 자연스럽게 문장의 맥락을 파악할 수 있을 것이다. 어쩌면 동양 문화 '상식'이기 때문에 이미 알고 있는 이야기도 있을 것이고 새삼스럽게 깨닫는 것도 있을 것이다. 처음부터 완벽하게 문장을 이해하려 하기보다는, 이런 이야기들과 함께 '설렁설렁' 진도를 나가고 나서 어느 정도 감이 잡힌 다음 텍스트를 다시 한 번 훑는 것이 좋겠다.

험준하고 난관이 많은 지름길과 평탄하고 볼거리가 많은 에움길 가운데 어느 쪽을 택하면 목적지에 먼저 도착할 수 있을까? 가장 확실한 길은 돌아오지 않고 목적지를 향하는 것이다. 이 책은 그 방법을 택했다.

과분한 추천사를 써주신 김훈 선생께 감사의 말씀을 올린다. 일면식도 없는 필자의 책에 관심을 보이시고 조언을 해주신 데다 추천사까지 써주신 것을 생각하면 머리가 숙여진다. 이 책의 방향이 틀리지 않았다는 격려로 알고 더욱 정진하겠다. 안나푸르나 출판사의 김영훈 대표와 편집진에게도 감사드린다. 어설픈 원고를 마다치 않고 오랜 기간 씨름한 끝에 책다운 책으로 만들어주셨다. 덕분에 부족한 아무개의 책이 조금은 쉽게 독자들께 다가갈 수 있게 됐다.

이재황

《 들어가기 전에 알고 막히면 다시 새겨야 할 것들 》

이 책의 공부 방식은 좀 특이하다. 다른 한문 공부 책들의 핵심 내용이랄 수 있는 문법 설명은 대폭 줄이고 그마저 구석으로 돌렸다. 다른 언어를 공부할 때 문법 설명은 지루함의 근원이고, 한문의 경우 문법이 문장을 이해하는 데 그다지 실효가 없다는 판단 때문이다. 왜 그럴까?

해답은 한문의 특성에 있다

한문은 원시적인 언어다. 한문을 폄하하려는 게 아니고, 진단이 제대로 돼야 정확한 처방이 나올 수 있기 때문에 하는 말이다. 단적으로 말해서 한문은 단어만 늘어놓은 것이다. 이런 식이다.

韓國破日本 (한국 이기다 일본)

괄호 안의 번역이 무성의하거나 심지어 악의적이라고 할 수도 있다. 언어 체계가 다르니 번역할 때 '마사지'를 좀 해서, '한국이 일본을 이겼다' 정도로 해줘야 하는 게 아니냐고 항변할 수 있다. 그건 그렇다. 그럼 이걸 좀 보자.

[한문]   韓國破日本 (한국 이기다 일본)
         日本破韓國 (일본 이기다 한국)

[우리말] 한국이 일본을 이겼다.
         일본을 한국이 이겼다.

한문은 문장 속에서의 위치만 바꿔놓으면 정반대의 뜻이 되는데, 우리말은 그렇지 않다. '을'이나 '이' 같은 조사를 개발해서 좀 더 자유롭고 명확한 의사 전달이 가능하다. 언어학자들은 뭐라고 할는지 모르지만, 그런 면에서 한문은 원시적인 언어다. 나중에 보겠지만 물론 한문에서도 그런 개발 노력을 한 부분들이 있는데, 체계적이지도 못하고 또 중간에 죽은 언어가 돼버렸기 때문에 '원시성'이 강하게 남아 있다.

그럼 이런 진단이 한문 공부하고 무슨 관계가 있을까? 제대로 문법 체계가 갖추어지기 전에 죽은 언어를, 현대적인 문법 체계를 덮어씌워서 이해하려는 게 잘못이라는 말이다. 한문의 문장구조는 복잡하지 않은데, 문법 체계로 엮으려다 보면 실제보다 복잡해져서 오히려 해석이 더욱 어려워진다.

한문이나 우리말이나 문장의 기본 구조는 '주어+서술어'다. 한문은 이 기본 구조의 활용 빈도가 매우 높은데, 이 때문에 원시적이라고 할 수 있다. 주어부와 술어부가 다시 작은 주어부와 술어부로 채워지고 그 것들은 또다시 더 작은 주어부와 술어부로 채워져서, 마치 양파 껍질처럼 '주어+서술어'가 층층이 나오는 경우가 많다. 같은 자격의 문장이 병렬돼 나오는 경우도 많다. 여기에 부사어 같은 수식어가 붙으면 조금 복잡해질 뿐이다.

과격한 말일지도 모르겠지만 한문에는 품사가 없다는 주장이 있는데, 무시할 수만은 없는 얘기다. 나중에 누누이 보겠지만, 위치에 따라서 동사도 명사로 해석하고 명사도 동사로 해석하니 품사 구분이 무의미한 건 분명하다. 무의미한데도 억지로 품사론을 도입하니까 부사어니 조동사니 하는 서양 문법을 바탕으로 하는 용어들이 난무하는데, 이런 분석들이 '주어+서술어'의 단순 구조를 복잡한 문장으로 둔갑시킨다.

한문은 품사 구분이 무의미하다는 것과 함께, 기본적으로 한 글자가 한 단어라는 특성이 있다(물론 예외는 있다). 서양식 문법 체계에 신경 쓰지 말고 기본 문장성분의 덩어리들을 찾아내면 한문이 쉬워진다. '주어+서술어'의 단순 구조가 많기 때문이다.

물론 '주어+서술어' 외에 목적어나 보어가 더 들어간 한문 문장도 있다. 그런데 한문에서는 목적어와 보어의 구분이 명확하지 않다. 영어에 문장 5형식이란 게 있다.

1형식 : 주어+동사
2형식 : 주어+동사+보어
3형식 : 주어+동사+목적어
4형식 : 주어+동사+간접목적어+직접목적어
5형식 : 주어+동사+목적어+보어

한문도 기본 어순은 영어하고 같으니까 이것과 비슷하다. 그런데 앞서 말한 대로 목적어와 보어의 구분이 분명치 않기 때문에, 2형식이나 3형식이나 결국 같은 것이 된다. 4형식과 5형식도 마찬가지다. 한문 문장은 결국 세 가지 형식으로 정리된다.

1형식 : 주어+서술어
2형식 : 주어+서술어+부가어
3형식 : 주어+서술어+부가어1+부가어2

목적어 · 보어 같은 보충 요소를 이 책에서는 합쳐서 부가어라고 부르기로 한다. 정립된 한문 문법 용어가 아니므로 이 책에서만 쓰자.
이렇게 보면 한문은 '주어+서술어'의 기본 구조가 주가 되고 여기에 부가어가 한두 개 추가되기도 한다고 간단히 정리할 수 있다. 쓸데없는 문법 다 버리고, 이런 구조를 보는 눈을 기르는 게 낫다.

이 책의 공부 방식

그럼 이 책을 가지고 어떻게 공부를 해나가야 할까?
첫째로, 앞에서 잠깐 언급했지만 이 책에서는 문법을 전면에 내세우지 않는다. 어떤 외국어를 배우더라도 문법이 필수일 텐데, 문법을 내세우지 않는다는 게 이상하게 생각될 수도 있다. 그러나 거기에는 두어 가지 이유가 있다.
우선 문법을 전면에 내세우는 건, 다른 외국어 학습의 경우에도 마찬가지지만 대단히 조급한 방식이다. 시간을 절약해서 단기간에 끝내기 위한 것이다. 문법은 대개 딱딱하고 복잡한데, 시간을 절약한다는 이점을 누리려면 이 딱딱하고 복잡함을 이겨내는 인내력이 필요하다. 그러나 동기부여가 약한 경우에는 곧잘 '중도 포기'라는 함정에 빠지게 된다.

영어 공부 할 때를 생각해보자. 처음부터 문법을 공부하진 않는다. 그렇게 해봐야 금세 나가떨어질 뿐이다. 그런데 왜 한문은 문법만 가지고 공부를 끝내려고 할까? 좋은 방법이 아니다.

문법을 내세우지 않아야 하는 또 한 가지 이유는 앞에서 얘기한 한문 문법 자체의 특성 때문이다. 우리가 배우는 대부분의 외국어는 살아 있는 언어다. 그래서 문법이 비교적 잘 정리돼 있고, 예외 사항들도 장기적으로는 그런 문법의 틀에 맞추어 정리돼가는 경향이 있다.

그런데, 다시 말하지만 한문은 죽은 언어다. 전근대 사회에서만 쓰이다가 그 상태로 박제된 언어다. 따라서 문법적인 정리 과정을 거치지 못해서 투박하다. 백여 년 전부터 거기에 문법이라는 틀을 씌워 설명을 하고는 있지만, 불명확하거나 예외가 많다. 학습에 도움을 준다기보다는 학술적인 관심의 대상에 가깝다. 가장 기본적인 품사 분류조차도 아직 학자마다 제각각이다. 한문 문법은 가능하다면 덜 건드리는 게 좋다.

한문 공부의 두 번째 방법은 첫 번째 이야기의 뒷면이다. 바로 문장 읽기다. 영어 공부 할 때도 동사가 어떻고 부사가 어떻고 따지기 전에 'I am a boy'부터 시작하지 않는가?

한문 문장 읽기에서 주의할 점이 있다. 다른 한문 공부 책들도 문법 설명하면서 예문을 들고 있으니 문장을 읽을 기회는 있는 셈이다. 그런데 여기저기 고전에서 한 문장씩 따온 문장들이 많아 초보자가 이해하기는 어렵다. 한문은 발달이 덜 된 언어이기 때문에 맥락이 중요한데(이

건 앞으로 누누이 강조되고 또 경험할 것이다), 그 맥락을 빼놓았기 때문이다. 따라서 맥락이 살아 있는 문장을 읽는 것이 중요하다. 또 하나, 당연한 얘기지만 쉬운 글부터 읽어야 한다. 어려운 글 붙잡고 씨름하다가는 지쳐 나가떨어지기 십상이다.

세 번째 방법 역시 첫 번째의 문법 문제와 연결되는 것이다. 문법의 틀 없이 외국어 문장을 이해한다는 게 막막할 수도 있겠는데, 한문의 경우라면 우리에게는 다행히도 '사전 지식'이 있다. 바로 우리말에 대량으로 녹아든 한자어다. 나중에 이야기할 기회가 있겠지만, 한자 단어는 한문 문장의 축소판이다. 한문 문장에서 낯익은 단어를 발견하거나, 그게 아니더라도 내용을 유추할 수 있는 구조를 발견할 수 있다면 영어에서 문장 속의 구句를 이해한 셈이다. 그만큼 전체 문장의 의미에 다가서는 것이다.

그래서 우리는 한문 문장 속에서 이런 단어나 어구에 유의해야 한다. 틀이 잡힌 외국어들은 어구를 이해한다 해도 그 어구들을 연결하는 문법의 도움을 받아야 하지만, 한문은 앞서 말했듯이 덜 발달된 언어기 때문에 문법의 역할이 상대적으로 작다. 어구들 사이의 관계 설정은 상식적인 판단이 더 중요하고, 그 때문에 앞에서 맥락이 중요하다고 한 것이다.

네 번째 역시 문법 문제와 연결된다. 한문에서 보조 요소로 쓰이는 (그렇다고 중요하지 않다는 의미는 아니고, 오히려 더 중요한) 글자들을 집중적으로 익히면 효과적이다.

한문에는 품사가 없다는 얘기를 했지만, 유일하게 의미가 있는 구분이 있다. 실사實詞와 허사虛詞로 나누는 것이다. 주어·서술어·목적어·보어 역할을 하는 명사·동사·형용사 등을 알맹이 즉 고유의 개념이 있다는 의미에서 실사라 하고, 어조사같이 보조 역할을 하는 그 밖의 글자들을 알맹이가 없다는 의미로 허사라고 한다. 한문에 품사가 없다는 말은 실사를 명사·동사·형용사 등으로 나누는 게 의미가 없다는 얘기다.

그런데 역설적으로, 실사는 명확한 개념을 나타내는 것이기 때문에 개수가 많고 그 의미가 필요한 곳에만 한정적으로 쓰여 아무 데나 나오지 않지만, 허사는 분위기를 나타내는 것이기 때문에 개수가 적고 자주 얼굴을 내민다. 요리에서 주재료가 실사라면 양념이 허사와 같은 것이다.

한문에 독특한 허사라는 개념은 한문의 특성 때문에 생겼다. 한문은 띄어쓰기나 문장부호가 나오기 전에 만들어져서 쓰이다가 그 상태로 박제된 문장 형태다. 한문의 계승자인 현대 중국어는 표점을 해서 띄어쓰기도 하고 문장부호도 붙여 현대화한 것이다. 띄어쓰기나 문장부호가 없었던 한문에서 그 역할을 한 것이 바로 허사다. 군데군데 허사를 넣어줌으로써 문장 속에서 어구를 어떻게 덩어리 지어 읽으라고 알려주고, 그 문장을 평서문으로 이해해야 하는지 의문문으로 이해해야 하는지 문장의 성격을 알려준다. 말하자면 띄어쓰기나 문장부호가 없어 여러 가지로 달리 해석될 수 있는 문장을 쓰면서, 필자의 의도를 오해 없이 전달하기 위한 '팁'인 셈이다.

이런 사정을 이해하면 우리가 한문 공부를 어떻게 하는 것이 가장 효과적인지에 대한 해답이 나온다. 바로 그 허사들을 키워드로 익혀놓는 것이 한문 문장 이해의 지름길이다. 앞서 말했듯이 이 허사는 개수가 많지 않고, 특히 자주 쓰이는 허사들이 있다. 이 허사들에 집중한다면 한문 문장을 더 쉽게 이해할 수 있다. 소금·간장·된장·마늘·고춧가루·깨소금·참기름·후춧가루 등 자주 쓰이는 양념 몇 가지를 갖추고 있으면 그때그때 주재료를 구해다 음식을 바로 만들어 먹을 수 있는 것처럼 말이다. 허사가 어떤 것들인지는 앞으로 공부해나가면서 하나씩 살펴보자.

한 가지 덧붙이자면, 이 책에서는 설명의 편의를 위해 우리에게 익숙한 우리말이나 영어 등의 문법 용어들을 동원하기도 할 것이다. 그러나 그런 용어들은 한문 문법 용어로 정립된 것은 아니기 때문에(일부 그런 것이 있더라도 굳이 알 필요는 없다) 해당 부분의 이해에만 활용하고 바로 버리면 된다.

이런 주의 사항들을 머릿속에 넣고, 이제 《啓蒙篇》과 《童蒙先習》의 문장으로 들어가보도록 하자.

차례

머리말 4

들어가기 전에 알고 막히면 다시 새겨야 할 것들 8

1부 계몽편

제1강 首篇 ⑴ 하늘과 땅과 사람 20

제2강 首篇 ⑵ 만물의 성질 30

제3강 天篇 ⑴ 하늘에 달려 있는 것들 33

제4강 天篇 ⑵ 시간을 세는 법 39

제5강 天篇 ⑶ 사계절과 이십사절기 47

제6강 天篇 ⑷ 나고 자라고 거두고 저장하고 54

제7강 地篇 ⑴ 오악과 사해 60

제8강 地篇 ⑵ 운무와 우설, 상로와 풍뢰 66

제9강 地篇 ⑶ 생활 터전과 도구들 72

제10강 地篇 ⑷ 오행의 상생과 상극 76

제11강 物篇 ⑴ 동양의 동식물 분류 82

제12강 物篇 ⑵ 유익한 동물, 무익한 동물 88

제13강 物篇 ⑶ 곡식과 과일과 채소 94

제14강 物篇 ⑷ 물건을 계량하는 법 102

제15강 人篇 ⑴ 사람이 가장 뛰어나다 108

제16강 人篇 ⑵ 가족과 친척의 호칭 112

제17강 人篇 ⑶ 부부와 부자와 군신 118

제18강 人篇 ⑷ 사회생활의 원리 125

제19강 人篇 ⑸ 형제와 친척 129
제20강 人篇 ⑹ 학문을 해야 하는 이유 136

2부 동몽선습

제1강 五倫 序 오륜이란 무엇인가 142
제2강 父子有親 천성적인 정 148
제3강 君臣有義 하늘과 땅처럼 다르다 155
제4강 夫婦有別 두 성을 합친 것 161
제5강 長幼有序 천륜에 따른 차례 171
제6강 朋友有信 같은 부류의 사람 178
제7강 五倫 總論 오륜의 실천 188
제8강 五倫 結論 효도와 학문 196
제9강 中國史 ⑴ 요순시대 이전 200
제10강 中國史 ⑵ 하·상·주 삼대 207
제11강 中國史 ⑶ 통일과 분열의 반복 217
제12강 中國史 ⑷ 송에서 명까지 225
제13강 中國史 ⑸ 질서와 혼란, 흥과 망의 이유 232
제14강 韓國史 ⑴ 단군에서 삼한까지 237
제15강 韓國史 ⑵ 삼국에서 후백제까지 246
제16강 韓國史 ⑶ 고려와 조선 250
제17강 韓國史 ⑷ 기자가 끼친 영향 256

제1강 爱豪爱/其意 (1)

의롭지 않지만 사랑

上有天, 下有地, 天地之間, 有人类, 有動物類,
日月, 電電系, 大地所依託; 江海, 山嶽系, 地方所依也,
父子, 君臣, 夫婦, 長幼, 朋友, 人之大倫也.

하늘이 있고, 아래에는 땅이 있다. 하늘과 땅 사이에 인류가 있고, 동물이 있다.
해와 달과 별들은 하늘이 의지하는 것이고, 강과 바다와 산들은 땅이 의지하는 것이다.
아버지와 아들, 임금과 신하, 남편과 아내, 어른과 아이, 친구와 친구는 곧 인간의 큰 윤리이다.

〔기본 단어〕

天地: 하늘과 땅, C 日月: 해와 달, B 江海: 강과 바다, B 父子: 아버지와 아들, B 君臣: 임금과 신하, B
夫婦: 남편과 아내, B 朋友: 친구와 친구, B 人倫: 대륜, C

※ A는 생활어, B는 중 대응어, C는 고등어

紫竹屋

옛날 우리 선조들이 한문 공부를 위해 가장 먼저 잡았던 책은 《千字文^(천자문)》이다. 그런데 《千字文》은 네 글자씩 한 구를 이루는 운문 형태여서, 문장 공부보다는 글자 공부에 중점이 두어져 있다.

문장 공부를 위한 첫 책은 《啓蒙篇》이었는데, 저자가 누군지도 모른 채 널리 쓰여왔다. 널리 쓰였다면서 저자도 모른다니 이상하겠지만, 아무튼 그런 이유로 내용에 약간씩 차이가 있다. 그렇긴 해도, 어차피 한문 공부를 하자는 교재일 뿐이니까 신경 쓸 필요는 없다.

'啓蒙'은 글을 모르는 사람들에게 그걸 깨우쳐준다는 의미고 '篇'은 '책'이라는 말이니, '啓蒙篇'은 글을 가르치는 책이라는 뜻이 담겨 있다.

《啓蒙篇》은 首篇^(수편)부터 시작해서 天篇^(천편) · 地篇^(지편) · 物篇^(물편) · 人篇^(인편) 등 다섯 부분으로 구성돼 있다. 首가 '머리'라는 뜻이니 수편은 글의 첫머리에 서론 격으로 들어간 부분임을 쉽게 알 수 있겠고, 天-地는 우리를 둘러싸고 있는 자연환경, 人-物은 그 안에 살고 있는 사람과 동·식물을 의미한다. 天地와 人物은 각기 하나의 단어를 이루는데, 人物의 경우 지금 우리는 이 단어를 주로 '사람'이라는 뜻으로 쓰고 있지만, 본래는 人+物 즉 '사람과 만물'이라는 의미이다. 특히 物은 때로 무생물을 제외하고 생물만 가리키기도 해서, 여기서는 人物이 '사람과 동·식물'을 뜻한다.

首篇은 아주 짤막한데, 앞에 제시된 부분은 그 전반부다. 앞으로 이런 제시문이 나오면 먼저 문장들 속의 단어와 어구부터 살펴보자. 이 책의 공부법 세 번째, '한자 단어와 어구에 유의하라'는 말을 상기하자.

우선 내가 알고 있는 단어가 어떤 게 있나부터 찾아보자. 연필로 밑줄을 그어봐도 좋다. 天地, 萬物, 日月…. 그다음엔 내가 모르거나 가물가물한 글자들을 익힌다.

병렬, 대우, 주종 세 가지 결합 방식에 주목하라!

자, 이제 어떤 단어들이 있는지 보자. 낯익은 단어들이 많이 눈에 띄는데, 이걸 좀 분류해서 볼 필요가 있다. 단어들이 어떻게 만들어졌나를 이해할 수 있고, 그걸 이해한다면 문장구조를 이해하는 데도 도움이 되기 때문이다.

20쪽 기본 단어 뒤에 B니 B*니 C니 하는 암호 같은 것을 붙여놨는데, 이것은 단어 만들기를 유형별로 설명하기 위한 부호다.

B는 같은 자격의 두 낱말을 병렬시키는 형태다. 天地나 日月 같은 것이다. '같은 자격'이라는 건, 비슷한 개념일 수도 있고 경우에 따라서는 정반대의 개념일 수도 있다. 父子나 君臣 같은 것은 정반대 개념이다. 이렇게 정반대 개념의 글자 짝을, 좀 어려운 말로 대우자對偶字라고 하며 B*로 표시했다. 대우자냐 아니냐의 판단은 관점에 따라서 이견이 있을 수 있지만, 앞에 제시된 단어들 가운데 天地·日月·父子·君臣·夫婦·長幼는 대우자로 볼 수 있고 星辰·江海·山嶽·朋友는 비슷한 개념이 결합한 일반 병렬어다. 본문 구절에서 뽑아 만들 수 있는 단어인 上下도 대우자고, 역시 조합 단어인 江山·海嶽도 대우자로 볼 수 있다.

이런 병렬자 단어를 알아두는 것은 그 단어가 들어간 문장을 이해하는 데도 도움이 되지만, 그 글자들이 따로 떨어져서 나오는 문장 독해를 위해서도 필요하다. 앞의 문장들 가운데 天과 地가 떨어져서 나오는 경우를 보면, 같은 구조의 문장이 반복되면서 몇 개의 글자만 바뀌어 들어간 것을 볼 수 있다.

上有天, 下有地.

이 문장에서는 上과 下도 정반대의 개념인데, '~有~'의 같은 구조에서 앞에는 上/下의 짝이 교대로 들어가고 뒤에는 天/地의 짝이 교대로 들어갔음을 알 수 있다. 재료만 바꿔서 한 틀에 찍어낸 '붕어빵 문장'이다.

日月 · 星辰者, 天之所係也; 江海 · 山嶽者, 地之所載也.

이 문장 역시 '~者 ~之所 ~也'라는 공통 부분을 찾아낼 수 있고, 天과 地가 같은 자리(之의 앞)에 들어갔음을 알 수 있다.

이렇게 연관 있는 글자들이 같은 구조의 문장을 이끄는 경우가 많다. 앞의 首篇 (1) 본문에는 표점이 돼 있지만, 표점이 없는 한문 문장을 해석할 때 이런 글자들이 요긴하다.

C는 두 글자가 주종主從 관계에 있는 경우다. 대체로 뒤 글자가 핵심적인 의미를 나타내고, 앞 글자는 뒤 글자를 수식하거나 한정함으로써 새로운 개념을 만들어낸다. 여기서는 萬物 · 大倫이 이에 해당하고, 人倫 같은 단어도 만들어낼 수 있다. 萬物의 경우 '많은(萬) 사물(物)'이라는 뜻이니 萬이 物을 수식 또는 한정하고 있다. 이것을 우리는 단어로 인식하고 있지만, 한문 문장 속에 이런 구조의 단어가 들어가면 우리말의 '어구'에 해당한다.

C의 경우 '萬物'처럼 수식을 받는 뒤쪽이 명사라면 '관형어+명사', 동사/형용사라면 '부사어+동사/형용사'겠다. 그러나 한문은 품사 구분이 별 의미가 없으니까 '주종 구조'로 뭉뚱그려 기억해두면 된다.

이 밖에 두 글자가 문장성분처럼 결합하거나 심지어 아무런 관계도 없는 경우 등 B, B*, C 이외의 경우에 대해서는 나오는 대로 설명하겠다.

한문 문장의 기본 형식은 '주어+서술어+부가어'!

본문의 문장을 하나하나 살펴보자.

① **上有天, 下有地.**

이 문장은 병렬어, 그 가운데서도 특히 상대어(대우자) 병렬을 이해하는 게 왜 중요한지 단적으로 보여준다. 上下와 天地가 상대가 되는 글자들의 결합인데, 한문은 같은 틀에 이렇게 상대가 되는 글자들을 집어넣어 찍어내는 문장들이 많다. 이 문장은 有 앞에 上-下가, 有 뒤에 天-地가 들어가서 앞 구절과 뒤 구절이 같은 틀에서 찍어 나온 어구임을 한눈에 알 수 있다. 물론 문장이 짧아서 '한눈에' 알 수 있지만, 문장이 길더라도 이런 동일 구조만 발견하면 해석은 끝난 셈이다.

上有天은 '위에는 하늘이 있다'고, 마찬가지로 下有地는 '아래에는 땅이 있다'다. 그런데 어느 게 주어고 어느 게 서술어인지 아리송하다. 우리말로 바꾸면 하늘/땅이 주어인 것처럼 보이는데, 한문에서는 어떨까? 앞서 살핀 한문 문장의 '주어+서술어+부가어' 3형식을 떠올리면 上/下가 주어 위치에 있고 有가 서술어 위치, 天/地가 부가어 위치에 있다. 그러나 우리말로 옮기면 좀 이상하다.

순서를 바꿔서 '위(上)는 하늘(天)을 보유한다(有)'로 번역해보자. 우리말로 옮겼을 때 어색해서 그렇지, 이렇게 하면 주어·목적어·서술어가 분명하다. 한문 자체로는 전혀 문제가 없는 구조다. 上/下가 '형식적 주어'다. 이런 '형식적 주어'가 한문에는 많기 때문에 눈에 잘 익혀둘 필요가 있다.

'~의' 之, 마침표 焉·也, '~한 바' 所. 허사를 기억하라!

② 天地之間, 有人焉, 有萬物焉.

여기서는 우선 天地之間이 한 단위임을 알아야 한다. '~之~'는 고사성어에 유난히 많이 나오고, 고사성어만이 아니라 한문에서 굉장히 많이 나오는 구조다. '~의 ~'라는 뜻이다. 塞翁之馬^{새옹지마}처럼, 'ㅇㅇ之ㅇ'의 네 글자로 된 것이 특히 많은데, 안정적인 글자 수인 네 글자에 맞추기 위해 '塞翁'(변방의 노인)과 '馬'(말)라는 두 단어를 연결시키는 요소로 之가 들어갔다. 우리가 가장 쉽게 접하는 동양 고전 가운데 하나인 《孟子^{맹자}》에서는 전체 글자의 5퍼센트 이상이 之 자라고 한다.

그러니까 天地之間은 '천지의 사이'다. 이 앞 문장 '上有天, 下有地'를 보자. 有를 눈여겨보고 上/下의 자리에 天地之間이 들어갔다고 보면, 같은 구조다. '上有天, 下有地, 天地之間有人'으로 나열됐다(뒤의 焉은 일단 무시하자). 天·地·人을 삼재^{三才}라고 하는데, 天·地·人 삼재가 같은 자리에 들어간 붕어빵 문장 세 개다.

그럼 焉은 뭘까? 앞서 한문 공부 방법을 말할 때 허사 얘기를 했는데, 焉은 그런 허사 가운데 하나다. 焉은 그 가운데 마침표에 해당하는 글자다. 따라서 '天地之間有人焉'은 '天地之間有人.'인 셈이다. 본래 焉은 於之를 간단하게 줄인 것인데, 여기서 之는 앞의 天地之間을 받는 대명사여서 번역하지 않고 넘어가도 된다.

맨 끝의 有萬物焉은 그 앞 有人焉과 같은 구조인 게 눈에 띈다. 人 대신 萬物이 들어갔다. 그 주어(형식적 주어라고 했다)는 天地之間인데 앞에 나왔기 때문에 생략됐다. 생략되지 않은 상태로 복원해보면 이렇다.

天地之間, 有人焉; 天地之間, 有萬物焉.

우리말로 옮길 때도 뒤의 天地之間을 생략해서 '하늘과 땅 사이에는 사람이 있고 만물이 있다'로 한다. 여기까지의 구조를 정리해보면 이렇다.

주어	서술어	부가어
上	有	天
下	有	地
天地之間	有	人+萬物

이렇게 정리하고 보니 天·地·人의 병렬 외에 또 하나의 병렬이 보인다. 바로 上·下·間이다. 이 문장이 되는 대로 쓴 게 아니라 논리 정연하게 쓴 것임을, 문장구조를 분석해보면 드러난다.

③ 日月·星辰者, 天之所係也; 江海·山嶽者, 地之所載也.

세미콜론으로 연결된 두 문장은 똑같이 '~者 ~也'의 구조임이 눈에 띈다. 日月·星辰과 江海·山嶽은 우리가 잘 아는 단어들의 나열이고, 생소하지만 天之所係와 地之所載도 한 쌍이다. 상대어인 天/地와 係/載만 바꿔 끼운 어구다.

먼저 也를 보자. 앞에서 焉이 마침표에 해당하는 허사라고 했는데,

본래 마침표의 주인은 이 也 자다. 동양 고전 하면 가장 먼저 생각나는 《論語논어》에서 전체 글자의 10퍼센트 가까이가 이 也 자라고 한다. 열 자마다 한 자 꼴이면, 요즘 아이들의 욕설 빈도보다는 못하지만 엄청난 수다. 그런데, 이게 일반적인 단어가 아니라 마침표·물음표·느낌표·쉼표 기능을 하는 문장부호라면 이해가 된다. 자주 나올 수밖에 없다.

《千字文》의 맨 끝 구절은 이렇다.

謂語助者, 焉哉乎也.

어조사라 하는 것은 焉^언·哉^재·乎^호·也^야 등이다.

여기 나오는 焉·哉·乎·也 모두 마침표나 물음표·느낌표 등에 해당하는 허사다. 앞에서 본 焉과 也가 어조사로 명시돼 있다(哉·乎는 나중에 살펴보자).

그런데, 也가 '~이다'라면 이 구절은 '어조사라 하는 것은 焉·哉·乎이다'라고 번역할 수도 있지 않을까? 먼젓번 해석은 이 문장에 종결사(마침표)가 없고 也도 앞의 세 글자와 같은 자격으로 나열된 것이라고 본 셈이고, 이런 '새로운' 해석은 也를 종결사로 본 것이다. 也까지 나열할 생각이라면 앞의 문장은 '謂語助者, 焉哉乎也也'라고 하는 편이 더 정확하겠다.

者는 '놈'이라는 훈^訓 때문에 높으신 분들의 기피 대상이 되기도 했던 글자다. '당선者'가 싫다고 '당선人'으로 바꿔 쓰라는 바람에 아직도 언론에선 '당선인'이라는 낯선 말이 주기적으로 등장하는데, 정작 그 신문·방송을 만드는 '記者'들이나 그런 데 기고하는 '學者'들은 아직도 '記人'이나 '學人'으로 명예 회복을 못하고 천대받고 있는 셈이다.

이 者는 '사람'이라는 뜻 외에, 문장 속에서 '~者'의 형태로 어구를 이끄는 허사로 쓰이기 때문에 기억해둘 필요가 있다. 앞의 《千字文》 끝 구절에도 나온다. '~라는 것'의 의미여서, 우리말의 불완전명사와 비슷하다고 보면 된다.

결국 '~者 ~也'는 '~라는 것은 ~이다'가 된다. 한문에서 가장 많은 비중을 차지하는 것이 '주어+서술어' 형식인데, 者로 주어부를 마무리하고 也로 서술부를 마무리한다고 보면 된다.

天之所係/地之所載에 나오는 所 역시 者와 비슷한 불완전명사 역할을 한다. 다만 者는 '~者'의 형태여서 앞의 것을 받는 반면, 所는 '所~'의 형태로 뒤의 것을 받는다. '~한 바'의 의미다. 그렇다면 所係는 '걸린 바', 所載는 '실린 바'가 된다.

여기 나오는 之는 앞서 天地之間에서 나온 '~의 ~' 구조의 그 之다. 그러니까 天之所係와 地之所載는 '하늘의 걸린 바', '땅의 실린 바'가 된다. 우리말로 매끈하지 않다면 조금 다듬어주자. '하늘에 걸린 것', '땅에 실린 것' 정도면 어떨까?

④ **父子·君臣·夫婦·長幼·朋友者, 人之大倫也.**

이것도 '~者 ~也'의 구조다. 사실 앞의 天之所係/地之所載에 이어 人之大倫(사람의 큰 윤리)을 말하는 것이니, 세 문장을 같은 틀에서 찍어내 병렬시킨 것이다.

人之大倫 앞부분은 父子君臣夫婦長幼朋友者로 붙여놓으면 굉장

히 길어서 겁이 날 수도 있겠지만, 우리가 알고 있는 단어들 父子 · 君臣 · 夫婦 · 長幼 · 朋友로 분해하면 사실은 쉬운 문장이다.

주어		서술어	
日月 · 星辰	者	天之所係	也
江海 · 山嶽	者	地之所載	也
父子·君臣·夫婦·長幼·朋友	者	人之大倫	也

이렇게 정리해놓고 보니 역시 天 · 地 · 人의 병렬임을 알 수 있다.

본문은 설명 편의상 네 문장으로 끊었지만, 사실은 다음과 같이 표점하는 것이 더 논리적이라고 할 수 있다.

上有天; 下有地; 天地之間有人焉, 有萬物焉.
日月 · 星辰者, 天之所係也; 江海 · 山嶽者, 地之所載也; 父子 · 君臣 · 夫婦 · 長幼 · 朋友者, 人之大倫也.

제2강 啓蒙篇/首篇 (2)
만물의 성질

以東·西·南·北, 定天地之方; 以靑·黃·赤·白·黑, 定物之色;
以酸·鹹·辛·甘·苦, 定物之味; 以宮·商·角·徵·羽, 定物之聲;
以一·二·三·四·五·六·七·八·九·十·百·千·萬·億, 總物之數.

동·서·남·북으로 천지의 방위를 정하고, 푸르고 누렇고 붉고 희고 검은 것으로 만물의 색깔을 정하고,
시고 짜고 맵고 달고 쓴 것으로 만물의 맛을 정하고, 궁·상·각·치·우로 만물의 소리를 정하고,
일·이·삼·사·오·육·칠·팔·구와 십·백·천·만·억으로 만물의 수를 묶어 망라한다

핵심 4 같은 자격으로 늘어선 단어들을 한 호흡으로!

여기에는 특별히 단어랄 것이 없고, 東·西·南·北^{동·서·남·북} 네 방위, 青·黃·赤·白·黑^{청·황·적·백·흑} 다섯 가지 색깔, 酸·鹹·辛·甘·苦^{산·함·신·감·고} 다섯 가지 맛, 宮·商·角·徵·羽^{궁·상·각·치·우} 다섯 음계, 一·二·三·四·五·六·七·八·九^{일·이·삼·사·오·육·칠·팔·구}와 十·百·千·萬·億^{십·백·천·만·억}의 기본 수와 단위 숫자 등 같은 자격의 글자들이 길게 나열돼 있다. 徵는 보통 '징' 발음이지만 음계일 때는 '치'로 발음한다.

여기 나오는 네 방위는 한 단어로 四方^{사방}, 다섯 가지 색깔은 五色^{오색}, 다섯 가지 맛은 五味^{오미}, 다섯 음계는 五音^{오음}이다. 이 가운데 오음은 五聲^{오성}이라고도 하는데, 중국 춘추전국시대의 책《管子^{관자}》〈地員^{지원}〉에는 이렇게 풀이돼 있다.

> 무릇 치^徵를 들으면 들쳐 멘 돼지가 깨어나 놀라 울부짖는 소리와 같고, 우^羽를 들으면 들에서 말이 우는 소리와 같고, 궁^宮을 들으면 소가 땅 구덩이 속에서 우는 것 같고, 상^商을 들으면 무리에서 떨어진 양의 소리 같고, 각^角을 들으면 꿩이 나무 위에 올라 우는 것 같아서 소리가 빠르고 깨끗하다.

이런 설명으로 알아듣기가 쉽지는 않은데, 宮·商·角·徵·羽는 각기 서양 음계의 도·레·미·솔·라에 해당한다고 한다.

서술어 앞 以~ 구문을 형식적 주어로 봐야 할 때가 있다!

앞으로 돌아가서, 본문의 문장구조도 알고 보면 단순하다. 세미콜론으로 연결된 다섯 문장은 모두 같은 구조인데, 공통 부분을 찾아보면 '以A 定B之C'로 정리할 수 있다. 마지막에만 定 대신에 總이 들어갔지만 같은 틀이다. 'A로써 B의 C를 定/總한다'로 해석된다.

以	A	定/總	B	之	C
以	東·西·南·北	定	天地	之	方
以	靑·黃·赤·白·黑	定	物	之	色
以	酸·鹹·辛·甘·苦	定	物	之	味
以	宮·商·角·徵·羽	定	物	之	聲
以	一·二·三·四·五·六·七·八·九·十·百·千·萬·億	總	物	之	數

그런데 定/總을 서술어로 본다고 해도 주어가 문제다. 정통적인 해석 방식으로는 주어가 생략됐고 '定~以~'의 구문이 도치(앞에 올 문장성분과 뒤에 올 문장성분의 위치를 뒤바꾸는 것)됐다고 설명하겠지만, 이런 설명은 복잡한 문법의 수렁으로 들어가는 입구다. 한문에서 품사가 고정되지 않고 동사적으로 쓰이는 것도 융통성 있게 해석될 수 있음을 떠올려, 이 경우 역시 '以~' 구문을 형식적 주어로 보면 된다.

제3강 啓蒙篇/天篇 (1)
하늘에 달려 있는 것들

日出於東方, 入於西方. 日出, 則爲晝; 日入, 則爲夜.
夜, 則月‧星著見焉.
天有緯星: 金‧木‧水‧火‧土, 五星, 是也.
有經星: 角‧亢‧氐‧房‧心‧尾‧箕‧
斗‧牛‧女‧虛‧危‧室‧壁‧奎‧婁‧胃‧昴‧畢‧觜‧參‧
井‧鬼‧柳‧星‧張‧翼‧軫, 二十八宿, 是也.

해는 동쪽에서 솟아오르고 서쪽으로 들어간다. 해가 나오면 낮이 되고 해가 들어가면 밤이 된다.
밤이 되면 달과 별이 분명하게 드러난다.
하늘에는 씨줄에 해당하는 별이 있으니, 금성‧목성‧수성‧화성‧토성의 다섯 별이 그것이다.
또 날줄에 해당하는 별이 있으니, 각성‧항성‧저성‧방성‧심성‧미성‧기성‧
두성‧우성‧여성‧허성‧위성‧실성‧벽성‧규성‧누성‧위성‧묘성‧필성‧자성‧삼성‧
정성‧귀성‧유성‧성성‧장성‧익성‧진성의 스물여덟 별자리가 그것이다.

【기본 단어】

東方 동방, C   西方 서방, C   日出 일출, C   日入 입입, C   月星 월성, B   著見 저현, C   緯星 위성, C   經星 경성, C   五星 오성, C
二十八宿 이십팔수, C

B는 병렬자, C는 주종자

《啓蒙篇》의 '天篇'은 우리 머리 위의 빈 공간, 즉 하늘에 관한 얘기다. 들여다보면 하늘에 있는 모든 물체, 즉 천체天體를 말하고 있으니, 하늘이라기보다는 우주를 이야기한다고 할 수 있겠다. 요즘 천문학에 비할 바는 아니지만 옛날에도 천문학 수준은 상당했는데, 天篇을 통해 옛날 사람들이 우주를 어떻게 보았는지 엿볼 수 있다.

天篇의 첫 부분은 해와 달과 별, 즉 천체 얘기다. 日·月·星 같은 글자들이 보이고, 五星·二十八宿 같은 낯익은 단어들도 눈에 띈다. 뒤에 나열된 건 五星과 二十八宿의 이름들인데, 한문 문장을 읽자면 이런 이름들에 관한 상식이 필요하니 미리 낯을 익혀두라는 의미에서 늘어놓은 것이겠다. 二十八宿는 28개를 그대로 나열하면 너무 길어서, 동·북·서·남의 방향에 따라 일곱 자씩 넷으로 묶고 쉼표로 나누었다.

 '숫자+명사', '관형어+명사'의 주종 관계로 새로운 개념의 단어를 만들 수 있다!

본문의 단어들을 보면 병렬 관계인 月星 외에는 모두가 주종 관계다. 이 주종 관계의 결합 중 눈여겨보아야 할 두 가지 유형이 있다.

하나는 五星과 二十八宿처럼 앞의 수식·한정 부분에 숫자가 들어간 경우다. '숫자+명사' 형태는 모두 주종 관계. '~개의 ~'라는 새로운 개념을 만들어낸다. 앞에서 나왔던 萬物도 이런 부류지만 萬의 경우는 1000의 10배인 숫자 '만'을 의미한다기보다는 여기서 파생되어 '많은'이나 '모든'의 의미를 지닌다. 앞에 萬을 붙인 단어들은 대개 이런 의미라고 봐야 하며, 千이나 百 등도 비슷하게 쓰인다. 百方백방·百姓백성, 千里천리·千金

천금·千秋천추,萬事만사·萬人만인·萬能만능·萬世만세 등이 그렇다.

五星은 金·木·水·火·土에 각기 星을 붙인 金星·木星·水星·火星·土星이고, 二十八宿는 角 등 나열된 28자에 宿를 붙여서 角宿각수·斗宿두수·奎宿규수·井宿정수 식으로 부른다. 물론 이것들도 角星·斗星·奎星·井星 식으로 星을 붙이기도 한다. 五星은 태양계 행성 중 土星 안쪽의 것들인데, 그 바깥의 것들은 18세기 이후에 발견되었기 때문에 《啓蒙篇》에 실리지 못했다.

두 번째는 日出·日入의 경우다. 이 문장에서는 한 글자 한 글자를 문장성분으로 보고 해석하는 게 더 자연스럽지만, 우리말에서 한 단어로 쓰이고 문장 속에서도 한 단어로 봐도 무리는 없기 때문에 일단 한 단어로 생각하고 설명해보도록 하겠다.

日出·日入은 문장성분으로 볼 경우 '주어+서술어' 구조다. 日이 주어, 出/入이 서술어 역할을 해서 '해가 뜨다/지다'라는 완전한 문장이 된다. 이것을 한 단어로 보자면 '해뜸/해짐'으로 번역할 수 있다(한자는 문장의 축소판이라고 한 말을 다시 한 번 떠올리자). 이것을 다시 '해의 나옴/들어감'의 형태로 변형시켜보면 넓은 의미의 '관형어+명사' 구조, 그러니까 주종 관계로 볼 수 있다.

여기서 한문 문법의 특성 하나를 살펴볼 필요가 있다. 우리말은 어떤 단어에 특정 조사를 붙여서 문장성분을 달리하고, 영어는 어미를 변화시켜 다른 품사로 쓴다. 그러니까 단어들을 거의 고정된 품사로 분류할 수 있다. 그러나 한문은 그런 형태 변화 없이 문장에서의 위치에 따라 이것저것 다른 품사로 변신한다. '한문에는 품사가 없다'고 했는데, 해석자의 관점에 따라 같은 문장 속의 같은 글자도 품사를 다르게 볼 수 있다.

日出/日入의 경우에도 본문 문장에서처럼 出/入이 명확하게 동사로 쓰이는 경우도 있지만, 이것이 '해뜸/해짐'을 의미하는 단어가 된다면 出/入이 명사가 된다. 한문 문장을 읽을 때는 한 가지 품사만을 생각하면 안 되고, 모든 가능성을 열어두어야 한다. 주로 명사로 쓰이는 글자라도 얼마든지 동사나 부사 역할에 동원될 수 있는 것이다.

주종 관계의 결합인 緯星과 經星은 낯선 단어지만, 두 단어의 차별 요소 緯와 經을 묶으면 經緯라는 친숙한 단어가 된다. 經緯는 상대 개념의 글자를 결합시킨 대우자다.

著見도 낯설지만 한 단어로 볼 수 있다. 著와 見을 같은 '나타나다'는 뜻으로 봐서 병렬로 볼 수도 있지만, 著를 부사어 '뚜렷이'로 보는 게 나을 듯하다. 하지만 이런 분류는 단어의 구조를 익히기 위한 것이니, 참고만 하고 넘어가면 된다.

著見에서는 見의 독음도 헷갈릴 수 있겠다. 見은 '보다'일 때는 '견', '나타나다'일 때는 '현'이니 '저현'으로 읽는 게 나아 보이지만, '견'과 '현'을 명확히 구분하지 않기도 한다. 二十八宿와 星宿의 발음은 '이십팔수'와 '성수'로 자리가 잡혔다.

단어 얘기는 이쯤 하고, 본문 문장을 보자.

처소 · 시간 · 장소 · 상대 · 대상 · 원인 · 방식 · 비교의 허사 於도 기억해두자!

① **日出於東方, 入於西方.**

맨 앞 문장에 나오는 於도 한문에서 많이 쓰이는 중요한 허사다. 於

는 영어의 전치사와 비슷한 역할을 하고, 영어식으로 말하자면 보어구를 이끈다. '~에', '~에서', '~에게'가 기본 의미다. 처소·시간·장소·상대·대상 등을 가리킨다. 때로는 원인('~에 의해')·방식('~로')·비교('~보다') 등을 나타내는 데도 쓰인다.

於는 쓰임새에 차이가 없는 于로도 바꿔 쓸 수 있는데, 현대 중국어에서는 于가 於의 간체자로 쓰이고 於는 우리말 '오' 발음인 감탄사로만 쓰인다. 자신의 주전공을 내주고 부전공으로 명맥만 유지하고 있는 셈이다. 심지어 요즘 중국 책들을 보면 고전을 인용할 때도 원문의 於를 모두 于로 바꿔놓고 있다.

'日+出+於東方'은 가장 전형적인 '주어+서술어+부가어' 구조의 문장이다. 入於西方은 出於東方과 틀이 같다. 入-出과 西-東이 상대어여서, 앞에 공통 주어 日이 생략됐음을 알 수 있다.

則은 앞과 뒤를 연결시켜준다.

② 日出, 則爲晝; 日入, 則爲夜.
③ 夜, 則月·星著見焉.

두 문장에 공통으로 나오는 則은 앞뒤를 연결시켜주는 접속사 성격의 글자다. 역시 사용 빈도가 높으니 기억해두자.

②는 세미콜론 앞뒤가 같은 틀이다. 상대어인 出-入과 晝-夜만 바꿔 끼웠다. 則은 '~하면 ~하다'로, 앞이 조건이고 뒤가 결과다. 爲는 '하다', '되다' 등 여러 가지 의미로 쓰이는데, 여기서는 '~이다'로 보면 좋을 듯하다.

 품사 고정관념을 버리자!

③의 則도 같은 용법이다. 그런데 여기서 夜는 '밤'이라는 명사로 풀면 매끄럽지 않다. '밤이 되다'로 봐야 한다. 한문은 이렇게 '품사 고정관념'을 떨쳐버려야 한다. 則 뒷부분은 月星이 주어, 著見이 서술어다. 좁게 보자면 見이 서술어겠지만, 부사어까지 뭉뚱그려서 한 단위로 보자.

 '주어+서술어+부가어', 'A, B, 是也'처럼 반복되는 구조를 묶어서 보자!

④ 天有緯星. (…) 五星, 是也.
⑤ 有經星. (…) 二十八宿, 是也.

④의 天有緯星은 앞에서 설명한 上有天 구문, 즉 '주어+서술어+부가어'와 같다. 여기서 天을 上처럼 형식적 주어로 보아, '하늘에는 씨줄에 해당하는 별이 있다'라고 우리말로 옮길 수 있다. ⑤의 有經星은 앞의 有緯星과 짝이 되니 有 앞에 주어 天이 생략된 것이다.

④의 (…) '五星, 是也'도 ⑤의 (…) '二十八宿, 是也'와 짝이 되니, 같은 구조의 반복임을 알 수 있다. 간단히 정리하자면 'A(…), B(五星/二十八宿), 是也'의 구문인데, A와 B는 동격이고 'A 즉 B가 그것이다'라는 뜻이다.

제4강 啓蒙篇/天篇(2)
시간을 세는 법

一晝夜之內, 有十二時. 十二時會, 而爲一日; 三十日會, 而爲一月; 十有二月合, 而成一歲. 月, 或有小月; 小月, 則二十九日爲一月. 歲, 或有閏月; 有閏, 則十三月成一歲. 十二時者, 卽地之十二支也. 所謂十二支者, 子·丑·寅·卯·辰·巳·午·未·申·酉·戌·亥也. 天有十干. 所謂十干者, 甲·乙·丙·丁·戊·己·庚·辛·壬·癸也. 天之十干, 與地之十二支, 相合而爲六十甲子. 所謂六十甲子者, 甲子·乙丑·丙寅·丁卯至壬戌·癸亥, 是也. 十有二月者, 自正月·二月至十二月也.

낮과 밤 하루 안에 열두 시간이 있다. 열두 시간이 모여서 하루가 되고, 삼십 일이 모여서 한 달이 되고, 열두 달이 합해서 한 해를 이룬다. 달에는 혹 작은 달이 있고 작은 달이면 스무아흐레가 한 달이 되며, 한 해에도 혹 윤달이 있고 윤달이 있으면 열세 달이 한 해를 이룬다. 열두 시간이라는 것은 곧 땅의 십이지이니, 이른바 십이지라는 것은 자(쥐)·축(소)·인(범)·묘(토끼)·진(용)·사(뱀)·오(말)·미(양)·신(원숭이)·유(닭)·술(개)·해(돼지)다. 하늘에는 십간이 있으니, 이른바 십간이라는 것은 갑·을·병·정·무·기·경·신·임·계다. 하늘의 십간이 땅의 십이지와 더불어 서로 합해 육십갑자가 되는데, 이른바 육십갑자라는 것은 갑자·을축·병인·정묘로부터 임술·계해에 이르기까지가 그것이다. 열두 달이라는 것은 정월·이월에서부터 십이월에 이르는 것이다.

【기본 단어】

晝夜 주야, B*   小月 소월, C   閏月 윤월, C   所謂 소위, F   十干 십간, C   十二支 십이지, C   六十甲子 육십갑자, C   相合 상합, C
正月 정월, C

【연관 단어】

會合 회합, B   合成 합성, C   日時 일시, B   歲月 세월, B   干支 간지, B*

B는 병렬자, B*은 대우자, C는 주종자, F는 기타

해와 달과 별 등 천체 이야기에 이어, 이번에는 천체들의 운행이 빚어내는 시간 얘기다. 하루와 한 달과 일 년에 대한 이야기와, 날짜나 연도에 이름 붙이는 전통 방식에 대해 말하고 있다.

알아두면 유용한 六十甲子.

지금은 1부터 28~31까지 숫자를 붙여 날짜를 구별하는데, 옛날 동양에서는 干支라는 독특한 방식으로 이를 구별했다. 그 바탕이 十干과 十二支다. 옛날에 어른들은 干支로 사람의 출생 연도를 기억했는데, 그게 참 신기했다.

"아무개가 ○○生이니까, ××살이군."

"○○生이니 ○○生인 아무개보다 ×살 위로군."

출생 연도를 숫자로 기억하면 더하기·빼기로 나이를 간단하게 계산할 텐데, 두 글자씩으로 된 간지로도 금세 계산을 해내니 신기할 수밖에.

간지는 위에 놓은 甲·乙·丙·丁·戊·己·庚·辛·壬·癸의 十干과 아래 놓은 子·丑·寅·卯·辰·巳·午·未·申·酉·戌·亥의 十二支를 결합하여 만든다.

干 꾸러미 첫 글자 甲과 支 꾸러미 첫 글자 子를 합쳐서 甲子를 만들고, 干 꾸러미의 둘째 글자 乙과 支 꾸러미의 둘째 글자 丑을 합쳐 乙丑을 만들고….

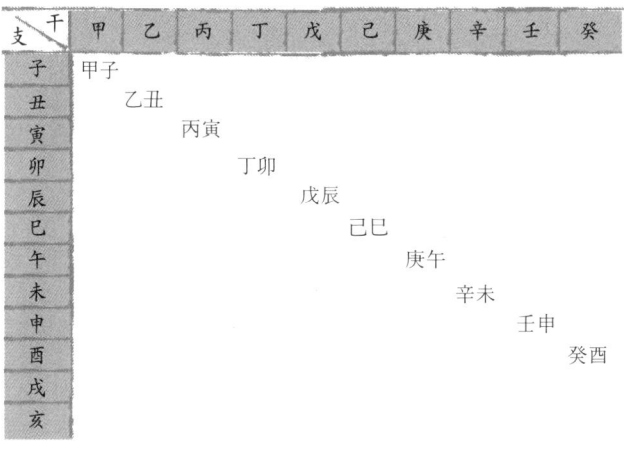

이것을 표로 정리해보면 이렇다.

甲子	乙丑	丙寅	丁卯	戊辰	己巳	庚午	辛未	壬申	癸酉
1984	1985	1986	1987	1988	1989	1990	1991	1992	1993
甲戌	乙亥	丙子	丁丑	戊寅	己卯	庚辰	辛巳	壬午	癸未
1994	1995	1996	1997	1998	1999	2000	2001	2002	2003
甲申	乙酉	丙戌	丁亥	戊子	己丑	庚寅	辛卯	壬辰	癸巳
2004	2005	2006	2007	2008	2009	2011	2012	2012	2013

甲午	乙未	丙申	丁酉	戊戌	己亥	庚子	辛丑	壬寅	癸卯
1954	1955	1956	1957	1958	1959	1960	1961	1962	1963
甲辰	乙巳	丙午	丁未	戊申	己酉	庚戌	辛亥	壬子	癸丑
1964	1965	1966	1967	1968	1969	1970	1971	1972	1973
甲寅	乙卯	丙辰	丁巳	戊午	己未	庚申	辛酉	壬戌	癸亥
1974	1975	1976	1977	1978	1979	1980	1981	1982	1983

이것이 六十甲子다. 줄여서 六甲이라고 한다. '六甲하다'는 지금은 비속어가 돼버렸지만, 원래는 이 六十甲子를 따지는 일 즉 날짜나 연도

계산하는 걸 말한다. 비속어인 '六甲하네'는 알지도 못하면서 아는 척한다는 말이다.

이 순서를 기억하기는 쉽지가 않다. 훈련이 필요한 일이고, 간지로 나이를 따지던 옛날 어른들은 이것을 습득하기를 기본으로 했다.

표를 보면 낯익은 말들이 눈에 띈다. 甲子를 제외하더라도, 丙寅(양요)·丁卯(호란)·己巳(환국)·辛未(양요)·癸酉(정난)·丙子(호란)·己卯(사화)·壬午(군란)·甲申(정변)·壬辰(왜란)·甲午(경장)·乙未(사변)·丁酉(재란)·乙巳(조약)·庚戌(국치)·戊午(사화)·己未(독립선언)….

그런데, 여기서 중요한 게 하나 있다. 열 자의 干 꾸러미와 열두 자의 支 꾸러미에서 순서대로 한 자씩 뽑아서 조립했기 때문에, 홀수 번째 글자와 짝수 번째 글자가 만날 일은 없다는 것이다. 예컨대 干의 1번과 支의 2번을 결합한 甲丑이라는 간지는 없다. 10(干 꾸러미)×12(支 꾸러미)=120인데 60개만 쓰게 되는 것도 그런 이유에서다.

표에서 간지 아래는 해당하는 서기 연도다. 六十甲子의 네 번째 줄부터는 한 주기 앞으로 돌려봤다. 전 국민이 알고 있는 '58년 개띠'는 戊戌生이다. '쌍팔년도'는 88년이라는 건데, 서울올림픽이 열린 1988년이 아니고 단기 4288년이다. 여기서 서기 전의 해 2333을 빼면 1955년, 간지로 乙未年이다.

이 표를 알아두면 역사 공부에 도움이 된다. 己未독립선언은 己未가 1979년이니까 60을 빼면 1919, 壬辰왜란은 壬辰이 2012년이니 60×7=420을 빼서 1592년이다. 물론 60의 몇 배를 빼야 할지 알아야 하니 그 사건이 어느 언저리에서 일어났는지는 알고 있어야 한다.

핵심 12 ― 一晝夜(하루)는 十二時.

본문의 단어들 가운데 상대어 병렬인 晝夜와 새로운 부호 F를 달고 있는 所謂 외에는 모두 주종 관계다. 대부분 '관형어+명사'고, 相合만이 '부사어+동사'다.

晝夜는 '낮과 밤'이지만, 여기서처럼 一晝夜라면 '하루'를 의미한다. 一晝夜 안에 十二時가 있다고 했는데, 옛날에는 하루 24시간을 12시간으로 나눴으니 그 1시간은 지금의 2시간이다. 시간도 앞에 나온 十二支를 써서 표현한다. 子時가 밤 12시 전후고, 거기서부터 두 시간 간격으로 이름이 붙여지니 일곱 번째인 午時는 낮 12시 전후가 된다. 낮 12시 정각이 正午, 子時의 한가운데인 밤 12시 정각은 子正이다.

所謂는 불완전명사 所의 지시 용법으로 만든 단어다. '이르는 바'라는 뜻이다. 所願은 '원하는 바'다. 所謂처럼 특수한 문법 요소를 담고 있거나 예외적인 방식으로 만들어진 관용어들은 '기타' 범주 F로 표시했다.

**有/或有, ~者 ~也/~者 卽~也/所謂~者 ~是也.
기본 구조를 읽어라!**

① 一晝夜之內, 有十二時.
② 月, 或有小月; 小月, 則二十九日爲一月. 歲, 或有閏月; 有閏, 則十三月成一歲.
③ 天有十干.

②에는 앞에서 익혔던 '~則~' 구문이 들어 있고, 나머지는 친숙한 '~有~' 구문이다. '~有~' 구문에서 ②처럼 有 앞에 或이 붙어 있는 경우가 있는데, 이 或有는 '간혹 있다'라는 한 덩어리 서술어로 보면 된다. 有가 아니라 或有가 서술어인 셈이다.

④ 十二時者, 卽地之十二支也.
⑤ 所謂十二支者, 子·丑·寅·卯·辰·巳·午·未·申·酉·戌·亥也.
⑥ 所謂十干者, 甲·乙·丙·丁·戊·己·庚·辛·壬·癸也.
⑦ 所謂六十甲子者, 甲子·乙丑·丙寅·丁卯至壬戌·癸亥, 是也.

'~者 ~也' 구문들이다. 이 경우도 ④에서는 '~者 卽~也'로 卽이 덧붙었는데, 卽은 '곧'이라는 부사로서 의미를 보강하는 역할을 할 뿐이어서 그 뜻이 별 차이 없다. '~라는 것은 (곧) ~이다'로 풀이된다. ⑤, ⑥처럼 '所謂~者 ~也'로 앞에 所謂가 추가되거나 ⑦처럼 '所謂~者 ~是也'로 也 앞에 다시 '이것'이라는 대명사 是가 추가되는 경우도 같은 구조의 변형이다. '이른바 ~라는 것은 ~ 등이 그것이다'의 의미가 된다. 기본 구문에 이렇게 한마디씩 덧붙이면서 의미를 강화하거나 더 자세히 설명하기도 한다는 것을 기억해둘 필요가 있다.

 自~至~는 '~부터 ~까지'를 뜻하는 상투 구문!

⑧ 十有二月者, 自正月·二月至十二月也.

⑧의 自~至~는 '~부터 ~까지'를 표현하는 상투 구문이며, ⑦도 甲子乙丑 앞에 自가 생략됐다고 보면 같은 구문이다.

 접속사 而 앞뒤, 접속사 與 앞뒤를 묶어보자. 접속사 而는 동사·형용사나 그런 성격의 어구를 묶고, 접속사 與는 명사나 명사성 어구를 묶는다.

⑨ 十二時會, 而爲一日; 三十日會, 而爲一月; 十有二月合, 而成一歲.
⑩ 天之十干, 與地之十二支, 相合而爲六十甲子.

⑨는 같은 구조 세 개가 세미콜론으로 연결돼 있다. 공통 부분을 추려보면 '~會 而爲~'이다. 마지막 문장도 會가 合으로, 爲가 成으로만 바뀌었을 뿐 그 구조가 같다.

여기서 而는 앞뒤 글자나 어구·문장을 이어주는 대표적인 접속사다. 대체로는 앞의 말을 그대로 받아 잇는 순접順接의 접속사 '그리고'로 쓰이는데, 전후 문맥에 따라 어감이 조금 달라지기도 한다.

'~會 而爲~'는 '~가 모여서(會) ~가 되다(爲)'는 뜻이다. 같은 구조라고 했던 '~合 而成~'은 '~가 합쳐서(合) ~를 이루다(成)'가 된다.

⑨의 마지막 문장은 '~合 而成~' 구조라고 했으니 合 앞의 十有二月이 한 단위라는 얘긴데, 有가 있어 해석이 막힐 것이다. '十二月'이라고 하면 1년의 열두 번째 달인 '섣달'을 의미하는지 '12개월'을 의미하는지 헛갈릴 수 있다. 이런 문제 때문에 '12개월'을 나타낼 때 10자리의 十과 1자리의 二 사이에 有를 넣어 十有二로 표시한다.

⑩의 '~相合而爲~'도 ⑨의 '~會 而爲~' 또는 '~合 而成~'과 같은 구문이다. 다만 合 앞에 相이 덧붙어 相合이 됐는데, 앞에서 본 或有의 경우처럼 相合 전체를 하나의 동사로 보면 간단하다.

그런데 문장 ⑩은 '~相合而爲~'의 구문임을 발견하더라도 그 앞부분이 길어서 복잡해 보인다. 앞부분에서는 접속사 與를 눈여겨볼 필요가 있다. 而가 동사·형용사나 그런 성격의 어구를 연결해준다면, 與는 명사나 명사성 어구를 연결해준다. 여기서는 與로 묶인 相合而爲의 앞부분 전체가 주어다. '天의 十干과 地의 十二支'가 주어라는 말이다.

제5강 啓蒙篇/天篇 (3)
사계절과 이십사절기

一歲之中, 亦有四時. 四時者, 春·夏·秋·冬, 是也.
以十二月, 分屬於四時: 正月·二月·三月, 屬之於春; 四月·五月·六月, 屬之於夏; 七月·八月·九月, 屬之於秋; 十月·十一月·十二月, 屬之於冬.
晝長夜短, 而天地之氣大暑, 則爲夏;
夜長晝短, 而天地之氣大寒, 則爲冬.
春·秋, 則晝夜長短平均, 而春氣微溫, 秋氣微涼.

한 해 중에는 또한 사시(네 철)가 있으니, 사시라는 것은 봄·여름·가을·겨울이 그것이다.
열두 달을 네 철에 나누어 속한다. 정월·이월·삼월은 봄에 속하고, 사월·오월·유월은 여름에 속하며,
칠월·팔월·구월은 가을에 속하고, 시월·십일월·십이월은 겨울에 속한다.
낮이 길고 밤이 짧아져서 하늘과 땅의 기온이 몹시 더운 때가 바로 여름이고,
밤이 길고 낮이 짧아져서 하늘과 땅의 기온이 몹시 추운 때가 바로 겨울이다.
봄과 가을에는 낮과 밤의 길이가 비슷한데, 봄에는 기온이 조금 따뜻하고 가을에는 기온이 조금 서늘하다.

【 기본 단어 】

四時 사시, C   分屬 분속, C   大暑 대서, C   大寒 대한, C   春秋 춘추, B*   長短 장단, B*   平均 평균, B   微溫 미온, C   微涼 미량, C

【 연관 단어 】

秋冬 추동, B   天氣 천기, C   地氣 지기, C   寒暑 한서, B*   溫涼 온량, B*

B는 병렬자, B*은 대우자, C는 주종자

쓱 봐도 春·夏·秋·冬이 눈에 띈다. 사계절 얘기다. 여기서는 석 달씩 묶어 1월부터 3월을 봄, 4월부터 6월을 여름, 7월부터 9월을 가을, 10월부터 12월을 겨울로 구분하는데, 기후를 기준으로 사계절을 구분하는 요즘 구분과는 다르다. 태음력을 기준으로 한 것이기 때문이다. 설날이 보통 1~2월에 있으니까 그때부터 봄이라는 건데, 아무리 그래도 이상하다.

핵심 16. 春秋, 長短, 寒暑·溫涼, 平均…. 따로 또 한 단어.

다시 春夏秋冬. 春夏秋冬은 네 개념의 나열이라서 단어라고 하기 좀 그렇다. 하지만 그 일부를 조합한 春秋나 秋冬은 한 단어로 유용하게 쓰인다. 특히 春秋는 '나이'를 가리키는 말로, '봄과 가을'의 단순 나열이 느껴지지 않는다. 春夏秋冬의 다른 표현은 四時다.

그다음 본문에서 눈에 띄는 단어가 長短, 寒暑·溫涼, 平均이다. 長短·寒暑·溫涼은 대우자고 平均은 병렬자다. 平均은 지금은 '성적 평균'처럼 수치를 나타내는 말로 주로 쓰이지만, 본래 '고르다'는 뜻이다. '고르다'라는 의미를 지닌 두 글자 平과 均이 합쳐져 만들어졌다.

大暑·大寒·微溫·微涼은 '부사어+형용사'로 이루어진 주종자인데, 앞의 大·微를 정도를 나타내는 부사라고 해서 정도부사라고 부른다. 기후와 관련된 한자를 이용해 '관형어+명사' 형태의 天氣·地氣라는 단어도 만들 수 있다.

 **태음력과 태양력 그리고 이십사절기.**

大暑·大寒은 낮이 익다. 이십사절기^{節氣} 중 하나다.

설날로부터 시작하는 태음력은 달이 차고 기우는 것에 따라서 한 달을 구분하는 것이다. 태음력에서 한 달은 29일이나 30일이 되어 지구의 태양 공전주기, 즉 1년에서 열하루가 모자란다. 3년이면 33일이다. 그래서 나온 것이 윤달^{閏月}이며, 19년에 일곱 번가량 윤달을 넣어 오차를 보정한다. 윤달이 있는 해는 열두 달이 아니라 열세 달이 된다.

이십사절기는 태음력이 아니라 태양력^{太陽曆}과 관계가 있다. 황경^{黃經}, 즉 춘분점을 기준으로 태양이 황도를 움직인 각도에 따라 태양년을 24등분하여 계절을 구분한 것이다. 그 간격은 15일가량이다. 태양력과의 관계만 봐도 이십사절기는 '천하의 근본'이었던 농사에 유용한 것이었음을 짐작할 수 있다.

이십사절기는 다음 표와 같다.

절기	날짜	절기	날짜
立春^{입춘}	2월 4~5일	立秋^{입추}	8월 7~8일
雨水^{우수}	2월 18~19일	處暑^{처서}	8월 23~24일
驚蟄^{경칩}	3월 5~6일	白露^{백로}	9월 7~8일
春分^{춘분}	3월 20~21일	秋分^{추분}	9월 23~24일
淸明^{청명}	4월 4~5일	寒露^{한로}	10월 8~9일
穀雨^{곡우}	4월 20~21일	霜降^{상강}	10월 23~24일
立夏^{입하}	5월 5~6일	立冬^{입동}	11월 7~8일
小滿^{소만}	5월 21~22일	小雪^{소설}	11월 22~23일
芒種^{망종}	6월 5~6일	大雪^{대설}	12월 7~8일
夏至^{하지}	6월 21~22일	冬至^{동지}	12월 21~22일
小暑^{소서}	7월 7~8일	小寒^{소한}	1월 5~6일
大暑^{대서}	7월 22~23일	大寒^{대한}	1월 20~21일

표에서도 드러나지만, 이십사절기의 중심은 春·夏·秋·冬이 들어간 날들이다. 모두 여덟 개가 있는데, 그중에서도 春·夏·秋·冬 뒤에 分·至가 들어간 날들이 중요하다. 春分·秋分은 밤낮의 길이가 같은 날이어서 봄·가을의 한가운데 있고, 夏至·冬至는 낮 또는 밤이 가장 긴 날이어서 여름·겨울의 한가운데 있다. 春·夏·秋·冬 앞에 立이 들어간 날은 그 계절의 시작이다. 대체로 分·至에서 한 달 반쯤 전이다. 分·至를 기준으로 앞뒤 한 달 반의 시기를 그 계절로 보는 셈이다.

　分은 '가르다'는 뜻으로 밤보다 낮의 길이가 가장 긴 때(夏至)와 가장 짧은 때(冬至)의 구분 선이라는 말이겠고, 至는 '끝'이라는 뜻이어서 밤과 낮이 가장 길거나 짧은 때라는 말이겠다. 그래서 春分은 冬至와 夏至의 중간, 秋分은 夏至와 冬至의 중간에 위치한다. 立은 '서다'는 뜻인데, 무언가 나타나서 시작된다는 느낌이 있어 立春·立夏·立秋·立冬 등으로 계절의 시작을 표현했다.

　본문에 나온 大暑·大寒은 여름과 겨울의 막바지다. 夏至·冬至가 가장 덥고 가장 추울 것 같은데, 夏至 지나 가을 직전, 冬至 지나 봄 직전이 가장 덥고 가장 춥다니 이상하다. 아마도 정오가 아니라 정오 지나 두세 시경에 기온이 더 높은 것처럼, 열기 또는 한기의 누적량이 그때 최고조에 달하기 때문이 아닐까. 앞서 음력 1월은 아직 한겨울인데 봄으로 구분된다고 의문을 품었었는데, 이것 역시 우리의 고정관념과 실제 사이에 '시간차'가 있기 때문이라고 이해할 수 있겠다. 음력 1월 1일, 음력 설은 이십사절기에서 봄의 시작이라는 입춘 전후에 맞게 된다.

한문에서는 문장의 한 성분을 앞으로 끄집어내고 그 뒤를 나머지 성분들로 마무리하는 경우가 많은데, 이때 之나 以 등을 덧붙여 문장을 매만지기도 한다.

① **一歲之中, 亦有四時.**
② **四時者, 春·夏·秋·冬, 是也.**

앞의 두 문장은 낯익은 '~有~' 구문과 '~者 ~也' 구문이다. 역시 '~亦有~'와 '~者 ~是也'로 응용됐다. 或有가 '간혹 있다'라면, 亦有는 '또한 있다'가 된다.

③ **以十二月, 分屬於四時.**
④ **正月·二月·三月, 屬之於春; 四月·五月·六月, 屬之於夏; 七月·八月·九月, 屬之於秋; 十月·十一月·十二月, 屬之於冬.**

④부터 보자. 같은 구조의 문장 네 개가 세미콜론으로 연결돼 있는데, 서술어는 屬이고 그다음의 之는 그 목적어다. 이 之는 앞에서 본 '~之~'의 之와 달리 대명사이며, 屬 앞부분 내용을 가리킨다. 於는 앞의 日出於東方에서 봤던 전치사구를 이끄는 전치사.

'~ 屬之於~'는 직역하면 '~는 이를 ~에 속하게 한다'가 된다. 이 말을 다듬으면 '~는 ~에 속한다'이다. 屬 앞부분은 내용상 屬의 목적어인데, 정상 어순과 달리 앞으로 끄집어낸 것이다. 한문에서는 이렇게 문장의 한 성분을 앞으로 끄집어내고 그 뒤를 나머지 성분들로 마무리하는 경우가 많다. 강조를 위해서라고 하지만, 강조가 아닌 경우도 있다. 그럴 때는 여기서의 之처럼 적당한 요소를 추가해 문장을 매만지기도 한다.

③에서는 分屬이 서술어다. 屬 앞에 보충 설명이 붙은 것으로 보면 되고, '나누어 속하게 하다'는 뜻이겠다. 於는 ④에서와 마찬가지로 전치사구를 이끄는 전치사로 쓰였다.

앞의 以十二月도 ④의 경우처럼 내용상으로 分屬의 목적어인데 앞으로 끄집어낸 것이다. ④에서는 屬 다음에 之를 붙여 문장을 매만졌다면, ③에서는 앞으로 뺀 목적어 앞에 以를 붙였다.

앞뒤를 같은 기조로 연결하는 접속사 而와 조건과 결과를 연결하는 접속사 則이 쓰인 '~而~ 則爲~' 구조는 '~하고 ~하면 ~이다', '~則~ 而~'의 구조는 '~하면 ~하고 ~하다'는 뜻.

⑤ 晝長夜短, 而天地之氣大暑, 則爲夏; 夜長晝短, 而天地之氣大寒, 則爲冬.
⑥ 春·秋, 則晝夜長短平均, 而春氣微溫, 秋氣微涼.

而와 則이 많이 보인다. 而는 앞뒤를 같은 기조로 연결시켜주는 접속사, 則은 조건과 결과를 연결시켜주는 접속사다.

⑤는 같은 구조의 두 문장이 세미콜론으로 연결돼 있다. '~而~ 則爲~'의 반복이다. 여기서 爲는 '~이다'라는 뜻이니, '~하고 ~하면 ~이다'라고 해석할 수 있겠다. 而 앞은 각기 晝/夜와 夜/晝가 주어고 長/短이

서술어인 두 개의 문장이 병렬된 것이며, 而 뒤는 天地之氣가 주어고 大暑/大寒이 서술어인 문장이다.

⑥은 '~則~ 而~'의 구조로, '~하면 ~하고 ~하다'는 뜻이다. 이 문장에서 則이 전체 문장의 앞뒤를 구분하는 큰 고개라면, 而는 則 뒤의 문장 안에서 다시 앞뒤로 나누는 작은 언덕이다. 則 앞의 春秋는 명사로 해석하면 안 되고, '봄·가을이 되면', 좀 더 다듬어서 '봄·가을에는'으로 옮겨야 한다. 즉 '봄·가을에는 ~한데 ~하다'다.

而 앞의 작은 절에서 주어는 晝夜長短이고, 서술어는 平均이다. 而 뒤는 '春氣(주어)+微溫(서술어)'과 '秋氣(주어)+微涼(서술어)'의 두 문장이 병렬되어 있다.

제6강 啓蒙篇/天篇 (4)
나고 자라고 거두고 저장하고

春三月盡, 則爲夏; 夏三月盡, 則爲秋; 秋三月盡, 則爲冬;
冬三月盡, 則復爲春. 四時相代, 而歲功成焉.
春則萬物始生, 夏則萬物長養, 秋則萬物成熟, 冬則萬物閉藏.
然則, 萬物之所以生 · 長 · 收 · 藏, 無非四時之功也.

봄 석 달이 다하면 여름이 되고, 여름 석 달이 다하면 가을이 되고, 가을 석 달이 다하면 겨울이 되고,
겨울 석 달이 다하면 다시 봄이 되니, 네 철이 서로 갈마들면서 한 해의 일을 이루어낸다.
봄이면 만물이 처음 생겨나고, 여름이면 만물이 자라고, 가을이면 만물이 익고, 겨울이면 만물이 저장된다.
그러니 만물이 나서 자라고 거두어 저장되는 것은 모두 네 계절의 공이 아닌 것이 없다.

【 기본 단어 】

相代 상대, C   歲功 세공, C   始生 시생, C   長養 장양, B   成熟 성숙, B   閉藏 폐장, B   然則 연즉, F   所以 소이, F   生長 생장, B
收藏 수장, B   無非 무비, F

【 연관 단어 】

成功 성공, D   生成 생성, C   長成 장성, C

B는 병렬자, C는 주종자, D는 술보자, F는 기타

계속해서 사계절 얘기다. 앞에서는 사계절을 절기와 기후 등을 들어 구분했다면, 여기서는 사계절과 만물의 관계를 말한다.

 '그러니'라는 이유의 접속사 然則, '~하는 것'이라는 所以, '~ 아닌 것이 없다'는 無非 등 한문에서 자주 나오는 관용어는 눈에 익혀두자.

이번 부분에는 연관되는 동사를 병렬시킨 단어들이 많다. 長養·成熟·閉藏·生長·收藏 등으로, 주로 만물의 생장 주기에 관한 것들이다. 相代·始生 같은 주종 구조의 말들도 그렇다. 이런 방법으로 長成·生成 같은 단어들도 만들 수 있다.

生·長·收·藏은 만물(특히 식물)의 春生·夏長·秋收·冬藏의 사이클을 말한다. 봄에 싹이 나고 여름에 자라며 가을에 그 열매를 거둬들이고 겨울에 씨앗으로 저장되는 것이다. 《管子》〈形勢解(형세해)〉의 한 구절도 이와 같다.

> 봄에는 양기가 올라오기 시작하므로 만물이 태어나고, 여름에는 양기가 다 올라왔으므로 만물이 자라난다. 가을에는 음기가 내려가기 시작하므로 만물이 거두어지고, 겨울에는 음기가 다 내려갔으므로 만물이 저장된다. 따라서 봄·여름에 태어나 자라고 가을·겨울에 거둬져 저장되는 것은 사계절의 법도이고, 상을 주고 벌을 주는 것은 임금의 법도다. 사계절은 살리고 죽이는 게 당연하고, 임금은 상을 주고 벌을 주는 게 당연하다. 그렇기 때문에 '봄·여름·가을·

겨울은 그 법도를 바꾸지 않는다'고 하는 것이다.

본문의 歲功이란 말은 좀 낯설다. '관형어+명사' 구조로 '歲의 功'이란 말인데, 감이 잘 잡히지 않는다. 풀어 이야기하면 歲功은 해마다 철을 따라 해야 할 일이나 그 결과물을 가리키는데, 철 따라 해야 할 일이란 바로 농사를 의미한다.

본문의 글자들로 成功이라는 말도 조합할 수 있겠는데, 成功은 여태까지 보지 못했던 '동사+목적어' 구조다. '功을 成하다.' 이런 구조를 보면 한자는 문장의 축소판임을 실감할 수 있다. 成功과 같은 유형의 단어는 이 책에서 '서술어+보어' 형태라는 의미로 '술보자'로 부르기로 한다. 목적어와 보어의 구분이 명확하지 않은 한문 특성상 여기서의 보어는 목적어를 포괄하는 개념이다.

然則 · 所以 · 無非는 앞에서 '기타' 단어로 분류했던 所謂처럼 한문에서 자주 나오는 관용어이다. 然則은 '그러니'라는 이유의 접속사고, 所以는 '~하는 것', 無非는 '~ 아닌 것이 없다'는 뜻이다.

본문 문장을 보자.

'주어+서술어' 반복 구조를 짚어내면 한문 읽기가 쉽다.

① **春三月盡, 則爲夏; 夏三月盡, 則爲秋; 秋三月盡, 則爲冬; 冬三月盡, 則復爲春.**

같은 구조의 반복이다. 여기서는 앞에 나왔던 '~則爲~'가 다시 나오는데, 앞에서는 爲를 '~이다'라고 했지만 여기서는 '~가 되다'로 해야겠다. 復爲는 서술어 爲의 응용으로 '다시 ~가 되다'겠고, 접속사 則 앞의 조건을 나타내는 절들에서는 모두 盡이 서술어다. 復는 '가다'라는 뜻일 때는 '복'으로 읽지만, 여기서는 '다시'라는 뜻으로 '부'로 발음한다. 광복光復이고 부흥復興이다.

② **四時相代, 而歲功成焉.**
③ **春則萬物始生, 夏則萬物長養, 秋則萬物成熟, 冬則萬物閉藏.**

②에서는 접속사 而 앞부분이 '四時(주어)+相代(서술어)', 而 뒷부분이 '歲功(주어)+成(서술어)+焉(부가어)'으로 되어 있다. ③은 조건 접속사 則으로 연결되는 문장의 반복이다. 則 다음의 문장들은 萬物이 주어, 始生/長養/成熟/閉藏이 서술어다. 이렇게 '주어+서술어'의 반복 구조만 짚어낸다면 한문을 쉽게 이해할 수 있다. ③에서 春/夏/秋/冬도 각기 하나의 서술어이다. 한 글자만으로 한 문장을 이룬다. 春의 경우 '봄이 되다'는 뜻이다.

④ **然則, 萬物之所以生·長·收·藏, 無非四時之功也.**

문장이 좀 길지만 萬物之所以生·長·收·藏을 주어로 봐야 하고, 無는 서술어, 非四時之功이 부가어라고 할 수 있다. 無非를 한 덩어리로 보고 '無(서술어)+非~(부가어)'의 구조, 즉 '四時之功이 아닌 것이 없다'로 해석해도 되겠다. 이 경우 無非는 복합 서술어 '아닌 것이 없다'가 되는 셈이다.

주어 萬物之所以生·長·收·藏를 풀어보자면, 之는 '~之~'의 之여서 '萬物의 所以生·長·收·藏'이고, 所以는 불완전명사 所와 비슷한 것이어서 '生·長·收·藏하는 所以'로 분석할 수 있다. 그래서 '만물의 나고 자라고 거두어 저장되는 것'이라고 해석하며, 이를 '만물이 나서 자라고 거두어 저장되는 것'이라고 다듬을 수 있다.

제7강 啓蒙篇/地篇(1)
오악과 사해

地之高處, 便爲山; 地之低處, 便爲水. 水之小者, 謂川;
水之大者, 謂江. 山之卑者, 謂丘; 山之峻者, 謂岡.
天下之山, 莫大於五嶽; 五嶽者, 泰山·嵩山·衡山·恒山·華山也.
天下之水, 莫大於四海; 四海者, 東海·西海·南海·北海也.

땅의 높은 곳은 곧 산이고, 땅의 낮은 곳은 곧 물이다. 물의 작은 것을 내라고 부르고,
물의 큰 것을 강이라고 부른다. 산의 낮은 것을 언덕이라 부르고, 산의 높은 것을 산등성이라 부른다.
천하의 산이 오악보다 큰 것이 없으니, 오악이라는 것은 태산·숭산·형산·항산·화산이다.
천하의 물이 사해보다 큰 것이 없으니, 사해라는 것은 동해·서해·남해·북해다.

【기본 단어】

高處 고처, C   低處 저처, C   天下 천하, C   莫大 막대, F   五嶽 오악, C   四海 사해, C

【연관 단어】

高地 고지, C   低地 저지, C   高低 고저, B*   大小 대소, B*   峻卑 준비, B*   江川 강천, B   山水 산수, B*   山川 산천, B*
山海 산해, B*   丘岡 구강, B   江水 강수, C   海水 해수, C

B는 병렬자, B*은 대우자, C는 주종자, F는 기타

天篇에서 하늘 얘기를 했으니 이제 하늘과 짝을 이루는 땅을 다룰 차례다. 地篇에는 지리 얘기가 나온다.《啓蒙篇》의 서론 격인 수편에서 天·地·人 삼재를 이야기했는데, 天과 地는 人이 살아나가는 무대이자 배경이며 天篇·地篇은 그 무대에 대해 설명한 것이다.

五嶽과 四海는 일반 상식으로 알아두자.

이 부분에서는 山이나 水, 川이나 江 같은 글자들이 눈에 띈다. 五嶽·四海 같은 단어도 보인다. 지리 시간에 배우는 내용 가운데 地形이라는 게 있었다. '땅의 모습'이다. 땅에는 인간의 주된 생활공간인 평지도 있지만, 높이 솟아 있는 산도 있고 움푹 패어 물이 있는 강과 바다도 있다. 이런 단순한 얘기를 한문으로 옮긴 것이다.

水·川·江·海 등 '물 그룹'은 그것들끼리 또는 상대어인 山·嶽 등과 어울려서 많은 단어들을 만들 수 있다. 山水·山川·江山·山海·海嶽 등 상대어 병렬 단어도 만들 수 있고, 江川·山嶽·丘岡(언덕)·江海 등 비슷한 개념의 병렬 단어도 만들 수 있다. 江水·海水 등 앞글자가 뒤 글자를 한정하는 주종 관계의 단어를 만들 수도 있다.

여기 나오지는 않지만 '물 그룹'에 河·湖 등을 포함시킬 수 있는데, 이 단어들을 더하면 河川·江河·河海·江湖 등 병렬어, 河水·湖水 같은 주종 관계의 단어 등 만들 수 있는 단어가 더욱 늘어난다.

東海·西海·南海·北海는 여기서는 고유명사처럼 쓰였는데, '~쪽에 있는 바다'라는 의미의 일반명사로 볼 수도 있다. 四海는 東海·西海·南海·北海 '네 바다'를 의미하기도 하지만, 四海之內의 줄임말로

'온 세상'을 의미하기도 한다.

그런데 여기서 한 가지 의문이 들 수 있다. 四海의 개념은 중국에서 생겨난 것인데, 지금 중국 지도를 떠올려보면 고개가 갸웃거려진다. 중국의 동쪽과 남쪽에는 바다가 있지만 서쪽과 북쪽에 무슨 바다가 있다는 걸까?

더 확장된 지도를 보면 타이완-필리핀과 베트남 사이에 바다가 있다. 이 바다가 중국에서 보면 남해다. 동해는 우리나라와 중국 사이 황해에서 그 남쪽으로 일본 류큐제도(이 섬들은 오키나와 현에 속한다)-타이완에 이르는 곳까지에 해당한다. 그러나 더 이르게는 황해만이 동해고 상해 이남은 남해로 생각했던 적도 있다. 지금의 중국 지도를 놓고 보면 크기나 위치 등 여러 측면에서 이해하기 어렵지만, 북해는 발해다. 시베리아 바이칼호가 북해라는 해석도 있지만, 옛날 중국 사람들 머릿속에 바이칼호가 있었을까 싶다.

그럼 서해는? 칭하이호靑海湖를 떠올려볼 수 있지만, 규모 면에서 사해의 하나로 꼽기에는 역부족이다. 그렇다면 이 사해라는 말을 근본적으로 다시 생각해볼 필요가 있다. 《荀子순자》의 〈王制왕제〉에 이런 구절이 있다.

> 북해에서는 달리는 말과 짖는 개가 나는데, 중원 나라에서 이를 얻어 기르고 부린다. 남해에서는 깃털, 상아와 무소 가죽, 단약丹藥 재료가 나는데, 중원 나라에서 이를 얻어 재화로 삼는다. 동해에서는 수중 생물과 소금이 나는데, 중원 나라에서 이를 얻어 입고 먹는다. 서해에서는 가죽과 장식 꼬리털이 나는데, 중원 나라에서 이를 얻어 사용한다.

북해에서 말과 개가 난다고? 그렇다면 여기서의 海는 물이 차 있는 곳이 아니다. 이렇게 海는 종종 '사방의 먼 지역'을 가리키는 말로 쓰였다. 땅덩이가 온 세계의 중심이고 그것이 바다에 둘러싸여 있다고 생각했던 옛날 관념의 흔적일 것이다. 海가 나온다고 무조건 물을 떠올려서는 안 된다.

五嶽은 앞서 말한 대로 이름을 익혀두는 게 좋다. 한문 고전을 읽다 보면 간간이 나오기 때문이다. 오악의 위치는 동쪽에 泰山(산둥 성^{山東省} 타이안^{泰安}), 남쪽에 衡山(후난 성^{湖南省} 헝양^{衡陽}), 서쪽에 華山(산시 성^{陝西省} 화인^{華陰}), 북쪽에 恒山(산시 성^{山西省} 훈위안^{渾源}), 중앙에 嵩山(허난 성^{河南省} 덩펑^{登封})이다.

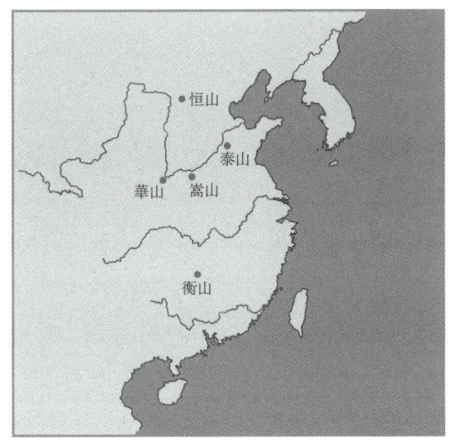

이것이 옛날 중국의 범위였겠다. 그런데 이것조차도 후대에 범위를 넓힌 것이고, 한나라 선제^{宣帝} 때만 해도 南嶽은 안후이 성^{安徽省}의 天柱山이고 北嶽은 허베이 성^{河北省} 취양^{曲陽}의 大茂山이어서 범위가 조금 좁았다.

五嶽에 대해서는 雄(泰山)-秀(衡山)-險(華山)-幽(恒山)-峻(嵩山)으로 그 특징이 표현되고 있다. 雄웅은 '웅장하다', 秀수는 '수려하다', 險험은 '험하다', 幽유는 '그윽하다', 峻준은 '가파르다'로 번역할 수 있겠다. 또 다른 평가로는 '恒山如行, 泰山如坐, 華山如立, 嵩山如臥, 唯有南嶽獨如飛'라는 말이 있다. 다른 산들은 가고 앉아 있고 서 있고 누워 있는 듯한데 南嶽은 날아가는 듯하다는 얘기다.

　　五嶽 가운데 泰山은 '태산이 높다 하되…'의 그 태산이니 낯이 익지만, 다른 산들은 그렇지 않다. 中嶽 嵩山은 바로 '쿵푸'로 유명한 少林寺_{소림사}가 있는 산이다.

 최상의 표현 莫大於~.

　　五嶽·四海를 비롯해서, 이 부분에는 주로 주종 관계로 만들어진 단어들이 나온다. 高處·低處나 天下도 마찬가지다. 天下는 직역하면 '하늘 아래'지만 의미가 더 확장되어 '하늘 아래에 있는 온 세상'을 가리킨다.

　　莫大는 '서술어+부가어' 구조로 '큰 것이 없다' 즉 '매우 크다'는 말인데, 관용어로 알아두면 좋다. '莫大於~' 식으로 쓰이면 '~보다 큰 것은 없다', 즉 '가장 크다'는 의미가 된다.

① 地之高處, 便爲山; 地之低處, 便爲水.
② 水之小者, 謂川; 水之大者, 謂江. 山之卑者, 謂丘; 山之峻者, 謂岡.

①의 세미콜론 앞뒤는 같은 구조의 문장이다. 서술어가 '~이다'라는 뜻의 爲라고 봐야겠는데, 그 앞에 便이라는 부사어가 붙었다. '곧'의 의미다. 앞부분의 地之高處/地之低處가 주어인데, 이 부분은 '~之~'(~의 ~) 구문이다.

②도 네 부분이 같은 구조다. 상대 개념의 글자들을 갈아 끼우면서 설명한 것인데, '~之~者 謂~'로 정리할 수 있겠다. 불완전명사 者가 쓰인 구문으로, '~의 ~한 것은 ~라 한다'로 번역할 수 있다. '~之~者'는 여기서는 '~ 가운데 ~한 것'이라는 뜻이고, 이 부분이 주어다. 서술어는 謂.

③ **天下之山, 莫大於五嶽.**
④ **天下之水, 莫大於四海.**

앞에서 얘기했던, 莫大를 이용한 최상 표현이다. '천하의 산/물은 五嶽/四海보다 큰 것이 없다.' 莫大가 서술어가 되고, 그 앞이 주어, 於 이하가 부가어다. 於는 비교를 나타내는 전치사.

제8강 啓蒙篇/地篇 (2)
운무와 우설, 상로와 풍뢰

山·海之氣上, 與天氣相交, 則興雲·霧, 降雨·雪, 爲霜·露, 生風·雷. 暑氣蒸鬱, 則油然而作雲, 沛然而下雨; 寒氣陰凝, 則露結而爲霜, 雨凝而成雪. 故, 春·夏多雨·露, 秋·冬多霜·雪. 變化莫測者, 風·雷也.

산과 바다의 기운이 위로 올라가 하늘의 기운과 더불어 어울리면 구름과 안개가 일어나고 비와 눈을 내리게 하며 서리와 이슬이 생기고 바람과 우레가 일어난다. 더운 기운이 찌는 듯이 뭉치면 뭉게뭉게 구름이 생겨나서 주룩주룩 비를 내리고, 차가운 기운이 음산하게 엉기면 이슬이 맺혀 서리가 되고 비가 엉겨 눈이 된다. 그러므로 봄과 여름에는 비와 이슬이 많고, 가을과 겨울에는 서리와 눈이 많다. 변화가 많아 헤아릴 수 없는 것은 바람과 우레다.

【 기본 단어 】

天氣 천기, C   相交 상교, C   雲霧 운무, B   雨雪 우설, B   霜露 상로, B   風雷 풍뢰, B   暑氣 서기, C   寒氣 한기, C   蒸鬱 증울, C
陰凝 음응, C   油然 유연, C*   沛然 패연, C*   雨露 우로, B   霜雪 상설, B   變化 변화, B   莫測 막측, F

【 연관 단어 】

山氣 산기, C   海氣 해기, C   雲雨 운우, B   風雨 풍우, B   風霜 풍상, B   風露 풍로, B   風雪 풍설, B   雷雨 뇌우, C   降下 강하, B
凝結 응결, B

B는 병렬자, C는 주종자, C*는 접미사 결합 조어, F는 기타

雨부의 글자는 거의 기상과 관계있다.

　지형에 이어 이번엔 날씨 얘기다. 雲·霧·雨·雪·霜·露·風·雷 같은 글자들이 보인다. 한자에서 雨부의 글자는 거의가 氣象과 관계가 있는데, 여기 나온 글자들만 해도 바람(風) 하나를 제외하고 비(雨)·눈(雪)·구름(雲)·안개(霧)·서리(霜)·이슬(露)·우레(雷) 모두 雨부의 글자다. 雨 아래에 붙은 云·務·相·路는 발음기호다. 彐·田도 발음기호지만 彐는 彗^{혜}의 생략형, 田은 畾^{뢰}의 생략형이어서 알아보기 어렵다.

　그러면 風은 어떻게 만들어진 글자일까? 가운데 虫^{훼}를 제외한 부분이 凡^{범} 자고 그것이 발음을 나타낸다. 그렇다면 '벌레'인 虫가 의미를 나타낸다는 것인데, 이미 본래 무슨 뜻으로 만들어졌는지는 알 수 없게 돼버렸다. 가장 오래된 자료인 한나라 때 許愼^{허신}의《說文解字^{설문해자}》라는 책에도 風은 八風(아래 그림처럼 立春, 春分, 立夏, 夏至, 立秋, 秋分, 立冬, 冬至의 八節에 부는 바람)을 가리킨다고만 돼 있다. 그리고 '바람이 불면 벌레가 생긴다'는 이상한 소리가 덧붙어 있다. 이는 風 자의 본래 의미가 '바람'이라는 전제하에 나온 얘기일 뿐이며, 합리적으로 생각한다면 발음이 같은 벌레와 관련된 어떤 글자를 끌어다가 '바람'이라는 뜻으로 썼다고 봐야 한다. '새'인 글자 鳳^{봉}을 끌어다가 '바람'이라는 뜻으로 썼듯이 말이다.

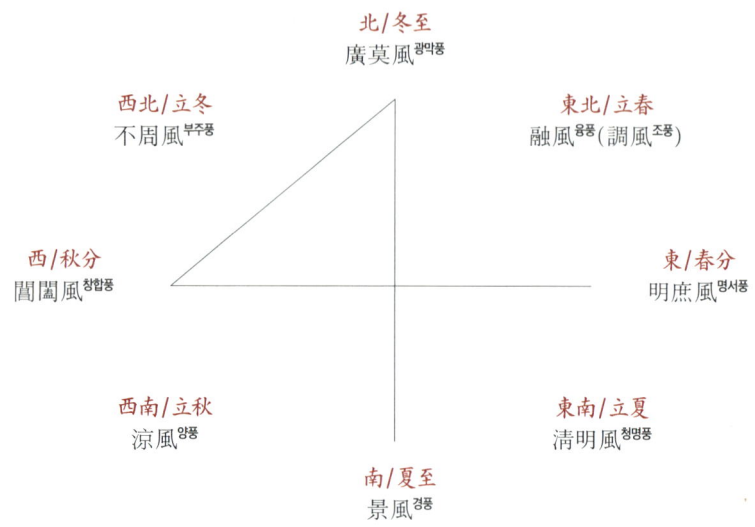

 기상 관련 글자들을 조합하면 날씨에 대한 글자들이 만들어진다.

　기상 관련 글자들을 이리저리 조합해보면 참 많은 단어들이 만들어진다. 雲霧·雨雪·霜露·風雷·雨露·霜雪·雲雨·雨露·風雨·風霜·風露·風雪 등은 모두 연관된 글자의 병렬이다. 다만 '천둥 치면서 내리는 비'인 雷雨는 雨에 중점을 두었기 때문에 주종 관계다.

　생김새는 단순히 병렬된 두 글자인데 雲雨가 '구름과 비'라는 본래의 의미를 떠나서 남녀 사이의 육체적 관계를 가리키는 말로 바뀌었듯이, 비유적인 뜻으로 쓰이는 기상 관련 말들이 꽤 있다. 심한 고난을 뜻하는 風霜이나 風雪이 그런 경우다.

變化와 여기 나오는 글자들을 조합해 만들 수 있는 降下·凝結은 비슷한 의미의 동사가 병렬됐다. 蒸鬱과 陰凝은 '부사어+동사'의 구조로 봐야 할 듯하고, 天氣(山氣·海氣라는 단어도 만들 수 있다)와 暑氣·寒氣·相交도 수식 구조다. 莫測은 앞에 나왔던 莫大와 같이 쓰인다.

 然, 如, 焉이 단어를 만드는 접미사로 쓰이기도 한다.

여기서 가장 눈여겨봐야 할 단어가 C*로 구분된 油然·沛然이다. 뒤에 공통으로 들어간 然은 느낌을 더하는 접미사 성격을 띤 보조적인 요소고, 주된 의미는 앞 글자에 있다. '~한 모습'을 나타낸다. 如나 焉 등도 이런 성격의 접미사로 쓰일 수 있다.

 긴 문장도 구조를 알면 쉽다.

① 山·海之氣上, 與天氣相交, 則興雲·霧, 降雨·雪, 爲霜·露, 生風·雷.
② 暑氣蒸鬱, 則油然而作雲, 沛然而下雨; 寒氣陰凝, 則露結而爲霜, 雨凝而成雪.

①은 문장이 꽤 길다. 이 긴 문장에서, 인과를 나타내는 접속사 則을 먼저 찾아야 한다. 전체 문장이 이 則을 중심으로 양분되는데, '~하면 ~한다'는 뜻이다. 그런데, 이렇게 해놔도 앞뒤가 복잡해서 해석에 감을 잡기가 어렵다.

먼저 뒷부분부터 보자. 뒷부분은 결과를 나타내는데, 그 결과가 하나가 아니라 넷이 나열돼 있어 복잡해진 것이다. 興/降/爲/生의 네 동사가 병렬돼 있다. '~하면(則), ~하고 ~하고 ~하고 ~한다'로 풀면 된다.

앞의 원인 부분도 만만치 않다. 동사가 上과 相交 둘인데, 與 앞에 접속사인 而가 생략됐다고 보면 이해가 쉽다. '山海之氣上해서 與天氣相交하면'이라는 뜻이고, 더 풀면 '山海之氣가 上해서 天氣와 함께 相交하면'이 된다.

②는 같은 구조의 문장이 반복된 것인데, 역시 인과를 나타내는 접속사 則이 핵심이다. 각각의 則 앞부분은 暑氣/寒氣가 주어고 蒸鬱/陰凝이 서술어라 비교적 단순한데, 則 뒷부분들이 문제다. 그런데 則을 빼고 찬찬히 보면 연결 접속사인 '~而~' 구조의 문장이 두 개씩 겹쳤다. 뒤의 露結而爲霜과 雨凝而成雪은 '~해서 ~가 되다'라고 하면 되는데, 앞의 油然而作雲과 沛然而下雨는 다르다. 앞의 油然/沛然이 동사가 아니라 형용사이기 때문에, '~하게 ~하다'라고 풀어야 한다.

 한문은 문법보다 문맥!

③ 故, 春·夏多雨·露, 秋·冬多霜·雪.
④ 變化莫測者, 風·雷也.

③에서 故는 '그러므로'라는 접속사이고, 그 뒤에 구조가 같은 두 개의 절이 병렬돼 있다. 맨 처음에 배웠던 上有天에서 上이 형식상 주어라고 했는데, 여기서도 上처럼 春夏와 秋冬을 형식적 주어로 보면 된다.

多는 서술어이다.

④는 문장이 짧아서 '~者 ~也' 구조임을 쉽게 알 수 있다. 다만 變化莫測者를 '변화막측이란 것은'으로 해석하면 안 되고, '변화가 막측한 것은'이라고 풀어야 한다. 왜 앞의 것은 안 되고 뒤의 것으로 해석해야 할까? 문법책을 뒤져도 답이 없다. 문맥에서 찾아야 한다. 그래서 한문은 문맥이 중요하다고 누누이 말하는 것이다.

제9강 啓蒙篇/地篇 (3)
생활 터전과 도구들

古之聖王, 畫野分地, 建邦設都. 四海之內, 其國有萬. 而一國之中, 各置州・郡焉; 州・郡之中, 各分鄉・井焉.
爲城郭, 以禦寇; 爲宮室, 以處人; 爲耒耜, 敎民耕稼; 爲釜甑, 敎民火食; 作舟車, 以通道路.

옛날의 훌륭한 임금이 들을 구획하고 땅을 나누어 나라를 세우고 도읍을 건설하셨다. 온 세상 안에 나라가 매우 많은데, 한 나라 안에 각각 주와 군을 두고 주와 군 안에 각각 향과 정을 나누었다. 성곽을 만들어 외적을 막고, 집을 지어 사람이 살게 하셨다. 쟁기와 보습을 만들어 백성에게 밭 갈고 곡식 심는 것을 가르치고, 가마솥과 시루를 만들어 백성에게 불에 익혀 먹는 것을 가르쳤으며, 배와 수레를 만들어 도로에 통행하게 했다.

【기본 단어】

聖王 성왕, C   一國 일국, C   州郡 주군, B   鄕井 향정, C   城郭 성곽, B   宮室 궁실, B   禦寇 어구, D   處人 처인, D   耒耜 뇌사, B
釜甑 부증, B   敎民 교민, D   耕稼 경가, D   火食 화식, C   舟車 주거, B   道路 도로, B

【연관 단어】

古聖 고성, C   分畫 분획, B   野地 야지, B   建設 건설, B   邦都 방도, B   海內 해내, C   萬國 만국, C   國中 국중, C   設置 설치, B
分置 분치, B   通路 통로, C

B는 병렬자, C는 주종자, D는 술보자

地篇 안에 들어 있지만, 이 부분은 땅의 형태가 아니라 땅 위에 펼쳐진 인간 사회에 대한 얘기다.

 州·郡과 鄕·井은 본래 중국의 지방 행정단위이며, 시대마다 행정단위 구분 체계가 다르다.

'나라'를 의미하는 國이나 邦, 그리고 행정구역을 나타내는 都·州·郡 같은 글자들이 눈에 띄고, 城郭·宮室·道路같이 공공시설을 가리키는 단어들도 보인다. 사회와 정치 이야기인 것이다.

州·郡과 鄕·井은 본래 중국의 지방 행정단위다. 《周禮^{주례}》에는 5家^가를 比^비, 5比(25家)를 閭^려, 4閭(100家)를 族^족, 5族(500家)을 黨^당, 5黨(2500家)을 州^주, 5州(12,500家)를 鄕^향으로 구분하여 정연한 체계를 세우기도 했다. 여기서 '마을'을 의미하는 鄕黨^{향당}이라는 말도 나왔다.

《周禮》에서는 州가 鄕의 하위 단위다. 그러나 본문에서는 州·郡 아래에 鄕·井이 있다고 했으니 다르다. 우^禹임금 때는 중국 전역을 冀^기·兗^연·靑^청·徐^서·揚^양·荊^형·豫^예·梁^량·雍^옹의 9州로 나눴다고 하는데, 여기서는 또 州가 최상급 단위다. 秦始皇^{진시황}은 중국을 통일하고서 전국을 36郡으로 나누었다. 이때 영토가 우임금 때보다 훨씬 넓었으니, 郡이 우임금 때의 州와 맞먹는 최상급 행정단위가 된 셈이다.

이처럼 시대에 따라서 행정단위를 구분하는 체계가 다르다. 井만 해도 井田制에서는 8家의 단위인데, 앞의 《周禮》에서의 체계와 같지 않다. 본문에서는 州·郡을 큰 단위, 鄕·井을 작은 단위를 대표하는 말로 썼다.

본문에는 '동사+목적어' 구조의 단어가 몇 개 나온다. 禦寇 · 處人 · 教民 등인데, 處人을 해석하면서 의문이 들 수 있다. '人을 處하게(살게) 하다'로 보면 된다.

본문 문장을 보자.

주어와 서술부를 구분하고, 서술부를 묶어서 보자.

① 古之聖王, 畫野分地, 建邦設都.

古之聖王이 주어고, 나머지가 병렬 형태로 된 서술부다. 서술부는 '동사+목적어' 구조 네 개가 연결되어 있는데, 내용상 다시 두 개씩 묶었다. 서술어가 네 개나 되니 좀 헷갈릴 수 있다. '野를 畫하고 地를 分하며, 邦을 建하고 都를 設하다'가 된다. 여기서 畫는 '그림 화'가 아니라 '그을 획'이다. 劃과 같은 말이다.

② 四海之內, 其國有萬.
③ 而一國之中, 各置州·郡焉; 州·郡之中, 各分鄕·井焉.

내용상 한 문장으로 보는 게 나을 듯한데, 설명을 위해 ②와 ③의 두 문장으로 나눴다. 접속사 而를 중심으로 두 문장으로 나눌 수 있다. ③도 而를 빼면 다시 같은 틀의 두 문장이 복합돼 있다.

②의 四海之內는 於 같은 전치사가 붙어 뒤에 있어야 하는데 전치사를 떨어버리고 앞으로 나온 것이다. 제대로 하자면 其國이 주어, 有가

서술어, 萬과 於 전치사구가 두 개의 부가어가 돼야 한다.

뒷부분 ③은 一國之中/州郡之中이 형식상 주어고, 置/分이 서술어다. 各은 서술어를 수식하는 부사어, 焉은 종결 허사.

 같은 구조의 문장이 반복될 때 앞 문장의 접속사 以가 뒤 문장에서 생략될 수 있다. 앞의 말을 받는 之도 생략될 수 있다.

④ 爲城郭, 以禦寇; 爲宮室, 以處人; 爲耒耜, 敎民耕稼; 爲釜甑, 敎民火食; 作舟車, 以通道路.

사실상 같은 구조인 다섯 개의 문장 모두 주어가 빠져 있다. 이전 문장에 나왔던 古之聖王이 주어라고 봐야겠다.

爲耒耜~와 爲釜甑~ 외의 문장들은 '爲/作~ 以~' 구조라는 공통점을 쉽게 찾을 수 있다. 그런데 사실은 爲耒耜~와 爲釜甑~도 以가 생략된 같은 구조라고 봐야겠다. '~을 만들어 그것으로 ~하게 했다'는 말이다. 以 다음에는 의미상 앞의 것을 받는 之가 생략된 셈이다.

제10강 啓蒙篇/地篇(4)
오행의 상생과 상극

金·木·水·火·土, 在天, 爲五星; 在地, 爲五行. 金, 以爲器; 木, 以爲宮. 穀生於土, 取水·火爲飮食. 則凡人日用之物, 無非五行之物也. 五行, 固有相生之道: 金生水, 水生木, 木生火, 火生土, 土生金, 金復生水. 五行之相生也, 無窮, 而人用不竭焉. 五行, 亦有相克之理: 土克水, 水克火, 火克金, 金克木, 木克土, 土復克水. 乃操其相克之權, 能用其相生之物者, 是人之功也.

쇠와 나무와 물과 불과 흙은 하늘에서는 다섯 별이 되고 땅에서는 오행이 된다. 쇠로는 그릇(도구)을 만들고, 나무로는 집을 만들고, 곡식은 흙에서 나와 물과 불을 취해 음식이 되니, 곧 모든 사람들이 날마다 쓰는 물건들이 오행에서 나오지 않은 것이 없다. 오행은 본디 서로 낳아주는 이치가 있다. 쇠는 물을 낳고 물은 나무를 낳고 나무는 불을 낳고 불은 흙을 낳고 흙은 쇠를 낳고 쇠는 다시 물을 낳으니, 오행의 서로 낳아줌은 끝이 없어서 사람이 써도 마르지 않는다. 오행은 또한 서로 이기는 이치가 있다. 흙은 물을 이기고 물은 불을 이기고 불은 쇠를 이기고 쇠는 나무를 이기고 나무는 흙을 이기고 흙은 다시 물을 이기니, 이에 그 서로 이기는 권세를 잡아서(이용해) 능히 서로 낳아주는 물건을 쓰는(만들어내는) 것은 사람의 일이다.

【 기본 단어 】

飮食 음식, B   日用 일용, C   五行 오행, C   固有 고유, C   相生 상생, C   相克 상극, C   無窮 무궁, D   人功 인공, C

【 연관 단어 】

道理 도리, B

B는 병렬자, C는 주종자, D는 술보자

金·木·水·火·土. 익히 아는 대로 五行이다. 한문을 공부한다는 건 동양 고전을 읽는 것이고, 동양 고전을 읽다 보면 五行은 피할 수 없다.

 한문 고전 읽기의 상식, 五行을 익혀두자.

五行이란 대자연이 金·木·水·火·土 다섯 가지 요소로 이루어졌다는 동양의 옛 물질관을 말한다. 우주 만물이 모두 이 다섯 요소의 운행과 변화에 따라 만들어진다는 것이다. 이를 표로 만들어보면 이렇다.

五行오행	木목	火화	土토	金금	水수
五方오방	東동	南남	中중	西서	北북
五常오상	仁인	禮예	信신	義의	智지
五色오색	靑청	赤적	黃황	白백	黑흑
五臟오장	肝간	心심	脾비	肺폐	腎신
五官오관	目목	舌설	口구	鼻비	耳이
五覺오각	色색	觸촉	味미	香향	聲성
五味오미	酸산	苦고	甘감	辛신	鹹함
五聲오성	牙아	舌설	脣순	齒치	喉후
五音오음	角각	徵치	宮궁	商상	羽우
五星오성	歲星세성	熒惑星형혹성	鎭星진성	太白星태백성	辰星진성

앞서 봤던 五嶽은 五方에 따른 것이다. 五色·五味·五音도 앞에서 살펴봤다.

서울의 사대문 이름에도 五行이 들어 있다. 남대문의 원래 이름은 崇禮門숭례문인데, 禮는 五常 가운데 하나이며 방위로는 남쪽이고 南과

禮은 五行 가운데 火에 대응한다. 마찬가지로 興仁之門^{흥인지문}(東)·敦義門^{돈의문}(西)·弘智門^{홍지문}(北) 등도 각기 五方에 맞는 五常의 글자들을 담고 있다. 五常 가운데 信만 빠졌는데, 이는 鐘樓^{종루}인 普信閣^{보신각}으로 채우고 있다. 四神圖^{사신도}는 靑龍^{청룡}(東)·白虎^{백호}(西)·朱雀^{주작}(南)·玄武^{현무}(北)로, 역시 각 방위와 각 색깔이 대응된다.

水星·金星·火星·木星·土星이 五星인데, 각각 辰星·太白星·熒惑星·歲星·鎭星이라는 이름을 가지고 있지만 五行을 붙인 이름으로 주로 불린다.

본문에서 말하는 五行의 相生·相克을 그림으로 그려보면 다음과 같다.

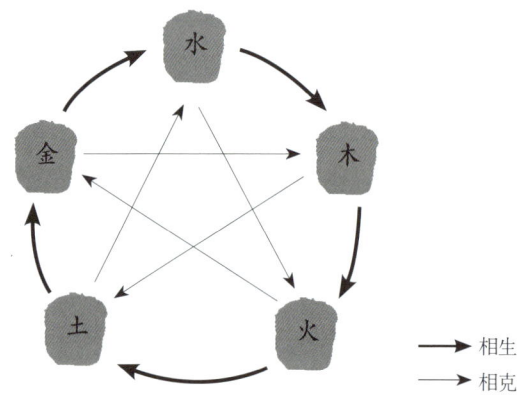

 無窮처럼 부정어 無·不·非·未로 시작하는 단어에서 앞 글자 부정어를 본동사로 보면 편리하다.

여기 나오는 단어들 가운데 無窮은 '끝이 없다'는 뜻이어서 우리말의 순서와 정반대다. 無를 서술어, 窮을 부가어의 구조로 이해해야 한다. 이렇게 無·不·非·未 등 부정의 의미를 지닌 글자가 앞으로 나온 단어들이 많은데, 보통 이들을 조동사라고 설명하지만 본동사로 보면 해석이 쉽다. 그 뒤에 오는 글자를 목적어로 보면 된다. 한문에는 품사가 없기 때문에 가능한 일이다.

飮食이라는 단어는 연관된 글자의 병렬임은 분명한데, 飮과 食을 각기 동사로 봐도 되지만 명사로 보는 것이 더 자연스럽다. 명사라면 飮은 마실 것, 食은 먹을 것이겠다. 그렇다면 食은 '밥'이다. '밥'이라는 뜻의 경우 食은 '식'이 아니라 '사'라고 읽는다. 그러나 飮食의 경우를 보면 이런 구분이 철저한 것 같지는 않다. '먹이다'라는 뜻일 때도 '사'라고 하는데, '식'과 '사'의 발음 구분이 명쾌하지 않다.

飮食을 '음식'으로 읽어야 하는지 '음사'로 읽어야 하는지 헷갈리게 만드는 말이 簞食瓢飮이다.《論語》〈雍也⁽옹아⁾〉편에는 공자⁽孔子⁾가 제자 안회⁽顔回⁾를 칭찬한 말이 나온다.

"賢哉, 回也! 一簞食, 一瓢飮, 在陋巷, 人不堪其憂; 回也, 不改其樂. 賢哉, 回也!"

"훌륭하다, 안회여! 도시락 밥을 먹고 표주박 물을 마시며 달동네에 산다면 사람들은 그 고생을 견디기 어려워하겠지만, 안회는 그 즐거움을 놓으려 하지 않는다. 훌륭하다, 안회여!"

여기서 食과 飮은 분명히 먹을 것(밥)과 마실 것으로 대비되는 말인데 '단사표음'으로 읽고 있다. 중국어에서도 이 食는 우리 발음 '사'에 해당하는 '쓰'로 읽는 것이 원칙이지만, '식'에 해당하는 '시'로 읽는다.

본문의 문장을 살피자.

 而가 생략되어 문장이 어렵다면 생략된 而를 넣어 해석해보자.

① 金·木·水·火·土, 在天, 爲五星; 在地, 爲五行.

우선 세미콜론 앞부분을 보자. 金·木·水·火·土가 주어고 爲가 서술어, 五星이 부가어다. 그럼 在天은 뭘까? 내용상 在天 다음에 則이 생략된 것으로 보면 在天 이하가 하나의 서술부다. 세미콜론 뒷부분은 앞 문장과 같은 구조인데, 주어 金·木·水·火·土가 생략됐다.

② 金, 以爲器; 木, 以爲宮.
③ 穀生於土, 取水·火爲飮食.
④ 則凡人日用之物, 無非五行之物也.

②는 똑같은 구조의 반복이다. 얼핏 보면 문장구조가 잘 잡히지 않을 수도 있겠는데, 金/木을 형식상 주어, 以爲를 '~로써 ~를 하다(만들다)'의 한 덩어리 서술어로 보면 구조가 이해된다.

③은 取 앞에 접속사 而 정도가 생략된 모습이다. '取~爲~'는 '~을 취해 ~가 되다'로 풀이된다.

④의 則은 인과의 접속사인데, 앞의 ②와 ③를 받는다. 여기서는 ②와

③을 별개의 문장으로 처리하고 則은 '그러니' 정도의 뜻으로 새기면 될 듯하다. 無非는 이중부정. '~ 아닌 것이 없다', 즉 '모두 ~이다'는 뜻이다.

⑤ 五行, 固有相生之道.
⑥ 五行, 亦有相克之理.

'~有~' 구문이다. 有 앞에 固와 亦이 덧붙어 있을 뿐이다.

⑦ 五行之相生也, 無窮, 而人用不竭焉.
⑧ 乃操其相克之權, 能用其相生之物者, 是人之功也.

⑦에서 也는 지금까지 봐오던 종결의 어조사가 아니다. 여기서는 별 의미 없이 숨을 고르는 역할을 한다. '그래서' 정도의 어감을 주는 접속사 而 앞부분은 五行之相生이 주어, 無窮이 서술어다. 而 뒤의 人用不竭焉은 '사람이 써도 마르지 않는다'는 뜻. 用 다음에 접속사 而를 넣어보면 그 뜻이 잘 드러난다.

⑧의 乃내 역시 앞의 말을 받는 접속사로 '이에'라는 뜻이다. 전체를 보면 자주 나왔던 '~라는 것은 ~이다'라는 '~者 ~也'의 구조가 눈에 띄고, 是가 서술어로 드러난다. 앞의 주어 부분이 복잡한데, 操其相克之權과 能用其相生之物 사이에 접속사 而를 넣으면 해석이 쉬워진다. 操와 能用은 각 부분의 서술어다.

제11강 啓蒙篇/物篇(1)
동양의 동식물 분류

天地生物之數, 有萬其衆, 而若言其動植之物, 則草木 · 禽獸 · 蟲魚之屬, 最其較著者也. 飛者, 爲禽; 走者, 爲獸; 鱗介者, 爲蟲魚; 根植者, 爲草木. 飛禽卵翼, 走獸胎乳; 飛禽巢居, 走獸穴處. 蟲魚之物, 化生者最多, 而亦多生於水濕之地. 春生而秋死者, 草也; 秋則葉脫而春復榮華者, 木也. 其葉蒼翠, 其花五色. 其根深者, 枝葉必茂; 其有花者, 必有實.

하늘과 땅이 낳은 만물의 수는 수만 가지나 된다. 그 동물과 식물을 말해보자면 풀과 나무, 새와 짐승, 벌레와 물고기의 무리가 그중에서 가장 두드러진 것들이다. 나는 것은 새이고, 달리는 것은 네발짐승이며, 비늘과 껍질이 있는 것은 벌레와 물고기이고, 뿌리 내린 것과 심어진 것은 풀과 나무다. 나는 새는 알을 낳고 날개가 있으며, 달리는 짐승은 새끼를 배고 젖을 먹인다. 나는 새는 둥지에서 살며, 달리는 짐승은 굴에서 산다. 벌레와 물고기들은 부화해 생겨나는 것이 가장 많고, 또한 주로 물이나 축축한 곳에서 산다. 봄에 나서 가을에 죽는 것은 풀이요, 가을이 되면 잎이 떨어졌다가 봄이 되어 다시 꽃이 피는 것은 나무다. 그 잎은 푸르고 그 꽃은 다섯 빛깔이다. 그 가운데 뿌리가 깊은 것은 가지와 잎이 반드시 무성하고, 그 가운데 꽃이 있는 것은 반드시 열매를 맺는다.

【 기본 단어 】

生物 생물, D　草木 초목, B　禽獸 금수, B　蟲魚 충어, B　較著 교저, B　鱗介 인개, B　根植 근식, B　飛禽 비금, C　走獸 주수, C
卵翼 난익, B　胎乳 태유, B　巢居 소거, C　穴處 혈처, C　化生 화생, C　最多 최다, C　水濕 수습, B　葉脫 엽탈, B　榮華 영화, B
蒼翠 창취, B　五色 오색, B　根深 근심, B　枝葉 지엽, B

【 연관 단어 】

數萬 수만, C　萬衆 만중, C　動物 동물, C　植物 식물, C　植木 식목, B　草根 초근, C　魚物 어물, C　飛走 비주, B　巢穴 소혈, B
居處 거처, C　濕地 습지, C　生死 생사, B*　花葉 화엽, B　茂實 무실, B

B는 병렬자, B*은 대우자, C는 주종자, D는 술보자

하늘과 땅 사이에는 만물이 산다. 하늘과 땅 사이라면 결국 땅 위가 아니냐 하겠지만, 공중에 날아다니는 새들을 생각하면 '사이'는 땅 위에서 공중까지라고 하는 게 더 정확하겠다.

그럼 만물은 뭔가? 모든 사물. 글자 그대로 무생물까지 포함하는 개념이지만, 한자의 物은 사람을 뺀 모든 생물을 가리키는 말로 쓰이기도 한다. 여기서의 物 역시 그런 개념에 가까워서 동물과 식물 이야기가 주가 되고 있다.

禽·獸·蟲·魚와 草·木, 동양의 전통적 생물 분류법.

여기서는 동양의 전통적인 생물 분류 방식을 볼 수 있다. 동물에 해당하는 것이 禽獸와 蟲魚고, 식물은 草木으로 뭉뚱그렸다. 한 글자가 한 단어라는 한자의 특성상, 두 글자로 돼 있는 이 단어들은 각기 두 가지 개념이 합쳐진 것이다. 그러니까 동물은 禽·獸·蟲·魚의 네 가지, 식물은 草·木의 두 가지로 분류되는 셈이다. 현대 과학이 나오기 이전이니 미생물은 당연히 빠져 있다.

禽은 날짐승, 즉 날아다니는 동물이다. 현대 용어로 조류다. 獸는 길짐승, 즉 기어 다니는 짐승이다. 기어 다닌다는 표현이 오해를 불러올 수도 있겠는데, 네발짐승이라고 표현하면 좀 더 분명하겠다. 대체로 포유류로 보면 된다. 이 禽과 獸가 말하자면 옛 사람들이 생각했던 동물의 중심이다. 그래서 禽과 獸를 합쳐 동물을 禽獸라고 불렀다.

이에 대비되는 동물의 비주류는 蟲魚다. 蟲은 벌레인데, 곤충류를 떠올리는 게 일반적이겠지만 그것과 함께 뱀 같은 파충류도 蟲에 속한다. 분류가 이상하다. 더 이상한 건, 蟲이 동물 전반을 가리키는 말로도 쓰인다는 것이다. 獸에 해당하는 네발짐승은 털이 났다 해서 毛蟲^{모충}, 禽인 조류는 깃털이 있다 해서 羽蟲^{우충}, 어류·파충류는 비늘이 있다 해서 鱗蟲^{인충}, 거북과 조개 등은 껍데기에 싸였다 해서 介蟲^{개충}, 심지어 사람까지도 맨살이라 해서 裸蟲^{나충}으로 표현한다. 그러나 이런 특수한 용법 외에는 禽·獸·魚를 제외한 '기타 동물'을 蟲으로 표현했다고 봐야겠다. 魚는 어류.

草와 木은 '풀'과 '나무'라는 말로, 쉽게 알 수 있다. 草本植物·木本植物이다.

 어떤 단어들은 병렬 관계, 수식 관계, 주종 관계 등으로 문맥에 따라 다르게 해석할 수 있다.

본문의 단어들 가운데 葉脫·根深은 '주어+서술어' 관계의 결합이다. '주어+서술어' 구조는 앞에서 말했듯이 수식 관계의 일종으로 볼 수도 있는데, 여기 나오는 葉脫·根深은 단어로 보지 않고 문장 속의 요소 나열로 봐도 된다. 根深은 〈龍飛御天歌^{용비어천가}〉에서 가장 유명한 구절에도 나오는 말이다.

根深之木, 風亦不扤, 有灼其華, 有蕡其實;
源遠之水, 旱亦不竭, 流斯爲川, 于海必達.

뿌리 깊은 나무는 바람이 불어도 흔들리지 않으니,

꽃이 활짝 피고 열매가 주렁주렁 열린다.

샘이 깊은 물은 가물어도 마르지 않으니,

흘러 냇물을 이루고 반드시 바다에까지 도달한다.

연관된 글자의 병렬로 만들어진 본문 글자들 가운데 鱗介·卵翼·胎乳는 '그러한 특성을 가진 것'을 말한다. 즉 비늘이 있고(鱗) 껍데기에 싸인(介) 것, 알을 낳고(卵) 날개가 달린(翼) 것, 새끼를 배고(胎) 젖을 먹는(乳) 것이다. 根植은 '뿌리를 내리다'는 뜻이 있지만, 앞의 鱗介·卵翼·胎乳처럼 같은 자격 글자의 병렬로 보아 '(스스로) 뿌리를 내린 것(根)과 (인공적으로) 심은 것(植)'으로 볼 수 있다. 水濕 역시 주종 관계인 '물기가 있어 축축함'으로 볼 수도 있고 병렬 관계인 '물이 있는 곳과 축축한 곳'으로 볼 수도 있다.

較著는 較와 著 모두 '드러나다'는 明의 뜻이어서 의미가 비슷한 글자의 병렬이다. 生物은 우리가 주로 쓰는 '생명이 있는 사물'이라는 뜻으로는 '관형어+명사'의 주종 관계가 분명하지만, '서술어+부가어' 구조로 '만물을 낳다'라는 뜻으로도 볼 수 있다.

 其는 대명사로 쓰이기도 하고 어세를 강화하는 역할을 하기도 한다.

① 天地生物之數, 有萬其衆, 而若言其動植之物, 則草木·禽獸·蟲魚之屬, 最其較著者也.

② 蟲魚之物, 化生者最多, 而亦多生於水濕之地.
③ 其葉蒼翠, 其花五色.
④ 其根深者, 枝葉必茂; 其有花者, 必有實.

①과 ②는 접속사 而를 중심으로 두 부분으로 나뉜다. ①에서는 有萬其衆과 最其較著者也가 조금 까다롭다. 앞뒤 두 문장에 모두 들어 있는 其도 눈여겨봐야 한다.

①에서 접속사 而 앞부분은 天地生物之數가 주어부고 有萬其衆이 서술부다. 서술부는 其衆이 주어, 有萬이 서술어인데 위치를 바꾼 거라고 보기도 하지만, 有가 서술어, 萬其衆이 부가어라고 할 수 있다. '몇 만을 헤아릴 정도로 많다'는 뜻이다. 其는 어세語勢를 조절하는 요소다. 접속사 而 뒷부분의 最其較著者도 서술부인데, 여기서의 其는 有萬其衆의 其와 마찬가지로 형용사 앞에서 어세를 강화한다. 불완전명사 者가 주어부에서만 쓰이는 것이 아니라, 이렇게 서술부에서도 쓰인다.

①에서 접속사 而는 앞의 말을 받아서 '그런데' 정도의 어감으로 뒤의 말을 잇고 있다. 접속사 而 뒤 문장의 則은 인과를 나타내는 접속사고, 그 앞 구절의 若이 가정의 의미로 則과 호응하고 있다. '若~' 절에서는 주어가 생략됐고 言이 동사, '則~' 절에서는 '~之屬'이 주어, 最其較著者가 서술어다.

④에도 其가 두 개 있다. 앞의 것은 다음에 명사인 根, 뒤의 것은 다음에 동사인 有가 와서 다른 듯하지만, 根深과 有花를 한 덩어리로 보면 其가 어세를 조절하기는 마찬가지다. 반면 ③의 其는 뒤에 명사인 葉/花가 와서 대명사로 봐야겠다.

명사로 쓰이는 단어지만 서술어로 해석해야 하는 경우가 있다.

⑤ 飛者, 爲禽; 走者, 爲獸; 鱗介者, 爲蟲魚; 根植者, 爲草木.
⑥ 春生而秋死者, 草也; 秋則葉脫而春復榮華者, 木也.

⑥은 '~者 ~也' 구조의 반복이다. '~者' 부분은 다시 접속사 而로 연결돼 있다. '~而~者'는 '~해서 ~한 것'이라는 의미로 보면 된다. 秋則葉脫은 秋가 則 앞에서 조건이 되는데, 명사로 옮기면 어색하니까 서술어 '가을이 되다'로 바꿔줘야 한다.

⑤는 세미콜론으로 연결된 네 문장이 같은 틀이고, 각기 '~者 爲~' 구조다. 여기서 爲는 '~이다'로 풀어야 자연스럽다. 습관적으로 '~가 되다'로 해석하면 어색하다.

⑦ 飛禽卵翼, 走獸胎乳; 飛禽巢居, 走獸穴處.

두 글자씩 '주어+서술어' 구조가 이어지고 있다. 뒤 문장에서 巢居/穴處는 핵심 서술어 居/處에 수식어가 붙은 것으로 보면 되고, 앞 문장에서 卵翼/胎乳는 두 개씩의 서술어가 병렬된 것이다. 卵翼/胎乳은 보통 명사로 쓰이지만 여기서는 서술어 역할을 하니, 요컨대 서술어답게 '卵生이며 날개가 있다', '胎生이며 젖을 먹고 자란다'로 옮겨야 한다.

제12강 啓蒙篇/物篇 (2)
유익한 동물, 무익한 동물

虎豹·犀象之屬, 在於山; 牛馬·鷄犬之物, 畜於家. 牛以耕墾, 馬以乘載, 犬以守夜, 鷄以司晨. 犀取其角, 象取其牙, 虎豹取其皮. 山林, 多不畜之禽獸; 川澤, 多無益之蟲魚. 故, 人以力殺, 人以智取; 或用其毛羽·骨角, 或供於祭祀·賓客·飮食之間. 走獸之中, 有麒麟焉; 飛禽之中, 有鳳凰焉; 蟲魚之中, 有靈龜焉, 有飛龍焉. 此四物者, 乃物之靈異者也; 故, 或出於聖王之世.

호랑이와 표범, 무소와 코끼리의 무리는 산에 있고, 소와 말, 닭과 개 등은 집에서 기른다. 소는 밭을 가는 데 쓰고, 말은 타거나 짐을 나르는 데 쓰고, 개는 밤에 지킴이로 쓰고, 닭은 새벽을 알리는 데 쓴다. 무소에게서는 그 뿔을 취하고, 코끼리에게서는 그 송곳니를 취하며, 호랑이와 표범에게서는 그 가죽을 취한다. 산과 숲에는 기를 수 없는 새나 짐승이 많고, 강과 못에는 무익한 벌레와 물고기가 많다. 그래서 사람들이 힘써 죽이고 사람들이 지혜롭게 취해 그 털과 깃털, 뼈와 뿔을 이용하기도 하고, 제사와 손님 접대와 음식 등에 이바지하기도 한다. 달리는 짐승 중에 기린이 있고, 나는 새 중에 봉황이 있으며, 벌레와 물고기 중에 신령한 거북이 있고 나는 용이 있다. 이 네 가지는 동물 중에서 신령스럽고 특이한 것들이어서, 간혹 훌륭한 임금의 치세에 나타난다.

[기본 단어]

虎豹 호표, B 犀象 서상, B 牛馬 우마, B 鷄犬 계견, B 耕墾 경간, B 乘載 승재, B 守夜 수야, D 司晨 사신, D 山林 산림, B
川澤 천택, B 無益 무익, D 毛羽 모우, B 骨角 골각, B 祭祀 제사, B 賓客 빈객, B 麒麟 기린, B* 鳳凰 봉황, B*
靈龜 영귀, C 飛龍 비룡, C 靈異 영이, B

[연관 단어]

家畜 가축, C 犀角 서각, C 象牙 상아, C 虎皮 호피, C 豹皮 표피, C 智力 지력, C 殺取 살취, C 供用 공용, C 靈物 영물, C
龍龜 용귀, B 異物 이물, C 聖世 성세, C

B는 병렬자, B*은 대우자, C는 주종자, D는 술보자

앞 강에서 物篇의 총론 격으로 생물을 크게 동물인 禽獸·蟲魚와 식물인 草木으로 나누었는데, 여기서는 그중 동물인 禽獸·蟲魚에 대해 자세히 이야기한다.

> **핵심 39**
> 青龍·朱雀·白虎·玄武·黃麟은 五獸, 犬·羊·牛·鷄·猪는 五畜, 鱗蟲·羽蟲·裸蟲·毛蟲·介蟲은 五蟲이라 한다.

牛·馬·鷄·犬·虎 같은 글자들이 보이고, 좀 어려운 글자지만 豹·犀·象도 보인다. 麒麟·鳳凰 같은 익숙한 단어와 龜·龍도 있다. 상상 속의 동물까지 포함해, 가축을 비롯해서 우리가 가까이에서 접하는 동물들 이야기를 하고 있다.

이런 글자들로는 병렬자들이 여럿 만들어진다. 虎豹·犀象·牛馬·鷄犬과 龍龜 같은 단어도 만들 수 있다. 이 단어들은 연관 글자의 병렬에 속하지만, 麒麟·鳳凰은 상대어 병렬이다. 麒/鳳이 수컷, 麟/凰이 암컷을 나타내는 말이기 때문이다. 그러나 이렇게 암수를 구분하는 것은 후대의 일일 가능성이 높고, 본래는 두 글자가 합쳐져야 비로소 하나의 개념을 지칭하는 연면사連綿詞거나 같은 발음의 두 글자를 합쳐놓은 것이었던 듯하다. 麟·鳳·龜·龍을 四靈사령이라 하는데, 암컷 麟이 대표로 들어갔다는 게 고개를 갸웃하게 만들기 때문이다.

동물과 관련된 말 毛羽·骨角도 연관어 병렬로 만들어진 단어다. 그러나 각 동물과 그 동물이 지니고 있는 것을 합쳐 만들어내는 犀角·象牙·虎皮·豹皮 같은 단어들은 주종 관계다.

앞서 오행 얘기를 하면서 四神을 언급했었는데, 靑龍청룡 · 朱雀주작 · 白虎백호 · 玄武현무에 黃麟황린을 추가해 五獸오수라 부르기도 한다. 개 · 양 · 소 · 닭 · 돼지, 즉 犬 · 羊 · 牛 · 鷄 · 猪저는 五畜오축이라 한다. 앞 강에서 말했던 鱗蟲 · 羽蟲 · 裸蟲 · 毛蟲 · 介蟲은 五蟲오충이다.

단어 가운데 守夜 · 司晨 · 無益은 '서술어+부가어' 관계다. 守夜는 '밤을 지키다'이니 '밤을 새우다' 또는 '야간 당직을 하다'는 의미인데, 본문에서는 개가 그 역할을 하는 동물로 묘사됐다. 司晨은 '새벽을 담당하다', 즉 '새벽을 알리다'라는 뜻이어서 수탉을 의미하는 말로 쓰인다.

陶淵明도연명의 〈述酒술주〉라는 시의 앞부분은 이렇다.

重離照南陸
鳴鳥聲相聞
秋草雖未黃
融風久已分
素礫皛修渚
南嶽無餘雲
豫章抗高門
重華固靈墳
流淚抱中歎
傾耳聽司晨

태양이 남쪽 땅을 비추니
여기저기 새들이 지저귀는 소리 들린다.
가을 풀 아직 시들지 않았는데

동북풍은 벌써 사라졌구나.
흰 조약돌 모래톱에서 반짝이는데
남쪽 산엔 구름도 남지 않았구나.
예장이 대궐에 맞서니
순임금의 무덤만 남았네.
눈물 흘리며 마음속에 탄식을 품고
귀 기울여 새벽 닭 울음을 듣는다.

 이 시는 김종직金宗直이 세조世祖의 왕위 찬탈을 비판하면서 쓰기도 했다. 여기서 南陸남륙이니 南嶽남악이니 하는 말은 강남으로 쫓겨 가서 건국한 동진東晉의 상황을 나타내고, 豫章예장은 동진 왕조를 위협하던 환현桓玄과 유유劉裕의 근거지다. 도연명의 이 시는 유유의 찬탈과 동진의 멸망을 한탄하는 것인데, 여기에 등장하는 司晨이 바로 새벽을 알리는 수탉이다.

 본문의 殺取는 일반적으로 쓰이는 말은 아니다. 단어를 이렇게 만들 수도 있다는 것만 알아두면 된다. 殺鷄取卵은 닭을 죽여서 알을 얻는다는 말이다. 조급하게 알을 얻겠다고, 알을 계속 낳아줄 수 있는 닭을 죽인다, 즉 눈앞의 이익에 눈이 어두워 장래의 더 큰 이익을 팽개친다는 얘기다. 좀 쉬운 말로는 小貪大失소탐대실이겠다. 殺鷄取卵은 고대 그리스의 아이소포스가 지은 《이솝 우화》 중 〈황금 알을 낳는 거위〉를 한문으로 번역하면서 사자성어로 만든 것일 가능성이 있다.

형식상 주어가 있는 문장에 유의하자.

① 牛以耕墾, 馬以乘載, 犬以守夜, 鷄以司晨.
② 犀取其角, 象取其牙, 虎豹取其皮.

①의 牛以耕墾은 以牛耕墾을 도치한 것으로 설명하기도 하지만, '牛, 以(之)耕墾'(소는 그것을 가지고 밭을 간다)로 보는 편이 더 낫다. 牛가 형식상 주어고, 以 다음에 之가 생략된 것이다. ②의 犀取其角 역시 이렇게 보면 '犀, 取其角'(무소에게서는 그 뿔을 취하다)이 돼서 해석이 쉽다. 犀 또한 형식상 주어다.

③ 山林, 多不畜之禽獸; 川澤, 多無益之蟲魚.
④ 走獸之中, 有麒麟焉; 飛禽之中, 有鳳凰焉; 蟲魚之中, 有靈龜焉, 有飛龍焉.

③은 같은 구조의 두 문장이 세미콜론으로 연결됐는데, 주어가 없고 山林/川澤이 형식상 주어 역할을 하고 있다. 多는 서술어. 이렇게 형식상 주어가 있는 문장에 유의할 필요가 있다.

④도 有 앞에 형식상 주어가 있음에 주의하자. 마지막 문장 有飛龍焉은 有靈龜焉과 병렬된 것이니 그 앞에 蟲魚之中이 생략된 셈이다. 앞의 제1강에 나왔던 '天地之間, 有人焉, 有萬物焉'과 똑같은 틀이다.

⑤ 故, 人以力殺, 人以智取; 或用其毛羽·骨角, 或供於祭祀·賓客·飮食之間.

⑥ **此四物者, 乃物之靈異者也; 故, 或出於聖王之世.**

⑤에서는 或用과 或供, ⑥에서는 或出을 한 덩어리 서술어로 봐야 한다. 이들의 주어는 모두 생략됐고, ⑥의 뒷부분의 경우 생략된 주어가 앞의 此四物이다.

제13강 啓蒙篇/物篇 (3)
곡식과 과일과 채소

稻·粱·黍·稷, 祭祀之所以供粢盛者也; 豆菽·麰麥之穀, 亦無非養人命之物. 故, 百草之中, 穀食最重. 犯霜·雪而不凋, 閱四時而長春者, 松·柏也. 衆木之中, 松·柏最貴. 梨·栗·柹·棗之果, 味非不佳也; 其香芬芳, 故果以橘·柚爲珍. 蘿蔔·蔓菁·諸瓜之菜, 種非不多也; 其味辛烈, 故菜以芥·薑爲重. 水陸草木之花, 可愛者甚繁. 而陶淵明愛菊, 周濂溪愛蓮, 富貴·繁華之人, 多愛牧丹. 淵明, 隱者, 故人以菊花, 比之於隱者; 濂溪, 君子, 故人以蓮花, 比之於君子; 牧丹, 花之繁華者, 故人以牧丹, 比之於繁華·富貴之人.

벼와 수수, 기장과 조는 제사에서 제물로 바치는 것이며 콩과 보리 등의 곡식 또한 모두 사람의 목숨을 기르는 물건이기 때문에, 온갖 풀 가운데 곡식이 가장 중요하다. 서리와 눈을 맞아도 시들지 않고 네 철을 지나면서 늘 봄처럼 푸른 것은 소나무와 잣나무이니, 여러 나무 가운데서 소나무와 잣나무가 가장 귀하다. 배·밤·감·대추 등의 과실이 맛이 좋지 않은 것은 아니지만, 귤과 유자가 향기가 좋기 때문에 과실 가운데서는 이들을 보배로 친다. 무와 순무와 오이 등의 채소 종류가 많지 않은 것은 아니지만, 겨자와 생강이 그 맛이 맵기 때문에 이들을 중요하게 친다. 물과 뭍에 있는 초목의 꽃 중에 사랑스러운 것이 매우 많지만, 도연명(도잠)은 국화를 좋아했고 주염계(주돈이)는 연꽃을 좋아했으며 부귀하고 풍성한 사람들은 모란을 좋아하는 경우가 많았다. 도연명은 은자였기 때문에 사람들은 국화로써 은자에 비유하고, 주염계는 군자였기 때문에 사람들은 연꽃으로써 군자에 비유했으며, 모란은 꽃 중에서 가장 풍성한 것이기 때문에 사람들은 모란으로써 풍성하고 부귀한 사람에 비유했다.

【 기본 단어 】

稻粱 도량, B   黍稷 서직, B   粢盛 자성, C   豆菽 두숙, B   麰麥 모맥, B   人命 인명, C   百草 백초, C   穀食 곡식, B   松柏 송백, B
衆木 중목, C   芬芳 분방, B   蘿蔔 나복, B   蔓菁 만청, E   辛烈 신열, B   芥薑 개강, B   水陸 수륙, B*   可愛 가애, D   富貴 부귀, B
繁華 번화, B   菊花 국화, B   蓮花 연화, B   牧丹 모란, B   隱者 은자, C   君子 군자, C*

【 연관 단어 】

養命 양명, D   穀物 곡물, B   多種 다종, B   貴重 귀중, B   珍貴 진귀, B   香味 향미, B   佳味 가미, B   果菜 과채, B   花草 화초, B
蓮菊 연국, B   貴人 귀인, C

B는 병렬자, B*은 대우자, C는 주종자, C*는 접미사 결합 조어, D는 술보자, E는 연면자

동물에 이어 식물 이야기다. 우리가 먹고사는 데 가장 중요한 곡식(穀)을 필두로 해서 나무(木)·과일(果)·채소(菜) 등으로 식물을 분류하며, 꽃 이야기로 마무리한다.

五穀, 五果, 五菜는 상식으로 알아두자.

본문에서 五穀^{오곡}이라는 단어가 낯익다. 그런데 그 다섯 가지가 일정치 않다. 稻^도(米^미)·麥^맥·黍^서·稷^직·豆^두(菽^숙)·麻^마 등이 번갈아 등장하고, 麥·豆는 또 각기 大/小로 구분되기도 한다. 대체로 남방 기준으로는 麻('삼'이라는 뜻이 있지만 곡물로는 '깨'다)가 빠지고 북방 기준으로는 稻가 빠지면 다섯 가지가 된다.

그런데 五穀 가운데 黍·稷과 본문에 나오는 粱^량이 자전에 모두 '기장'으로 풀이돼 있어 헷갈린다. 본문에는 黍·稷이 별개의 곡식으로 나오니 같은 기장은 아니겠다.

식물 분류상 黍·稷·粱은 모두 벼과^科-기장아과에 속한다. 여기에 속하는 곡물로 기장·조·수수 등을 들 수 있다. 이들은 벼과-기장아과의 하위분류에서 기장속^屬(기장)·강아지풀속(조)·수수속(수수)으로 갈린다. 기장은 한자로 黍라 하고, 조(좁쌀)는 보통 粟^속이라 한다. 수수는 高粱^{고량} 또는 蜀黍^{촉서}다. 문제는 稷인데, 黍와 稷을 찰기에 따라 구분되는 찰기장·메기장으로 보는 시각이 있다. 그러나 이는 후대에 잘못 전해진 것이고, 稷은 '조'라고 한다. 稷과 粟은 발음도 비슷해 이런 견해를 뒷받침한다. 稷을 '피'라고 하는 자전도 있지만, 피(기장아과 피속)는 한자로 稗^패다. 옥수수 역시 기장아과(옥수수속)에 속하는데, 한자로는 玉

蜀黍^{옥촉서}다.

　기장은 赤粱^{적량}의 중국어 발음에서 온 말이라는데, 그렇다면 기장을 수수의 일종('붉은 수수')으로 본 것이겠다. 기장아과의 곡물들을 黍·稷(粟)·粱 등으로 표현하고 거기에 赤·高·蜀 같은 수식어를 붙여 구분한 것이다. 본문에서는 稻·粱·黍·稷으로 나열해 기장(黍)·조(稷)와 병렬시켰기 때문에 粱을 수수(高粱)로 풀었다.

　그렇다면 똑같이 '콩'이라고 하는 豆^두·菽^숙과 똑같이 '보리'라고 하는 麰^모·麥^맥도 차이가 있을까? 豆는 우리가 보통 '콩'이라고 하는 大豆와 강낭콩·완두·팥·동부 등 넓은 범위의 콩류의 총칭이며, 菽은 글자 구조상 '콩잎'이라는 뜻으로 만들어졌다가 '콩'이라는 뜻으로까지 확대돼 쓰인 듯하다. 결국 세부 종류의 차이를 나타내는 것은 아니며, 아예 豆菽으로 병칭되기도 한다. 麰와 麥 역시 지칭 대상이 다른 것이 아니라 麥의 변형 발음(사투리)을 나타내기 위해 麰 자가 만들어져 함께 쓰인 듯하다. 豆-菽과 麰-麥은 각기 발음의 뿌리가 같다. 그러나 大豆(콩)와 小豆(팥), 大麥(보리)과 小麥(밀)은 종류가 다르다.

　五穀에 대해서는 이론^{異論}이 있지만, 五果^{오과}로 자두·살구·대추·복숭아·밤, 즉 李^리·杏^행·棗^조·桃^도·栗^율을 꼽는 데는 이견이 없다. 본문에서는 제사상에 올리는 과일을 중심으로 했기 때문에 이 五果와 상관없이 배·밤·감·대추, 즉 梨^이·栗^율·柿^시·棗^조가 과일의 대표로 나왔다. 五菜^{오채}도 있는데, 부추·콩잎·파·아욱·염교, 즉 韭^구·藿^곽·葱^총·葵^규·薤^해을 말한다. 각각의 맛을 나타내는 말을 붙여 韭酸^{구산}·藿鹹^{곽함}·葱辛^{총신}·葵甘^{규감}·薤苦^{해고}로 표현한다.

　본문 단어들 가운데 粢盛의 구조가 묘하다. 자전을 찾아보면 粢盛의 盛은 '제삿그릇에 담긴 곡물'이라는 뜻이 있고, 粢는 그 일부분이거나 동격일 수 있다. 그런데 盛은 본래 '가득 채우다'라는 뜻이니 '가득 찬 그릇'이면 몰라도 그 안에 든 '곡물'이라고까지 말하는 것은 지나친 듯하다. 그렇다면 粢盛은 '곡물이 가득 담긴 그릇'이 본뜻이었다고 봐서 수식 구조로 볼 수 있다.

접미사 子와 연면자 牧丹 · 蘿蔔 · 蔓菁.

'서술어+부가어' 구조의 可愛는 '사랑함이 可하다'로 보면 되고, 같은 구조로 養命 · 多種 같은 단어를 만들 수 있다. 養命는 '命을 養하다'라는 교과서적인 구조고, 多種은 수식 구조로 보아 '많은 種'이라고 옮기기 쉽지만 多를 서술어로 봐서 '種이 많음'으로 해석하는 게 나을 듯하다.

君子는 小人의 상대어로, 동양 고전을 읽다 보면 자주 나온다. 익숙해서 잘 알 것 같지만 사실은 잘 잡히지 않는 개념이다. 그래서 한문을 번역할 때 이 단어를 다른 말로 바꿔보려고 했던 적이 있는데 쉽지 않았다.

君子는 본래 각급의 통치자를 가리키는 말이다. 물론 남자다. 학식이나 덕망이 있는 점잖은 이미지가 아니라, 강압 같은 그와 반대의 이미지에 더 가까운 말일 수도 있다. 君子의 점잖은 이미지는 나중에 미화되어 생겨난 것이다.

君子에서 君은 본래 그런 지배자를 가리키던 말이다. 그럼 子는 무슨 의미일까? 子는 본뜻이 '아들'이지만 公공 · 侯후 · 白백 · 子자 · 男남의 작위 가운데 하나를 가리키는 말로 쓰였고, 그래서인지 남자에 대한 존칭으로도 쓰였다. 접미사가 되어 孔子^{공자}·孟子^{맹자}·朱子^{주자} 같이 사람의 姓^성 뒤에 붙이기도 했다. 姓 뒤에 붙은 건 아니지만 君子의 子 역시 같은 역할을 한다고 봐야겠다. 子가 卓子^{탁자}·菓子^{과자}처럼 사물을 나타내는 명사 뒤에 붙는 경우도 있다. 子는 이렇게 앞에서 봤던 油然·沛然의 然과 비슷한 보조 역할을 한다.

牧丹은 독음이 '목단'이지만 牡丹으로 적고 '모란'으로 읽기도 한다. 丹에 '란'이란 음도 있는 것이다. 牧丹은 모란(목단)이라는 꽃 이름인데, 두 글자가 합쳐져 하나의 사물을 지칭하는 명사가 되었다. 한자는 한 글자 한 글자가 단어이지만 이런 경우는 예외다. 蘿蔔(무)·蔓菁(순무)도 마찬가지다. 蘿蔔은 萊菔^{내복}·蘿白^{나백}으로도 쓰는데, 비슷한 발음의 여러 표기를 함께 쓰는 것으로 미루어 의미가 있는 개별 글자가 아니라 발음에 맞는 글자를 적당히 빌려다 썼음을 알 수 있다. '나박김치'라는 우리말이 있는데, 이 '나박'도 여기서 왔다.

牧丹·蘿蔔·蔓菁 모두 연면자^{聯綿字}다. 두 글자를 합쳐 만들었는데 두 개념이 아니라 하나의 개념을 나타낸다. 물론 앞의 子 같은 접미사는 앞 글자에 붙어 보조적인 역할을 하니 연면사와는 다르다.

 以所를 '~한 까닭'이 아니라 '~하는 것'으로 해석해야 하는 경우도 있다.

① 犯霜·雪而不凋, 閱四時而長春者, 松·柏也.
② 稻·粱·黍·稷, 祭祀之所以供粢盛者也.
③ 豆·菽·麰麥之穀, 亦無非養人命之物.

①은 전형적인 '~者 ~也' 구문인데, 주어부가 조금 복잡하다. '~하고'의 의미인 접속사 而로 두 문장을 연결한 두 덩어리를 병렬시켰다. 즉 '犯霜·雪하면서 不凋하고, 閱四時하면서 長春한 것'이다.

②와 ③은 주어부와 서술부의 두 덩어리로 이루어진 같은 구조다. '~者 ~也' 구문이란 별다른 것이 아니고, '주어부+서술부'의 가장 기본적인 구조에서 주어부와 서술부 끄트머리에 상황에 따라 者와 也를 붙인 것일 뿐이다.

②의 경우 서술부는 기본적으로 '~之~' 구문이고, 之 다음의 후반부는 '粢盛으로 供하는 것'이라는 所以가 이끄는 구문이다. 여기서 所以는 '~한 까닭'이 아니라 '~하는 것'이라는 의미. ③은 이중부정인 無非가 서술어고, 여기에 부사어 亦이 추가됐다. 養人命之物은 '人命을 養하는 物'이다.

 바로 앞부분이 나열이고 바로 뒤에 앞 나열과 관련된 명사가 있을 때 之는 '~ 등의'로 풀면 매끄럽다.

④ 梨·栗·柿·棗之果, 味非不佳也;
⑤ 蘿蔔·蔓菁·諸瓜之菜, 種非不多也;
⑥ 水陸草木之花, 可愛者甚繁.

④, ⑤, ⑥ 역시 '주어부+서술부'의 두 토막으로 이루어진 문장인데, 이 서술부는 다시 '주어부+서술부'로 나눌 수 있다. ④와 ⑤에서는 味/種이 서술부의 주어, ⑥에서는 可愛者가 서술부의 주어고, 그 뒤의 非

不佳/非不多와 甚繁이 서술어다. ⑥에서 之는 '~의'로 보면 되지만, ④, ⑤에서 之는 앞부분이 나열이기 때문에 '~ 등의'로 풀면 매끄럽다.

⑦ **其香芬芳, 故果以橘·柚爲珍.**
⑧ **淵明, 隱者, 故人以菊花, 比之於隱者;**

⑦과 ⑧은 모두 접속사 故로 연결된 문장이다. 또 ⑦과 ⑧의 앞 절은 모두 '주어+서술어'의 간단한 구조다. 뒤 절은 果/人이 주어, 以~爲/比~가 서술부다. ⑧의 以菊花, 比之於隱者의 경우 比가 동사, 菊花가 목적어, 於隱者가 보어인데, 목적어를 앞으로 옮기면서 그것을 가리키는 지시대명사 之를 동사 比 다음에 넣고 앞으로 옮긴 목적어에 以를 추가하는 등 문장을 매만졌다. 그러나 ⑦의 以橘·柚爲珍의 경우는 동사 爲의 특성으로 之를 넣지 않았다.

⑥은 본문에도 이름이 나오는 周濂溪^{주염계}의 〈愛蓮說^{애련설}〉이라는 글 첫머리를 그대로 베낀 것이다. 그다음 세 가지 꽃을 각기 隱者·君子·富貴之人에 비긴 것도 〈愛蓮說〉에 나오는 내용이다. 감상해보자.

물과 뭍에 있는 초목의 꽃 중에 사랑스러운 것이 매우 많다. 진나라의 도연명은 홀로 국화를 사랑했고, 당나라 이래로 세상 사람들은 모란을 매우 사랑했다. 나는 홀로 연꽃을 사랑한다. 연꽃은 진흙에 나지만 더러움에 물들지 않고 맑은 물에 씻겨도 요염하지 않다. 줄기의 속은 비었지만 겉모습은 반듯하며, 넝쿨지지도 않고 잔가지를 치지도 않는다. 그 향기는 멀어질수록 더욱 맑으며, 우뚝하고 깨끗하게 뿌리를 내리고 있다. 이는 멀리서 바라봐야지, 가까이서 즐겨서는 안 된다. 나는 이르기를, 국화는 꽃의 은자요, 모란은 꽃의 부귀자요, 연꽃은 꽃의 군자라 한다. 아아! 국화를 사랑하는 사람은 도연명 이후로 드물었는데, 나와 함께 연꽃을 사랑하는 사람은 몇이나 있을까? 모란을 사랑하는 사람들이 의당 많을 것이다.

제14강 啓蒙篇/物篇 (4)
물건을 계량하는 법

物之不齊, 乃物之情. 故, 以尋·丈·尺·寸, 度物之長短; 以斤·兩·錙·銖, 稱物之輕重; 以斗·斛·升·石, 量物之多寡. 算計萬物之數, 莫便於九九. 所謂九九者, 九九八十一之數也.

만물이 똑같지 않은 것이 바로 만물의 실정이다. 그래서 길이의 단위(심·장·척·촌)로 만물의 길고 짧음을 헤아리고, 무게의 단위(근·냥·치·수)로 만물의 가볍고 무거움을 달며, 분량의 단위(두·곡·승·석)로 만물의 많고 적음을 헤아린다. 만물의 수를 세는 데는 구구단보다 편한 것이 없으니, 이른바 구구단이라는 것은 '구구 팔십일'까지 셈하는 것이다.

[기본 단어]

長短 장단, B* 輕重 경중, B* 多寡 다과 B* 算計 산계, B 莫便 막편, D 九九 구구, A

[연관 단어]

齊物 제물, D 物情 물정, C 數量 수량, B 算數 산수, B 度量 도량, B 稱量 칭량, B 計量 계량, B

A는 중첩자, B는 병렬자, B*은 대우자, C는 주종자, D는 술보자

숫자는 어디서 나왔을까? 사물의 개수를 세면서 나오지 않았을까? 그런 의미에서, 만물에 대한 이야기를 하면서 숫자와 도량형을 말하는 것은 당연하다. 여기 나열된 尋^심~寸^촌, 斤^근~銖^수, 斗^두~石^석 같은 것을 양사^{量詞}라고 하는데, 각기 길이·무게·부피를 재는 단위다.

길이, 무게, 부피를 나타내는 한자 이야기.

길이의 단위 가운데 尺^척과 寸은 낯이 익다. 우리말로 '자'와 '치'다. 1尺=10寸. 지금은 1尺을 30.3센티미터로 쓰지만, 고전을 읽다가 尺이 나오면 시대마다 그 길이가 달랐다는 점을 염두에 두어야 한다. 가령 '9尺 장신'이라고 나오면 2.7미터나 되니 비현실적으로 과장했다고 생각하면 안 된다. 한나라 때의 1尺=23.1센티미터를 적용하면 9尺은 2미터를 조금 넘는 키일 뿐이다.

丈^장은 어른 키의 길이로, 우리 속담 "열 길 물속은 알아도…"에서의 그 '길'이다. 이렇게 대략적인 수치면 측정 단위가 될 수 없으니 1丈은 10尺으로 환산한다. 漢尺을 적용해도 1丈은 2.3미터가량 되니, 이건 좀 비현실적인 키다. '열 길 물속'은 100尺의 깊이를 말하는 것이니 수심^{水深}이 수십 미터라는 말이다.

尋은 두 팔을 지표면과 수평으로 벌렸을 때 한 손 끝에서 다른 손 끝까지의 길이, 우리말로는 '발'이다. 1尋은 8尺으로 환산한다. '심상찮다'의 '심상'이 이 尋常인데, 尋常은 '보통'이란 말이고 '심상찮다'는 심상하지 않다, 즉 예사롭지 않고 특별하다는 말이다. 尋常의 常 역시 길이의 단위로, 尋의 두 배인 16尺이다. 그러니까 尋常은 8尺과 16尺 사이,

10尺 안팎의 특별하지 않은 길이를 의미하는 말이다. 일제강점기 때 초등학교를 尋常小學校라고도 하고 普通學校라고도 했었는데, 尋常이나 普通이나 같은 뜻이다.

무게 단위에서는 斤·兩이 낯익다. 1斤은 600그램의 무게를 나타내고, 1兩은 1斤의 16분의 1인 37.5그램이다. 현대에 들어 중국은 1斤을 500그램으로 바꾸었다. 계산의 편리를 위해서였겠다. 斤·兩은 斤兩으로 합쳐 '무게'라는 뜻을 나타내기도 한다.

銖는 24분의 1兩이고, 錙^치는 4분의 1兩 즉 6銖라고 보지만 이설도 많다. 銖와 錙는 錙銖^{치수}로 합쳐져 가벼운 것이나 하찮은 일을 나타내는 말로 쓰인다. 10그램도 안 되는 무게이니 하찮을 만도 하다.

斤보다 큰 단위로는 20兩(또는 24兩)인 鎰^일이 있지만 斤과 직접적으로 연결되는 단위는 아니다. 斤보다 크며 斤과 관계된 단위로 鈞^균이 있으며, 1鈞은 30斤이다.

부피 단위는 '말'인 斗^두, '되'인 升^승이 친근하다. 1斗는 10升이고, 升 아래로 부피 단위 合^합이 있는데 升의 10분의 1이며 우리말로 '홉'이라고 한다. 斗보다 큰 단위가 斛^곡·石^석이다. 처음에는 두 글자가 같은 단위를 나타내며 모두 10斗를 의미했었지만, 송나라 이후 斛은 斗와 石의 중간 단위가 됐다. 5斗=1斛, 2斛=1石이다. 石은 우리말로 '섬'이다.

 숫자와 순서, 분수와 구구단을 나타내는 한자 이야기.

한자의 기본 수를 나타내는 글자들은 어떻게 만들어졌을까? 一·二·三까지는 작대기 개수로 의미를 나타낸 지사자^{指事字}다. 四부터 九까지는 발음이 같은 글자를 빌려다 쓴 가차자假借字. 그런데 四부터 九까지의 가차자들은 본래 무슨 글자로 만들어졌는지 거의 알 수가 없다. 숫자로 많이 쓰이다 보니 본래 의미는 잊혀서, 믿거나 말거나 식의 추측들만 난무하고 있다. 八의 본뜻이 '나누다'라는 것 정도가 그럴듯해 보일 뿐이다.

영어의 zero에 해당하는 숫자 0은 한자로는 零영이라는 글자를 쓰지만, 한문에서 숫자 표기를 할 때 0은 쓰지 않고 넘어간다.

우리는 십진법을 쓰고 있다. 십진법의 단위 숫자는 十·百·千·萬으로 열 배씩 올라가고, 그다음엔 萬·億·兆·京으로 만 배씩 올라간다. 이 가운데 百·千을 제외한 글자들은 모두 가차자이다. 百은 본래 白을 가차해 썼던 모양인데, 100은 一자 밑에 白, 200은 二자 밑에 白을 넣어 합쳐 썼다. 이 중 '一자 밑에 白' 자가 百이 됐다. 千은 중간의 가로획을 一로 보면 나머지 부분이 亻=人인데, 人을 가차해서 一과 합쳐 쓰던 것이 千으로 남았다.

이 기본 숫자와 단위 숫자를 조합해 특정한 수를 나타내는 건 한문이나 우리글이나 같다. 12를 '十二'로 나타내는 식인데, 중간에 有를 넣어 '十有二'로 쓰기도 한다는 것은 앞서 언급한 바 있다. 有 부분에 처음에는 '또'라는 뜻인 又우 자를 썼었는데, 나중에 又(오른손을 본떠 만듦)에서 有(고기를 가리키는 肉육과 又을 합쳐 만듦) 자가 파생되어 나오면서 有로 헛갈려 쓴 듯하다. 十又二가 十有二로 바뀐 것이다. 헛갈린 이유는 又와 有에 겹치는 의미가 있기 때문이었을 것이다.

현대 중국어에서 有는 발음이 두 가지인데, 十有二에서의 有의 발음은 又의 발음과 같다. 有가 又의 대용이라는 흔적이다. 의미상으로도 이 자리에 '있다'라는 有는 맞지 않고 '그리고'라는 又가 적합하다. '열(十), 그리고(又) 둘(二)'이다. 우리 발음으로도 有와 又는 '유'와 '우'로 차이가 있으니 十有二는 '십우이'로 읽는 게 맞을 텐데, 보통은 깊은 고려 없이 '십유이'로들 읽고 있다.

이 밖에도 수사 하나가 더 있다. 幾^기는 우리말의 '몇'에 해당하는, 확실치 않은 수를 가리키는 말인데, 이 말도 수사로 분류될 수 있다.

숫자로 순서를 나타낼 때는 수사 앞에 第^제를 붙여 '第○' 식으로 나타내고, 분수는 지금 우리가 쓰고 있는 대로 '○分之○' 형태로 나타낸다. 순서를 나타내는 第는 생략되기도 하고, 분수의 경우 分 다음에 양사가 들어가기도 하며 分이나 分之를 모두 생략하기도 한다. '十二'가 숫자 12를 나타낼 수도 있지만, '十分之二'에서 分之가 생략된 형태 즉 0.2일 수도 있다는 얘기다. 이래서 한문은 문법보다 맥락이 중요하다고 하는 것이다.

본문 단어들 가운데 莫便은 앞에서도 봤던 莫의 용법, '~보다 편한 것이 없다' 즉 '가장 편하다'라는 최상급 표현이다.

九九는 같은 글자가 겹쳤다. 우리말에 '졸졸', '활활'같이 의성어·의태어 등에서 같은 음절이 겹치는 첩어^{疊語}가 있는데, 한문에도 그 비슷한 게 있다. 그렇지만 이 경우는 첩어가 아니라 9×9를 나타내는 말이다. 九九는 구구단을 말하고, 九九八十一은 구구단의 '9×9=81'을 말한다.

본문에 나오는 글자들 가운데 數·算·計·量·度·稱 등은 어떤 '분량'이나 그것을 '헤아리다'라는 뜻을 지니고 있다. 이 글자들을 조합하면 본문에 나오는 算計 외에도 數量·算數·度量·稱量·計量 등 병렬 구조의 단어들이 만들어진다. 이 단어들은 '서술어+부가어' 구조로 볼 수도 있다.

莫便於~는 '~보다 편한 것이 없다'는 뜻의 관용구로 알아두자.

① 物之不齊, 乃物之情.
② 算計萬物之數, 莫便於九九.
③ 所謂九九者, 九九八十一之數也.

모두 ③의 '~者 ~也' 구문에서 전형적으로 보이는 '주어부+서술부'의 간단한 구조다. ①은 주어부와 서술부가 모두 '~之~'의 형태인데, 둘을 이어주는 乃는 앞의 말을 받아 '그것이' 정도의 의미로 쓰였다. ②에서는 算計~數가 주어고, 莫便이 서술어인 셈이다. 莫便於~는 '~보다 편한 것이 없다'는 뜻의 관용구로 알아두면 된다.

④ 故, 以尋·丈·尺·寸, 度物之長短; 以斤·兩·錙·銖, 稱物之輕重; 以斗·斛·升·石, 量物之多寡.

접속사 故를 제외하면, 같은 구조의 문장 세 개가 병렬됐다. 접속사 故는 앞의 말을 받아 '그러므로'라는 뜻으로 쓰였다. 세 문장은 모두 주어가 생략되었고 度/稱/量이 동사, 그 뒷부분이 목적어다. 以는 '~로써'라는 뜻.

제15강 啓蒙篇/人篇 (1)
사람이 가장 뛰어나다

> 萬物之中, 惟人最靈.
> 有父子之親, 有君臣之義, 有夫婦之別, 有長幼之序, 有朋友之信.

> 만물 중에 오직 사람이 가장 뛰어나다.
> 아버지(부모)와 아들(자식) 사이에 정이 있고, 임금과 신하 사이에 도리가 있으며, 남편과 아내 사이에 분별이 있고, 어른과 아이 사이에 차례가 있으며, 벗들 사이에 신의가 있기 때문이다.

【연관 단어】

靈物영물, C 親信친신, B 信義신의, B

B는 병렬자, C는 주종자

사람도 만물에 속한다. 본문을 보면 저자 역시 인정하는 바다. 그럼에도 불구하고 物篇에서 따로 떼어 人篇을 만든 것은 사람이 그만큼 중요하다는 얘기겠다. 《啓蒙篇》의 마지막은 사람에 관한 이야기다.

 동양 고전에 흔히 나오는 五倫은 꼭 알아두자.

이 부분은 人篇 가운데서도 총론 격이다. 만물 가운데서 가장 뛰어난 것이 인간이라고 한다. 그 이유가 바로 뒤따라 나온다. 五倫^{오륜}이 있기 때문이다.

오륜은 동양 고전을 읽다 보면 지겹게 나온다. 오륜에는 가족 안의 관계와 사회 속에서의 관계가 섞여 있다. 父子 · 夫婦는 가족 안에서의 수직 · 수평 관계를 대표하고, 君臣 · 朋友는 사회 또는 국가 단위에서의 수직 · 수평 관계다. 長幼는 가정과 사회 모두에 해당하는데, 수직적인 관계라 할 수 있다.

親 · 義 · 別 · 序 · 信이라는 덕목들을 앞에 나왔던 五常과 비교해보자. 五常은 仁 · 義 · 禮 · 智 · 信이었으니, 義 · 信은 공통이고 그 나머지들이 차이가 있다.

오륜에서 親은 거의가 '친함'이라고 번역하기 때문에 친구 사이의 것 같은 친밀함부터 떠올려 본뜻이 왜곡되는 느낌이 있는데, 혈육 간의 '사랑'이나 '정'으로 이해하는 것이 더 정확할 듯하다. 五常의 仁도 대개 '어짊'으로 번역해서 무슨 뜻인지 감이 잘 오지 않는데, '인자함'이나 '사랑' 정도의 의미다. 그러니 오륜의 親은 五常의 仁과 통한다고 볼 수 있다. 오륜의 別 · 序는 구별하고 차례를 짓는 것이니 五常의 禮

에 해당한다고 보면 된다. 이렇게 보면 오륜은 오상과 대부분 겹친다. 단 오상의 智에 해당하는 것만 없는데, 智는 모두에 약간씩 녹아 있다고 봐야겠다.

이 장은 글이 짧아 눈에 띄는 단어가 별로 없다. 靈 자 하나만 살피고 넘어가자.

靈은 '신령 령' 자여서 무조건 귀신을 연상하는데, 그건 아니다. 본문의 惟人最靈라는 문장을 '귀신과 가장 잘 통한다'라고 옮기면 억지스럽다. 이 문장은 '사람이 가장 靈하다'는 말이다. 靈에는 良이라는 뜻이 있어서, '좋다'나 '뛰어나다'로 해석해야 하는 경우가 있다. 惟人最靈도 '사람이 가장 뛰어나다'라고 하면 된다. 또 귀신과 연결시켜서 '사람이 가장 영험하다'라고 옮기는 것도 우습다.

핵심 49 시작이 불완전한 문장일 때는 앞 문장과 연결해서 읽어보자.

有父子之親, 有君臣之義, 有夫婦之別, 有長幼之序, 有朋友之信.

본문의 이 문장은 불완전한 문장이다. 앞 문장 '萬物之中, 惟人最靈'과 연결하여, '만물 가운데 사람이 가장 뛰어나서(뛰어난데), ~이 있고 ~이 있고…'로 연결시킬 수 있다. 가장 뛰어나다는 결론을 앞에 던져놓고 뒤에 그 근거를 제시하는 셈이다. 五倫이 있기 때문에 사람이 가장 뛰어나다는 주장이다.

문장으로 들어가보면, 다섯 개의 有 앞에는 내용상 人이 생략된 것으로 볼 수 있다. '사람은 ~을 가지고 있다'로 직역할 수 있지만, 앞에 제시한 '번역'된 본문처럼 다듬을 필요가 있다. 또 다섯 개의 '有~'는 앞 문장의 이유를 설명한 것이기 때문에, 본문에 직접 표현되지는 않았지만 '~기 때문이다'라는 느낌이 있다.

제16강 啓蒙篇/人篇 (2)
가족과 친척의 호칭

> 生我者, 爲父母; 我之所生, 爲子女. 父之父, 爲祖; 子之子, 爲孫. 與我同父母者, 爲兄弟; 父母之兄弟, 爲叔; 兄弟之子女, 爲姪. 子之妻, 爲婦; 女之夫, 爲壻.

나를 낳은 분이 부모이고, 내가 낳은 것이 자녀다. 아버지의 아버지는 할아버지고, 아들의 아들은 손자다. 나와 부모가 같은 사람은 형제다. 부모의 형제는 아저씨고, 형제의 아들딸은 조카다. 아들의 아내는 며느리고, 딸의 남편은 사위다.

【 기본 단어 】

父母 부모, B*   所生 소생, F   子女 자녀, B*   兄弟 형제, B*

【 연관 단어 】

父女 부녀, B*   母子 모자, B*   母女 모녀, B*   祖父 조부, C   孫子 손자, C   祖孫 조손, B*   子孫 자손, B   父祖 부조, B
父兄 부형, B   弟子 제자, B   叔姪 숙질, B   姪女 질녀, C   夫妻 부처, B*   婦女 부녀, B   子婦 자부, B   女壻 여서, C

B는 병렬자, B*은 대우자, C는 주종자, F는 기타

인간관계에서 기본이랄 수 있는 가족관계 이야기다. 가족 사이의 호칭을 '한문'으로 정리했다.

　가족관계를 나타내는 단어들 가운데는 상대어를 결합한 것이 많다. 본문에 나오는 父母·子女·兄弟 외에도 父女·母子·母女·祖孫·叔姪·夫妻 등이 그렇다. 그러나 父祖·子孫·父兄·弟子·婦女 등은 상대어가 아닌, 일반 연관어의 병렬이다. 또 祖父·孫子·子婦·女婿·姪女는 주종 관계의 단어라고 볼 수 있다.

　祖父와 孫子는 얼핏 보면 주종 관계가 아닌 것 같다. 그런데 父/子를 '위/아래 항렬의 사람 일반'으로 본다면 '祖/孫뻘 되는 父/子'로 해서 祖/孫이 父/子를 수식하고 있다. '祖뻘 되는 父'고 '孫뻘 되는 子'다. 姪女 역시 '姪뻘 되는 女'고, 子婦와 女婿는 '子/女를 통해 얻은 婦/婿'겠다.

알아두면 유용한 4대에서 4세까지 친가, 외가 가족관계에서의 호칭.

　가족관계에서 생겨날 수 있는 호칭을 좀 더 자세히 살펴보자. 먼저 촌수에 따른 호칭부터 보자.

　친가 쪽을 보면 직계 명칭 외에 나와 같은 항렬의 기본 명칭으로 남자는 兄/弟, 여자는 姉^자/妹^매가 있다. 아버지 항렬에는 남자인 伯父^{백부}/叔父^{숙부}와 여자인 姑母^{고모}가 있고, 아들 항렬에는 조카인 姪^질이 있다. 모든 친족 호칭은 이 기본 명칭에서 출발한다.

　같은 항렬인 나의 사촌은 兄/弟/姉/妹에 '버금가다'는 뜻의 從을

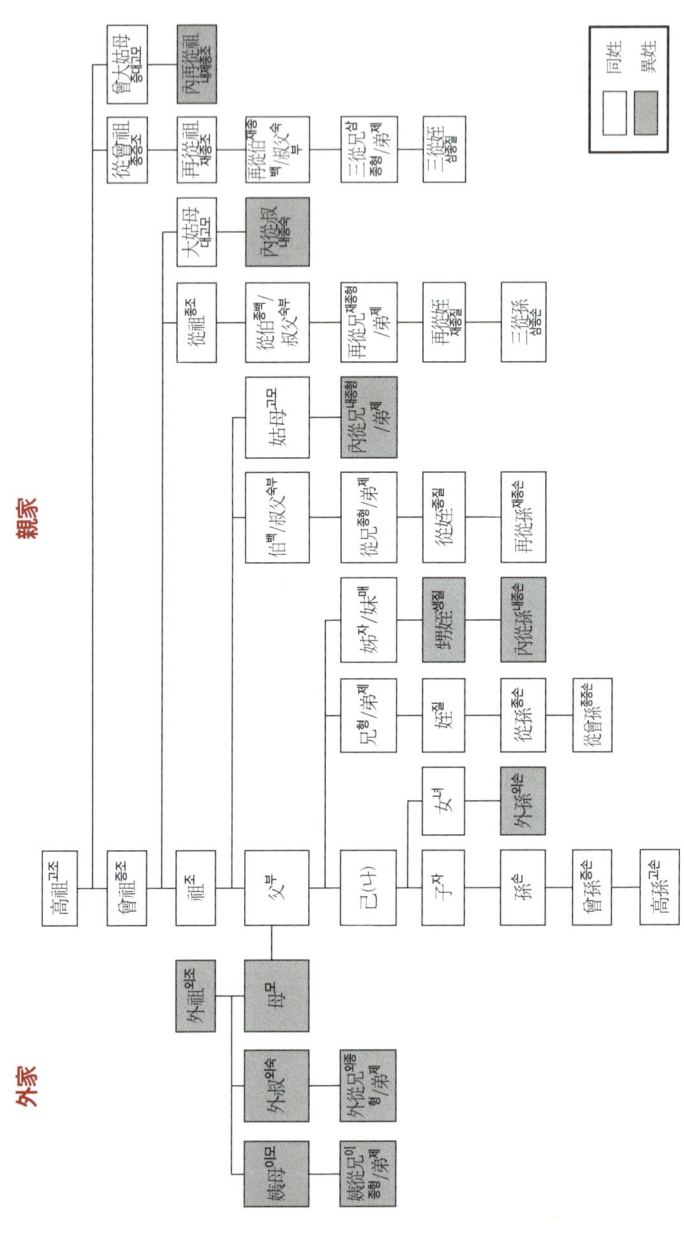

붙여 從兄^{종형}/從妹^{종매} 하는 식으로 부른다. 같은 항렬인 나의 육촌은 再從을 붙이고(再從弟^{재종제} 등), 팔촌은 三從을 붙인다(三從姊^{삼종자} 등). 아버지의 사촌은 伯父/叔父/姑母에 從을 붙이고(從姑母^{종고모} 등), 아버지의 육촌은 再從을 붙인다(再從叔^{재종숙} 등). 다만 從伯父^{종백부} 이외에는 父 자를 빼는 경우가 많으며, 아버지의 육촌 형제는 伯/叔 구분 없이 再從叔^{재종숙}으로 통칭하기도 한다. 從叔은 堂叔^{당숙}으로도 부른다.

이 從·再從·三從이라는 접두어는 기본 명칭에서 한 단계씩 멀어짐을 나타내는 것으로, 祖·曾祖나 姪에도 적용된다. 孫·曾孫도 나를 기준으로 하는 것이어서 형제의 후손은 從이 붙고 사촌의 후손은 再從이 붙는다.

위 항렬의 여자 형제는 姑母·大姑母·曾大姑母 식으로 수식어가 하나씩 더 붙고(大姑母는 王姑母라고도 한다), 아래 항렬의 여자 후손들은 姪女·再從孫女 식으로 뒤에 女가 붙는다.

같은 항렬 형제의 부인은 뒤에 嫂^수가 붙고(再從兄嫂^{재종형수} 등), 자매의 남편은 뒤에 夫가 붙는다(從姊夫^{종자부} 등). 위 항렬의 남자 형제의 부인에게는 母가 붙고(從叔母^{종숙모} 등), 여자 형제의 남편에게는 夫가 붙는다(大姑母夫^{대고모부} 등). 아래 항렬 남자의 부인에게는 뒤에 婦를 붙이고(子婦^{자부}·姪婦^{질부}·從孫婦^{종손부} 등), 여자의 남편에게는 뒤에 壻를 붙인다(女壻^{여서}·姪壻^{질서}·曾孫壻^{증손서} 등).

고모 계통의 자손은 앞에 內를 붙인다. 大姑母의 자손은 大姑母 남자 형제인 從祖의 자손에 맞추어 內從叔^{내종숙}-內再從兄^{내재종형} 식으로 내려가고, 曾大姑母의 아들은 內再從祖다. 姊/妹의 자손은 甥姪^{생질}-內從孫으로 내려간다. 內從孫은 離孫^{이손}이라고도 하며, 반대로 여자 쪽에서 친정 오라비의 손자를 歸孫^{귀손}이라 한다.

외가는 어머니의 여자 형제가 姨母^{이모}라는 이름으로 불리는 것 외에는 대체로 친가 쪽에 준해서 앞에 外만 붙이면 된다(外祖母^{외조모} 등). 어머니의 할아버지의 남자 형제는 外從祖^{외종조}가 된다. 이모의 자손은 앞에 姨 자를 붙인다(姨從姪^{이종질} 등).

딸의 자손은 앞에 外 자를 붙인다(外曾孫^{외증손} 등).

여자가 시집 식구들을 가리킬 때는 앞의 호칭에 대체로 접두사 媤^시를 붙이면 된다. 그런데 媤叔^{시숙}은 남편의 형제를 가리키는 말이니 주의가 필요하다.

알아두면 유용한 내 가족과 상대 가족을 지칭하는 말.

그런가 하면 상대방을 존중하여 말하는 사람의 입장에서 자기 가족을 지칭하는 표현이 따로 있다.

관계	살아 있을 경우	죽었을 경우
할아버지	祖父^{조부}, 王父^{왕부}	先祖考^{선조고}, 祖考^{조고}, 王考^{왕고}
할머니	祖母^{조모}, 王母^{왕모}	先祖母^{선조모}, 先王母^{선왕모}, 祖妣^{조비}
아버지	家親^{가친}, 嚴親^{엄친}, 父主^{부주}	先親^{선친}, 先考^{선고}, 先父君^{선부군}
어머니	慈親^{자친}, 母主^{모주}, 家慈^{가자}	先妣^{선비}, 先慈^{선자}
아내	妻^처, 內子^{내자}	
아들	家兒^{가아}, 家豚^{가돈}, 豚兒^{돈아}, 迷豚^{미돈}	
딸	女息^{여식}, 息鄙^{식비}	
손자	孫子^{손자}, 孫兒^{손아}	
장인/장모	聘丈^{빙장}/聘母^{빙모}	
사위	嬌客^{교객}, 家壻^{가서}	

상대방의 가족을 지칭할 때는 이렇게 한다.

상대와의 관계	살아 있을 경우	죽었을 경우
할아버지	王尊丈왕존장, 王大人왕대인	先祖父丈선조부장, 先王考丈선왕고장
할머니	王大夫人왕대부인, 尊祖母존조모	先王大夫人선왕대부인, 先祖妣선조비
아버지	椿府丈춘부장, 椿丈춘장, 椿堂춘당	先大人선대인, 先考丈선고장, 先丈선장
어머니	慈堂자당, 大夫人대부인, 母堂모당, 萱堂훤당, 母夫人모부인	先大夫人선대부인, 先夫人선부인
아내	令夫人영부인, 令室영실, 閤夫人합부인	
아들	令郞영랑, 令息영식, 令胤영윤	
딸	令愛영애, 令嬌영교, 令嬢영양	
손자	令抱영포, 令孫영손	
맏형/아우	伯氏백씨/季氏계씨, 弟氏제씨	

자신의 가족을 지칭할 때, 家親의 경우처럼 접두어 家를 붙여 家伯·家兄으로 부르기도 하고, 접두어 舍를 붙여 舍伯·舍兄·舍叔으로 부르기도 한다.

핵심 52 한문에서 같은 구조의 문장이 이어짐을 파악하면 해석이 쉽다.

여기 본문에 나오는 문장은 구조가 모두 같다. 한 문장만 살펴보자.

與我同父母者, 爲兄弟.

爲는 '~이다'라는 서술어고, 그 앞이 주어, 그 뒤가 보어다. 주어부의 與我同父母者는 '나와(與我) 부모가 같은(同) 자'다.

제17강 啓蒙篇/人篇(3)
부부와 부자와 군신

有夫婦, 然後有父子; 夫婦者, 人道之始也. 故, 古之聖人, 制爲婚姻之禮, 以重其事. 人非父母, 無從而生; 且人生, 三歲, 然後始免於父母之懷. 故, 欲盡其孝, 則服勤至死; 父母沒, 則致喪三年, 以報其生成之恩. 耕於野者, 食君之土; 立於朝者, 食君之祿. 人固非父母, 則不生; 亦非君, 則不食. 故, 臣之事君, 如子之事父; 唯義所在, 則舍命效忠.

부부가 있은 뒤라야 아비와 아들이 있는 것이니, 부부라는 것은 사람 도리의 시초이다. 그래서 옛날의 성인이 혼인하는 예절을 만들어서 그 일을 중요하게 하신 것이다. 사람은 부모가 아니면 태어날 방법이 없고, 또 사람은 태어나면 세 살이 된 후라야 비로소 부모의 품에서 벗어난다. 그러므로 그 효도를 다하고자 한다면 곧 돌아가시기까지 부지런히 힘써 섬기고 부모님이 돌아가시면 곧 상례를 삼 년 동안 치러서 그 낳아 길러준 은혜에 보답하는 것이다. 들에서 밭 가는 사람은 임금의 땅을 갈아 먹고살며, 조정에 서는(벼슬하는) 사람은 임금의 녹봉을 받아서 먹고산다. 사람이 참으로 부모가 아니면 태어나지 못하는 것이요, 또한 임금이 아니면 먹고살 수가 없는 것이다. 그래서 신하가 임금 섬기기를 자식이 부모 섬기는 것과 같이 해서, 오직 도리에 합당하다면 목숨을 바쳐 충성을 다해야 한다.

[기본 단어]

人道 인도, C   婚姻 혼인, B*   人生 인생, C   然後 연후, F   服勤 복근, B   致喪 치상, D   生成 생성, B   事君 사군, D   事父 사부, D
君父 군부, B   所在 소재, F   舍命效忠 사명효충, D

[연관 단어]

婚禮 혼례, C   免懷 면회, D   盡孝 진효, D   生沒 생몰, B*   報恩 보은, D   立朝 입조, D   朝野 조야, B*   食祿 식록, D

B는 병렬자, B*은 대우자, C는 주종자, D는 술보자, F는 기타

가족관계에서의 호칭에 이어 이 장에서는 가족관계의 의미를 얘기하고 있다. 가족관계의 출발인 부부와 내 몸이 생겨난 근원인 부모, 그리고 거기에 임금을 슬쩍 끼워 넣었다. 왕조 시대 냄새가 난다.

 喪과 관련된 전통 법도는 상식으로 알아두자.

여기서 눈에 띄는 것이 三年喪^{삼년상} 얘기다. 사람은 태어나서 세 살이 돼야 부모의 품을 벗어날 수 있다고 한다. 삼년상을 치르는 이유가 바로 그런 절대 의존 기간을 상징하는 것이라는 얘기다.

그런데 부모가 세상을 떠났을 때 삼년상을 지내는 것처럼, 부모 이외의 가족이 세상을 떠났을 때도 상복 입는 기간이 다 정해져 있었다. 상복의 종류도 달랐다.

상복은 슬픔을 나타내는 것이기 때문에, 관계가 가까울수록 더 질이 나쁘고 가공을 덜한 베를 썼다. 슬픔이 가장 커서 가장 거친 베를 쓰는 것이 斬衰^{참최}인데, 가공도 전혀 하지 않아 옷의 가장자리를 꿰매지도 않고 자른 대로 두었다. '자르다'는 뜻이 담긴 斬 자가 그래서 들어갔다. 衰는 '상복'이라는 뜻일 때는 '쇠'가 아니라 '최'로 읽는다.

그다음이 齊衰^{자최}. 여기의 齊도 '제'가 아닌 '자'로 읽는다. 齊衰는 斬衰보다 덜 거친 베를 쓰고 가장자리를 꿰맨 상복이다. 齊에 '옷자락'라는 뜻이 있는데, 아마도 꿰매서 가지런히(齊) 정리됐다는 말이겠다.

그다음은 大功^{대공}과 小功^{소공}인데, 이 단계에서부터 점점 더 가공한 베를 쓴다. 마지막이 緦麻^{시마}. '가는 베로 만든 상복'이라는 뜻이다. 천이 가장 곱겠다.

[要의 凡圖]

상복	기간	대상
斬衰	3년	父, 長子
齊衰	3년	母
	1년 (杖朞)	妻
	1년 (不杖朞)	祖父母, 伯父母/叔父母, 姑母, 兄弟姉妹, 衆子(큰아들이 아닌 아들), 女(딸), 長子婦, 姪, 長孫,
	5개월	曾祖父母, 長曾孫
	3개월	高祖父母
大功	9개월	從兄弟, 從姉妹, 姪婦, 衆子婦(큰며느리가 아닌 며느리), 衆孫(장손이 아닌 손자)
小功	5개월	從祖父母, 從祖姑母, 從叔父母, 兄嫂/弟嫂, 再從兄弟姉妹, 再從姪, 從孫, 從孫女,
		長孫婦, 長曾孫婦, 長高孫婦, 長玄孫婦
緦麻	3개월	從曾祖父母, 從會祖姑母, 再從會祖父母, 再從叔父母, 再從姑母,
		三從兄弟姉妹, 再從姪, 再從姪女, 從姪婦, 再從孫, 再從孫婦, 再高孫婦, 從玄孫女, 從曾孫
		衆曾孫, 衆曾孫婦, 從曾孫女, 衆高孫, 衆玄孫, 從曾孫婦, 衆玄孫婦

*출가한 여자 : 媤父母(夫 斬衰 3년), 媤母 長子(齊衰 3년), 衆子姪 · 姪子姪 · 姪女/長婦(齊不杖)
*外家/妻家 : 小功~總麻 *承重 경우 祖父祖母는 父/母와 같이 *정실부인 생이 첩도 斬衰 3년

이 밖에 20세 전에 자식이 죽었을 때는 三殤^{삼상}이라 하는데, 나이에 따라 세 가지로 구분하며 각기 喪期가 다르다. 長殤^{장상}은 19세에서 16세 사이에 죽었을 경우로 大功(9개월)에 해당하고, 中殤^{중상}은 15세에서 12세 사이에 죽었을 경우로 7개월의 喪期를 지키며, 下殤^{하상}은 11세에서 8세 사이에 죽었을 경우로 小功(5개월)에 해당한다. 三殤의 경우 상복을 입지 않고 두건만 쓰기도 한다.

'그런 뒤'라는 然後는 관용화된 접속사, '있는 바'라는 所在는 관용어로 알아두자.

본문 단어 가운데 婚姻은 상대어 결합으로 되어 있다. 지금은 본래의 의미를 알기 어려워졌지만, 婚은 며느리네 집이고 姻은 사위네 집이어서 상대어가 된다. 舍命效忠에서 舍는 '집'이라는 본뜻이 아니라 '버리다'라는 말 捨^사 대신 쓴 것이어서, '命을 舍(=捨)해 忠을 效한다'가 된다. '서술어+부가어' 관계의 연속이다. 然後는 '그런 뒤'라는 뜻의 관용화된 접속사로, '있는 바'라는 뜻의 所在는 불완전명사 所를 이용한 관용어로 알아두면 된다.

免懷라는 말은 免懷之歲^{면회지세}를 줄인 것이다. '(부모의) 품에서 벗어나는 나이'라는 뜻으로, '세 살'을 이렇게 표현한다. 《論語》의 〈陽貨^{양화}〉에 나오는 이야기에서 따왔다. 재아^{宰我}라는 제자가 삼년상이 너무 긴 것 같다고 투덜대자 공자는 그 기간에 옷 잘 입고 잘 먹으면 마음이 편안하냐고 물었는데, 재아가 편안하다고 대답하자 공자는 혀를 끌끌 차면서 이렇게 말했다고 한다.

予之不仁也! 子生三年, 然後免於父母之懷. 夫三年之喪, 天下之
通喪也. 予也, 有三年之愛於其父母乎?

여(재아)는 참 정이 없구나! 자식은 태어나 삼 년이 지난 뒤라야 부
모의 품을 벗어나는 법이다. 삼년상은 온 세상이 다 지키는 상례다.
여도 제 부모로부터 삼 년 동안 사랑을 받지 않았는가?

여기서 나온 말이 免懷之歲다. 요즘에야 삼년상이 거의 없어졌지만,
옛날 사람들에게는 중요했던 것이다. 삼년상은 만 3년이 아니라 만 2년
이다. 1년 지나면 小祥^{소상}, 만 2년 지나면 大祥^{대상}이라는 제사를 지내는
데, 大祥 뒤에 상복을 벗는 脫喪^{탈상}을 하니까 실제로는 만 2년이다. '햇
수로' 3년.

본문 문장을 보자.

 한문을 읽을 때 같은 구조의 문장이 이어지는 부분을
파악하면 해석이 쉽다.

① 有夫婦, 然後有父子.
② 且人生, 三歲, 然後始免於父母之懷.

둘 모두 접속사 然後로 연결된 문장이다. ①에서 두 有 앞의 주어는
일반적인 것이라서 생략됐다. ②에서 且^차(또)는 문장 전체에 걸리는 접
속사고, 然後는 앞과 뒤를 이어주는 접속사다. 人生이 주어, '三歲, 然後

~'가 서술부.

③ 故, 古之聖人, 制爲婚姻之禮, 以重其事.
④ 父母沒, 則致喪三年, 以報其生成之恩.

두 문장에서 以는 앞의 말을 받아 '그로써'를 의미하는 접속사로 쓰이고 있다. ③은 접속사 故를 빼면 古之聖人이 주어고, 나머지가 서술부다. 서술부는 制爲와 以重을 서술어로 하는 두 문장이 합쳐졌다고 보면 된다. ④에서 則 이하 절은 子 정도의 주어가 생략됐다고 봐야겠다.

⑤ 人非父母, 無從而生.
⑥ 人固非父母, 則不生; 亦非君, 則不食.
⑦ 故, 欲盡其孝, 則服勤至死.
⑧ 唯義所在, 則舍命效忠.

⑤는 人이 주어고 나머지 부분, 非父母와 無從而生이 서술부다. 내용상 非父母와 無從而生 사이에 접속사 則이 생략됐다고 봐야겠다. 從而生은 '좇아서 태어나다'이니 無從而生은 '태어날 수단이 없다'는 말이다.

⑤에서 則이 생략됐다고 한 것은 ⑥을 보면 분명해진다. 人 다음에 전체 구조에 영향이 없는 固고(참으로)라는 부사어만 추가된 모습이다. 則은 '~하면'이라는 뜻이고, ⑤의 無從而生은 ⑥의 不生과 같다.

⑦과 ⑧은 가장 분명한 '~則~' 구문. ⑧에서 唯는 '오직'이라는 뜻으로, 여기에서는 발어사發語詞의 어감이 강하다. 발어사는 말을 꺼내거나

문장을 시작할 때 쓴다.

⑨ 耕於野者, 食君之土; 立於朝者, 食君之祿.
⑩ 故, 臣之事君, 如子之事父.

⑩은 접속사 故를 빼면 '주어(臣之事君)+서술어(如)+부가어(子之事父)'의 한문의 전형적인 구조다. ⑨의 세미콜론 앞뒤 두 문장도 食을 서술어로 하는 ⑩과 같은 '주어+서술어+부가어' 구조의 문장인데, 주어가 '~者'여서 '~者 ~也' 구문이 생각나겠지만 그것과는 다르다.

제18강 啓蒙篇/人篇(4)
사회생활의 원리

人於等輩, 尙不可相踰; 況年高於我, 官貴於我, 道尊於我者乎? 故, 在鄕黨, 則敬其齒; 在朝廷, 則敬其爵. 尊其道而敬其德, 是禮也. 曾子曰: "君子, 以文會友, 以友輔仁." 蓋人不能無過, 而朋友有責善之道. 故, 人之所以成就其德性者, 固莫大於師友之功. 雖然, 友有益友, 亦有損友; 取友不可不端也.

사람이 비슷한 무리에서도 오히려 서로 함부로 대할 수 없는데, 하물며 나이가 나보다 많고 벼슬이 나보다 높고 학문이 나보다 뛰어난 사람에 대해서는 어떠하랴. 그러므로 동네에서는 나이 든 이를 공경하고 조정에서는 벼슬 높은 이를 공경하는 것이다. 학문과 덕을 존경하는 것이 바로 예법이다. 증자께서는 "글을 통해 벗을 만나고 벗을 통해 인자함을 키운다"고 하셨다. 대개 사람이 허물이 없을 수 없으니, 친구가 꾸짖어 착하게 해야 할 의무가 있다. 그러므로 사람이 그 덕성을 이루는 것은 진실로 스승과 벗의 공로가 가장 크다. 비록 그러하나 벗에는 유익한 벗이 있고 또한 해로운 벗이 있으니, 벗을 사귀는 것이 바르지 않아서는 안 된다.

【 기본 단어 】

等輩 등배, C   年高 연고, C   鄕黨 향당, B   朝廷 조정, C   會友 회우, D   輔仁 보인, D   責善 책선, D   不能 불능, F   成就 성취, B
德性 덕성, C   師友 사우, B   雖然 수연, F   益友 익우, C   損友 손우, C   不可 불가, F   不可不 불가불, F

【 연관 단어 】

高貴 고귀, B   尊貴 존귀, B   尊敬 존경, B   齒爵 치작, B   道德 도덕, B   文友 문우, C   成德 성덕, D   大功 대공, C   損益 손익, B*
取友 취우, D

B는 병렬자, B*은 대우자, C는 주종자, D는 술보자, F는 기타

사람이 가족하고만 살 수는 없다. 특별한 경우가 아니라면 사회생활을 하게 마련이다. 사회생활을 하다 보면 선후배 관계도 맺고 친구도 생겨 어울리게 된다.

 雖然은 '비록 그렇더라도'라는 뜻으로 쓰이는 접속사고, 不能·不可·不可不은 不의 용법과 관련이 있다.

여기서는 선후배 관계를 질서 유지 차원에서 접근하고 있다. 이를 禮라고 했다. 高·貴·尊·敬 같은 글자들이 그런 상하 관계를 암시하고 있다. 나이가 많고 벼슬이 높고 학문이 높으면 존경해줘야 한다는 얘기다. 그래야 사회에 질서가 잡힌다는 주장이다.

반면 친구는 자신의 발전을 위해 필요한 존재로 보고 있다. 責善이라는 말이 나오는데, '善을 責함'이라는 '서술어+부가어' 구조로서 친구끼리 서로 옳은 길을 가도록 채찍질해주는 걸 말한다. 輔仁 역시 '仁을 輔한다'는 '서술어+부가어' 구조다. 年高는 '주어+서술어' 구조이니 큰 틀에서 주종 관계다.

雖然은 '비록 그렇더라도'라는 의미의 접속사고, 不能·不可·不可不은 不의 용법을 따른 것이다.

본문에서 '높임'의 기준이라고 한 나이와 벼슬을 뜻하는 단어가 있다. 齒와 爵이다. 齒는 음식을 씹는 '이'를 가리키는 글자에서 '나이'라는 의미로 확대돼서 쓰였다. 어른이 되면 이의 개수가 많아지니까, '이'를 '나이'의 상징으로 생각한 것이다. 신라 때 왕위 계승자를 정하면서 이가 많은 사람을 기준으로 했다는 얘기도 이런 배경에서 나온 것이다. 爵

도 원래는 '술잔'이라는 뜻에서 '벼슬'로 의미가 확대돼서 쓰였다. 술잔으로 신분을 표시했기 때문에 이런 의미가 생겼다.

길고 복잡해 보이는 문장이라도 관용어가 있어 이를 찾아낸다면 해석이 쉬워진다.

① 人於等輩, 尙不可相踰; ② 況年高於我, 官貴於我, 道尊於我者乎?

①, ②는 尙^상이 '오히려', 況^황이 '하물며'로 '~도 오히려 ~한데, 하물며 ~는 어떻겠는가' 하고 앞뒤에서 호응하는 구조. ①만 보자면 人이 주어, 不可相踰가 서술어고, 전치사구 於等輩가 앞으로 당겨졌다. ②는 等輩에 대비되는 年高·官貴·道尊을 나열하고, 나머지는 ①의 내용으로 미루어 생각하도록 했다.

③ 故, 在鄕黨, 則敬其齒; 在朝廷, 則敬其爵.
④ 蓋人不能無過, 而朋友有責善之道.

③의 세미콜론 앞뒤 두 문장은 조건 접속사 則이 들어간 전형적인 문장이고, ④는 순접의 접속사 而가 앞뒤를 이어주고 있다. 그러나 ④의 앞뒤 문맥을 살펴보면 이 而는 '그렇기 때문에'로 풀이하는 게 좋겠다. 여기서 而는 則까지는 아니지만 그에 가까운 의미를 지니는데, 결국 앞뒤의 문맥 때문이다.

⑤ 曾子曰: "君子, 以文會友, 以友輔仁."

⑤는 《論語》〈顔淵안연〉에 나오는 구절이다. 君子가 주어고, 여기에 걸리는 서술어구가 병렬돼 있다. 會/輔가 동사, 友/仁이 목적어, 以文/以友가 부사어 역할을 한다.

⑥ 故, 人之所以成就其德性者, 固莫大於師友之功.
⑦ 雖然, 友有益友, 亦有損友; 取友不可不端也.

두 문장은 다소 길고 복잡해 보이지만, ⑥의 所以와 莫大, ⑦의 雖然과 不可不 같은 관용어들을 잡아내면 이해가 쉽다.

⑥에서 다소 길어진 앞부분 주어부는 '人의 成就其德性하는 所以'로 분석된다. 뒷부분은 莫大가 서술어, 於 이하가 부가어이다.

⑦의 雖然은 '그렇지만'이라는 접속사고, 세미콜론 앞은 有가 동사인 문장이 병렬돼 있으며 병렬된 두 문장 모두 주어가 友다. 병렬된 뒤 문장에서 友는 맨 앞에서 생략되었다. 세미콜론 다음 문장은 取友 앞에 故 정도의 접속사가 생략되었다. 이 문장은 取友를 주어부, 不可不端을 서술부로 크게 나누어 보면 되겠다. 不可不은 '~하지 않을 수 없다', '~하지 않아서는 안 된다'라는 뜻.

제19강 啓蒙篇/人篇 (5)
형제와 친척

同受父母之餘氣, 以爲人者, 兄弟也. 且人之方幼也, 食則連牀, 寢則同衾, 共被父母之恩者, 亦莫如我兄弟也. 故, 愛其父母者, 亦必愛其兄弟. 宗族, 雖有親疏·遠近之分, 然推究其本, 則同是祖先之骨肉. 苟於宗族, 不相友愛, 則是忘其本也. 人而忘本, 家道漸替. 父慈而子孝, 兄愛而弟敬, 夫和而妻順, 事君忠而接人恭, 與朋友信而撫宗族厚, 可謂成德君子也.

부모가 나눠준 기운을 함께 받아 사람이 된 것이 형제다. 또 사람이 어릴 적에 밥 먹을 때는 상을 맞대고 먹고 잘 때는 한이불을 덮고 자서 부모의 은혜를 함께 받은 것이 또한 내 형제와 같은 자가 없다. 그러므로 제 부모를 사랑하는 사람은 또한 반드시 그 형제를 사랑한다. 친족이 비록 친하고 친하지 않음, 멀고 가까움의 차이가 있지만, 그 근본을 따져보면 모두 같은 조상의 골육이니, 만일 친족에게 서로 우애롭지 않다면 이는 그 근본을 잊어버린 것이다. 사람으로서 근본을 잊으면 집안의 형편이 점점 쇠퇴할 것이다. 부모는 사랑하고 자식은 효도하며, 형은 사랑하고 아우는 공경하며, 남편은 온화하고 아내는 순종하며, 임금을 섬기는 데는 충성스럽고 사람을 대하는 데는 공손하며, 친구와 사귀면서 신의가 있고 친족을 너그럽게 돌본다면 덕을 갖춘 군자라고 할 수 있다.

【 기본 단어 】

餘氣 여기, C   連牀 연상, D   同衾 동금, D   莫如 막여, F   宗族 종족, B*   親疏 친소, B*   遠近 원근, B*   推究 추구, B
祖先 조선, B   骨肉 골육, B*   友愛 우애, B   忘本 망본, D   家道 가도, C   漸替 점체, C   接人 접인, D   可謂 가위, F

【 연관 단어 】

寢食 침식, B   寢牀 침상, C   共同 공동, B   恩愛 은애, B   親近 친근, B   疏遠 소원, B   推本 추본, D   孝慈 효자, B*   敬愛 경애, B
和順 화순, B   忠君 충군, D   信厚 신후, B

B는 병렬자, B*은 대우자, C는 주종자, D는 술보자, F는 기타

父母·兄弟 같은 단어들이 보인다. 다시 가족 얘기다. 宗族이란 단어가 보이는 걸로 미루어, 범위를 더 넓힌 가족 이야기라고 짐작할 수 있다. 전통 사회에서는 아무래도 혈연이 중요했을 것이다. 부모-자식 관계야 어찌 됐든 자식보고 효도하라면 그만이지만, 다른 혈연관계에서는 문제가 복잡하다. 가깝게는 형제간의 문제가 있고, 넓게는 친척간의 문제가 있다. 본문에서 이 이야기를 하고 있다.

宗族의 범위와 촌수 관계는 상식으로 알아두자.

宗族은 상대어 병렬로 이루어진 단어다. 宗은 종가를 말하고, 族은 기타 일가붙이를 말한다. 宗은 '宗+族'을 의미하는 말로 변질돼 宗과 族의 구분이 없어져버렸다.

일가붙이를 일컫는 말에는 六親^{육친}이 있고 三族^{삼족}·九族^{구족}도 있다.

六親은 父·母·兄·弟·妻^처·子다. 父·子·兄·弟·夫·婦라고도 한다. 어느 경우든 '한식구'로 뭉뚱그릴 수 있는 개념이다. 六親을 父子·兄弟·姑姉^{고자}(친가 여성)·甥舅^{생구}(외척 관계)·婚媾^{혼구}(사돈)·姻婭^{인아}(인척) 등으로 범위를 더 넓혀서 보기도 하나 일반적인 설은 아니다.

三族도 몇 가지 설이 있다. 父·子·孫 즉 三代를 가리킨다고도 하고, 六親을 둘씩 묶은 父母·兄弟·妻子라고도 한다. 그러나 가장 일반적인 것은 父族·母族·妻族이라는 설이다. 이를 三黨^{삼당}·三屬^{삼속}이라는 말로도 표현한다.

九族은 더욱 복잡하다. 가장 일반적인 해석으로는 위로 高祖부터

[나를 중심으로 한 九族 계보도]

내계						촌수						부계 직계
						4촌 高祖						
					5촌 曾大姑母	3촌 曾祖	5촌 從曾祖					
				7촌 內再從祖	5촌 大姑母	2촌 祖	4촌 從祖	6촌 再從祖				
			8촌 內再從伯/叔父	6촌 內從伯/叔父	4촌 姑母	1촌 父/母	3촌 伯/叔父	5촌 從伯/叔父	7촌 再從伯/叔父			
	內三從兄/弟 8촌	內再從兄/弟 7촌	內從兄/弟 6촌	4촌 姊/妹	2촌 姊/妹	0촌 己(나)	2촌 兄/弟	4촌 從兄/弟	6촌 再從兄/弟	8촌 三從兄/弟		
		內再從姪 7촌	內從姪 5촌	3촌 甥姪		1촌 子/女	3촌 姪	5촌 從姪	7촌 再從姪			
			內再從孫 6촌	內從孫 4촌		2촌 孫子	4촌 從孫	6촌 再從孫				
				內從曾孫 5촌		3촌 曾孫	5촌 從曾孫					
						4촌 高孫						

아래로 高孫까지 9대에 걸친 친족을 말한다. 기준이 되는 '나(己)'와 같은 항렬에서 8촌 이내고, 위아래 항렬에서도 '나'에서 멀어질수록 범위가 좁아져 역시 촌수로 8촌 이내가 여기에 해당된다.

4父族, 3母族, 2妻族을 九族이라고 하기도 한다. 4父族이란 父母・兄弟・姉妹^{자매}・子女를 포함하는 자기 가족과 外孫^{외손}(딸의 자녀)・生姪^{생질}(姉妹의 자녀)・內從四寸^{내종사촌}(姑母^{고모}의 자녀)이며, 3母族은 外祖父・外祖母・姨母^{이모}, 2妻族은 丈人^{장인}・丈母^{장모}다. 母族과 妻族에서 外祖父・外祖母와 丈人・丈母를 따로 꼽는 것은 각기 나를 중심으로 한가족을 나타내기 위해서다(여기서의 가족은 본인과 자녀 정도다). 가족에 外祖母・丈母 등 친정 식구들이 포함된다는 의미고, 外叔^{외숙}과 妻男^{처남}을 따로 꼽지 않은 것도 이들이 외조부와 장인의 가족에 포함되기 때문이다.

 莫如는 莫의 최상 표현, 可謂는 가능 표현.

그 밖의 단어들 가운데 連牀・同衾은 '서술어+부가어' 구조로 寢食을 함께한다는 말이다. '牀(밥상)을 連하고 衾(이불)을 同한다'로 풀이된다. 莫如는 莫의 최상 표현, 可謂는 가능 표현이다.

본문을 살펴보자.

문장구조를 먼저 파악하고 관용어를 살핀 후 부사처럼 덧붙은 말은 그다음에 해석해도 된다.

① 同受父母之餘氣, 以爲人者, 兄弟也.
② 且人之方幼也, 食則連牀, 寢則同衾; 共被父母之恩者, 亦莫如我兄弟也.
③ 故, 愛其父母者, 亦必愛其兄弟.

①, ②의 뒷부분, ③은 모두 者로 주어부를 마무리하고 있지만 내용은 조금 다르다. ①은 '父母之餘氣를 同受해 그것으로써(以) 人이 된(爲) 者'로 풀 수 있다. 이 부분 전체가 주어가 되고 兄弟는 서술어다. 전체적으로 '주어+서술어' 구조다. 그러나 ②의 뒷부분과 ③은 者 앞이 주어고 莫如/必愛가 서술어, 我兄弟/其兄弟가 부가어인 '주어+서술어+부가어' 구조다.

②에서 앞에 나오는 也는 문장을 잠깐 멈추는 역할이니 우선 무시해도 된다. 食則連牀과 寢則同衾이 같은 자격, 같은 구조로 병렬되어 있다. 方幼의 方은 '막 ~할 때'라는 뜻이니, 세미콜론 앞 문장은 '사람이 어릴 때 食則連牀하고 寢則同衾하다'가 된다. 食/寢은 '밥을 먹다'와 '잠자다'에서 더 나아가 '밥 먹을 때'와 '잠잘 때'고, 여기에 則이 붙으니 '~할 때는 ~하다' 즉 '밥 먹을 때는 상을 맞대고, 먹고 잘 때는 한이불을 덮고 자다'가 된다. 세미콜론 뒷부분은 共被 앞에 而 정도의 접속사가 생략된 셈이다. 共被父母之恩은 '서술어(共被)+목적어(父母之恩)'로 구조가 간단하고, 莫如는 '~만한 것이 없다'는 관용어다.

③ 宗族, 雖有親疏·遠近之分, 然推究其本, 則同是祖先之骨肉.
④ 苟於宗族, 不相友愛, 則是忘其本也.

③은 雖와 然이 앞뒤에서 호응해 '비록 ~하지만 ~하다'의 뼈대를 지니고 있다. 然은 역접이고, 然 이하는 인과의 접속사 則으로 '서술어(推究/是)+목적어(其本/祖先之骨肉)'로 이루어진 두 문장이 연결되었다. 是 앞의 同은 부사어라 나중에 생각하면 된다.
④에서는 '만일 ~하면 ~이다'라고 '만일'이라는 뜻인 苟ᄀ와 인과 접속사인 則이 호응하고 있다. 주어는 생략되어 있고, 於宗族의 본래 위치는 不相友愛 다음인데 앞으로 나왔다. 則 뒤의 문장은 '주어(是)+보어(忘其本)' 구조, 다시 忘其本은 '서술어(忘)+목적어(其本)'로 이루어져 있다.

⑤ 人而忘本, 家道漸替.

내용상 두 어구 사이에 인과 접속사인 則이 생략됐다고 봐야겠다. 앞부분에서 而는 순접의 접속사인데, 而가 동사/형용사를 이어주는 글자이니 人 역시 명사가 아니라 '사람으로 행세하다'는 동사로 봐야 한다. 물론 번역할 때는 좀 더 다듬어 '사람이면서'로 옮기면 좋겠다. 뒷부분은 '주어(家道)+서술어(漸替)' 구조다.

⑥ 父慈而子孝, 兄愛而弟敬, 夫和而妻順, 事君忠而接人恭, 與朋友信而撫宗族厚, 可謂成德君子也.

문장이 매우 길지만 쪼갤 수 없다. 앞의 같은 구조로 병렬된 다섯 구절은 접속사 而로 연결되어 있고, 마지막 여섯 번째 구절은 내용상 可謂 앞에 인과 접속사인 則이 생략됐다고 볼 수 있다. 병렬된 다섯 개의 而 구문은 앞뒤의 구조가 모두 같다. '~하고 ~하다'이다. 慈/孝, 愛/敬, 和/順, 忠/恭, 信/厚 등의 덕목들을 이야기하는 글자들이 서술어고, 그 앞의 글자나 어구가 주어(부)다. 事君/接人, 與朋友/撫宗族은 다시 事/接, 與/撫가 서술어고 그 뒤가 목적어다. 可謂는 '~라고 할 만하다'라는 뜻.

제20강 啓蒙篇/人篇 (6)
학문을 해야 하는 이유

凡人稟性, 初無不善. 愛親・敬兄・忠君・弟長之道, 皆已具於吾心之中; 固不可求之於外面, 而惟在我力行而不已也. 人非學問, 固難知其何者爲孝, 何者爲忠, 何者爲弟, 何者爲信. 故, 必須讀書・窮理, 求觀於古人, 體驗於吾心, 得其一善, 勉行之, 則孝・弟・忠・信之節, 自無不合於天敍之則矣. 收斂身心, 莫切於九容. 所謂九容者, 足容重, 手容恭, 目容端, 口容止, 聲容靜, 頭容直, 氣容肅, 立容德, 色容莊. 進學・益智, 莫切於九思. 所謂九思者, 視思明, 聽思聰, 色思溫, 貌思恭, 言思忠, 事思敬, 疑思問, 忿思難, 見得思義.

무릇 사람의 품성이 처음에는 착하지 않은 경우가 없다. 어버이를 사랑하고 형을 공경하며 임금에 충성하고 어른을 존경하는 도리가 모두 내 마음속에 이미 갖추어져 있으니, 진실로 이를 바깥에서 구할 것이 없고 오로지 내가 끊임없이 힘써 실천하면 된다. 사람이 학문을 하지 않으면 진실로 어떤 것이 효도가 되고 어떤 것이 충성이 되며 어떤 것이 공경이 되고 어떤 것이 신의가 되는지를 알기 어렵다. 그러므로 반드시 책을 읽고 이치를 연구하며 옛 사람에게서 찾으려 하고 내 마음으로 체험해 그중 가장 좋은 것을 얻어서 힘써 실천하면 효도와 공경과 충성과 신의의 범절이 저절로 하늘이 베푼 법칙과 맞지 않는 경우가 없을 것이다. 몸과 마음을 다잡는 데는 구용(아홉 가지 모습)보다 절실한 것이 없다. 이른바 구용이라는 것은, 발의 모습은 신중하고 손의 모습은 공손하고 눈의 모습은 단정하고 입의 모습은 다물려 있고 소리의 모습은 조용하고 머리의 모습은 똑바르고 숨 쉬는 모습은 엄숙하고 서 있는 모습은 덕스럽고 얼굴빛의 모습은 씩씩한 것이다. 배움에 진척이 있고 지혜가 더해지기 위해서는 구사(아홉 가지 생각)보다 절실한 것이 없다. 이른바 구사라는 것은, 볼 때는 분명하게 보려고 생각하고 들을 때는 똑똑히 들으려고 생각하고 얼굴빛은 부드럽게 하려고 생각하고 얼굴 모양은 공손하게 하려고 생각하고 말은 진실되게 하려고 생각하고 일할 때는 (섬기기는) 조심스럽게 하려고 생각하고 의심이 생기면 물어보려고 생각하고 분할 때는 곤란한 일이 생길 것을 생각하고 이득이 생기면 올바른 것인지를 생각하는 것이다.

[기본 단어]

稟性 품성, C | 愛親 애친, D | 敬兄 경형, D | 忠君 충군, D | 弟長 제장, D | 吾心 오심, C | 外面 외면, C | 力行 역행, C | 不已 불이, F
學問 학문, B | 何者 하자, F | 必須 필수, B | 讀書 독서, B | 窮理 궁리, B | 求觀 구관, B | 古人 고인, C | 體驗 체험, B | 勉行 면행, C
無不 무불, F | 天敍 천서, C | 收斂 수렴, C | 身心 신심, B* | 進學 진학, C | 益智 익지, C | 莫切 막절, F | 九容 구용, C | 九思 구사, C

[연관 단어]

心中 심중, C | 忠孝 충효, B | 天則 천칙, C | 手足 수족, B | 氣色 기색, B | 莊重 장중, B | 靜肅 정숙, B | 視聽 시청, B | 聰明 총명, B
忠直 충직, B | 忠義 충의, B | 疑問 의문, B | 溫恭 온공, B | 恭敬 공경, B | 容貌 용모, B

B는 병렬자, B*은 대우자, C는 주종자, D는 술보자, F는 기타

앞에서 말한 가족·친척간이나 사회생활에서 취해야 할 여러 가지 규범들은 실천하기가 어렵다. 그러나 사람의 본성은 선하다는 맹자류의 성선설에 입각해서, 본심을 끌어내기만 하면 된다는 이야기다. 학문이 그런 일이라는 것이다.

보통 우리가 쓰는 '학문'은 學文이 아니라 學問.

학문이 고차원적 이론이기보다는 일상생활의 실천이라고 주장하는 사람들도 많다. 九容과 九思는 일상생활의 태도에 관한 지침이다. 九容은 《禮記^{예기}》〈玉藻^{옥조}〉에, 九思는 《論語》〈季氏^{계씨}〉에 나오는 이야기다. 《論語》 구절은 공자의 말이라며 '君子有九思'와 함께 본문에 쓰인 視思明 이하 아홉 가지가 그대로 나열되고 있으니 생략하고, 《禮記》의 해당 부분을 살펴보자.

> 무릇 길을 갈 때는 바른 자세로 빠르게 걷고, 사당 안에서는 엄숙해야 하며, 조정에서는 성대하고 장엄해야 한다. 군자의 모습은 여유로워야 하고, 존대해야 할 사람을 만나면 빠르게 움직여야 한다. (…) 앉아 있는 것은 시동처럼 단정해야 하며, 일상생활에서는 부드럽게 말해야 한다.

그런데 '학문'은 學問일까, 學文일까? 의외로 學文으로 알고 있는 사람이 많은데, 보통 우리가 쓰는 '학문'은 學問이다. 배우고 묻는 것이다. 물음이 없다면 학문이 아니다. 물론 學文도 사전에 올라 있긴 한데, '文

을 배우다'라는 뜻으로 우리에겐 낯선 단어다.

한문에서 목적어와 보어의 구분이 애매하여 '부가어'라는 말을 만들어 설명하는 것이다.

愛親·敬兄·忠君·弟長은 '親(어버이)/兄(형)/君(임금)/長(어른)을 愛/敬/忠/弟하다'라는 똑같은 구조로 만들어진 단어다. 이 가운데 忠君의 경우 '君에 忠하다'로 君 다음에 다른 조사가 붙어 같은 구조가 아닌 것 같지만, 한문 구조상으로는 완전한 쌍둥이 단어들이다. 재료만 바꿔서 같은 틀에서 찍어낸 것이다. 한문에서 목적어와 보어의 구분이 애매하다며 '부가어'라는 낯선 말을 만들어낸 까닭이 여기 있다.

進學은 요즘 '상급 학교에 가는 것'이라는 의미로 쓰이고 있지만, 글자 그대로는 '學을 進하다' 즉 '배움에서 진전을 이루다'는 뜻이다. 益智 역시 같은 구조로, '지혜를 늘리다'라는 뜻. 모두 '서술어+부가어' 관계다.

何者는 '어떤 것'이니 주종 구조에 속하고, 必須는 비슷한 개념의 병렬이다. 둘 다 관용적 표현으로 알아두면 편리하다. 無不은 이중부정으로 긍정을 나타내는 말이고, 역시 관용 표현으로 알아두면 된다. 莫切은 앞에서 배운 莫의 용법들과 같이 '~보다 切한 것은 없다'는 최상급 표현이다.

주어 앞 凡은 발어사로 쓰일 때가 있다. '무릇'이라는 뜻으로, 주어와 분리하지 않고 뒤 글자를 합쳐 한 단어로 읽으면 해석이 이상해질 수 있다. 그러므로 문맥을 잘 살필 것.

① 凡人稟性, 初無不善.
② 人非學問, 固難知其何者爲孝, 何者爲忠, 何者爲弟, 何者爲信.

본문 ①의 凡은 '무릇'이라는 뜻인 발어사다. 요즘 말로 하면 '일반적으로' 정도의 말이다. ①의 앞부분을 '凡人(보통 사람)의 稟性'으로 보는 것은 내용상 맞지 않고, 이렇게 凡을 발어사로 봐야 맥락에 맞게 해석할 수 있다. 서술구도 다르게 분석할 여지가 있지만, '부사어(初)+서술어(無)+부가어(不善)'로 보면 되겠다.

②는 내용상 固 앞에 인과 접속사인 則이 생략됐다고 볼 수 있다. 非와 難知가 각각의 서술어인데, 難知의 목적어가 좀 복잡하다. 네 개의 '何者爲~'가 병렬됐는데, '何者爲~'는 '어떤 것이 ~가 되다'라는 뜻이다. 弟=悌. '공경하다'는 말이다.

③ 愛親·敬兄·忠君·弟長之道, 皆已具於吾心之中; 固不可求之於外面, 而惟在我力行而不已也.
④ 故, 必須讀書·窮理, 求觀於古人, 體驗於吾心, 得其一善, 勉行之, 則孝·弟·忠·信之節, 自無不合於天敍之則矣.

이 두 문장은 전치사 성격의 於가 많이 보이고, 조금 복잡하다.

③의 세미콜론 앞 절은 ~之道가 주어, 具가 서술어, 於吾心之中이 보어다. 뒤 절은 접속사 而로 연결된 문장이고, 不可求와 惟在가 서술어다. 求之의 之는 대명사로, 앞의 여러 가지 道를 가리킨다.

④는 문장이 조금 길지만 인과 접속사 則을 기준으로 두 부분으로 나뉜다. 앞부분은 讀/窮, 求觀/體驗, 得/勉行 등의 서술어를 병렬시켜서 則 이후의 상황을 가져올 조건을 나열했다. 則 뒤의 문장은 '주어(~之節)+서술어(無不合)+보어(於天敍之則)'의 구조다. 無不은 이중부정으로, '~하지 않는 것이 없다'는 뜻.

⑤ 收斂身心, 莫切於九容. ⑥ 所謂九容者, 足容重, 手容恭, 目容端, 口容止, 聲容靜, 頭容直, 氣容肅, 立容德, 色容莊.

⑦ 進學·益智, 莫切於九思. ⑧ 所謂九思者, 視思明, 聽思聰, 色思溫, 貌思恭, 言思忠, 事思敬, 疑思問, 忿思難, 見得思義.

⑤와 ⑦, ⑥과 ⑧의 구조가 판박이다.

⑤는 '주어(收斂身心)+서술어(莫切)+보어(於九容)'의 구조고, 주어부는 다시 '동사(收斂)+목적어(身心)'로 이루어져 있다. 莫切於~는 '~보다 절실한 것이 없다'. ⑦에서 주어부는 '동사(進/益)+목적어(學/智)'가 병렬되어 있다.

⑥은 所謂九容者가 주어부, 나머지 병렬 부분이 서술부. 서술부 각 부분은 '주어(~容)+서술어'로 이루어져 있다. ⑧은 큰 틀은 ⑥과 같지만 서술부 각 부분의 구조가 다르다. 각각 한 글자씩 '주어+서술어+목적어'로 봐야겠다.

童蒙先習

제1강 童蒙先習/五倫序
오륜이란 무엇인가

天地之間, 萬物之衆, 惟人最貴. 所貴乎人者, 以其有五倫也. 是故, 孟子曰: "父子有親, 君臣有義, 夫婦有別, 長幼有序, 朋友有信." 人而不知有五常, 則其違禽獸, 不遠矣. 然則, 父慈子孝, 君義臣忠, 夫和婦順, 兄友弟恭, 朋友輔仁, 然後方可謂之人矣.

하늘과 땅 사이에 있는 만물의 무리 가운데 오직 사람이 가장 귀하다. 사람을 귀하게 여기는 것은 사람에게 오륜이 있기 때문이다. 그런 까닭으로, 맹자께서는 다음과 같이 말씀하셨다.
"부자간에는 정이 있어야 하고, 군신간에는 의리가 있어야 하고, 부부간에는 분별이 있어야 하고, 장유간에는 차례가 있어야 하고, 붕우간에는 신뢰가 있어야 한다."
사람이면서 오륜이 있음을 알지 못한다면, 짐승과 크게 다르지 않을 것이다. 그러니 아비는 사랑하고 자식은 효도하며, 임금은 의롭고 신하는 충직하며, 남편은 온화하고 아내는 유순하며, 형은 우애롭고 아우는 공손하며, 붕우는 서로 인자함을 키워준 뒤라야 비로소 그를 사람이라고 말할 수 있을 것이다.

【 기본 단어 】

五倫오륜, C   是故시고, F   不知부지, F   五常오상, C

【 연관 단어 】

友恭우공, B

B는 병렬자, C는 주종자, F는 기타

《啓蒙篇》과는 다르게《童蒙先習》은 저자가 분명하다. 이 책은 조선 중종 때의 학자 박세무^{朴世茂}가 지은 초학^{初學} 교재다.

'童蒙'은 '아이'라는 뜻이지만 蒙 자가 의미하는 '까막눈이'라는 뜻도 있다. '先習'이 '먼저 익히다'라고 보면, '童蒙先習'은 '아이나 까막눈이가 먼저 익혀야 할 책'이다. 이 책에는 전통 시대에 삶의 규범으로 중시됐던 五倫의 기본 개념과 중국 및 우리나라의 간략한 역사가 쉬운 말로 서술되어 있다.

《啓蒙篇》에도 首篇이라는 서론 격의 부분이 있었던 것처럼, 이 부분은《童蒙先習》五倫 부분의 서론이자《童蒙先習》전체의 서론이라고 할 수 있다.

五倫은《啓蒙篇》에서도 잠깐 언급됐었는데, 여기서는 본격적으로 다루고 있다. 五倫은 父子有親·君臣有義·夫婦有別·長幼有序·朋友有信의 다섯 가지를 말한다.《啓蒙篇》의 한 구절을 다시 한 번 살펴보자.

萬物之中, 惟人最靈. 有父子之親, 有君臣之義, 有夫婦之別, 有長幼之序, 有朋友之信.

만물 중에 오직 사람이 가장 뛰어나다. 아버지(부모)와 아들(자식) 사이에 정이 있고, 임금과 신하 사이에 도리가 있으며, 남편과 아내 사이에 분별이 있고, 어른과 아이 사이에 차례가 있으며, 벗들 사이에 신의가 있기 때문이다.

《童蒙先習》의 머리 부분도 이와 거의 비슷하다.《啓蒙篇》에서는 惟人最靈이라고 했는데《童蒙先習》에서는 惟人最貴라고 표현을 살짝

바꿨을 뿐이다. 만물 가운데 사람이 가장 귀하다(또는 훌륭하다)는 건데, 그 이유가 五倫이 있기 때문이라고 한다. 五倫을 정리한 본문의 맹자의 인용구는 《孟子》〈滕文公^{등문공}(上)〉에 나온다.

李珥의 《擊蒙要訣^{격몽요결}》에서는 좀 더 나아가서, 사람이 五倫(五常이라는 다른 표현을 썼다)을 모르면 짐승(禽獸)과 다를 바 없다고 부연 설명을 했다.

 不知처럼 뒤에 동사/형용사를 달고 오는 단어들은 간단하게 '서술어+부가어'로 이해하자.

五倫이라는 말은 주종 구조다. 五常은 전에 살펴봤듯이 仁·義·禮·智·信의 다섯 가지를 가리키는 말이지만, 여기서처럼 五倫의 동의어로도 쓰인다.

본문 마지막 문장에서 然則 이하의 문장에 나오는 글자들은 상대 개념의 연속인데, 이런 식으로 孝慈·和順 같은 단어를 만들 수 있고, 友恭이라는 상대어 병렬의 단어를 만드는 것도 가능하다. 다만 여기서 상대 개념으로 나오는 忠·義를 결합한 忠義는 일반적으로는 상대어 결합의 의미로 쓰이지 않는다. 여기서는 신하의 忠과 군주의 義가 대립돼 있지만, 보통 쓰는 忠義는 신하를 포함한 그 이하 국민들의 '의무 사항'을 나열한 것이다.

'알지 못하다'라는 뜻의 不知는 서양 문법을 원용하여 不을 조동사로, 知를 본동사로 푸는 게 정확하지만, 간단하게 不을 서술어, 知를 부가어로 볼 수도 있다. 여기서 知는 명사로 보면 된다. 한문에서는 품사가 고정되어 있지 않다. 不知처럼 뒤에 동사/형용사를 달고 오는 단어(단어라지만 사실은 반半문장인 셈이다)들은 모두 이런 방식으로 이해하면 되고, 그 가운데 상당수는 자주 나오는 것들이라 익혀두는 게 좋다.

是故는 접속사 故 앞에 是가 붙어서 '그런 까닭으로'라는 '확대 접속사'가 된 것이다. 서술어 앞에 부사어가 붙은 경우도 한 덩어리로 봐야 한다.

 乎는 문장 중간에서 전치사 於처럼 쓰일 수도 있다.

① 所貴乎人者, 以其有五倫也.
② 是故, 孟子曰: "父子有親, 君臣有義, 夫婦有別, 長幼有序, 朋友有信."

본문 ①에서의 有는 '있다', '보유하다'는 뜻이지만, ②에서는 '있어야 한다'라는 당위로 봐야 한다. 이런 차이는 문맥에서 알아챌 수밖에 없다.

①에서 乎는 전치사 於와 같다고 보면 된다. 문장 끝에 위치한 게 아니니 종결사일 수 없다. 여기서야 표점이 찍혀 있으니 쉽게 알 수 있지만, 나중에 표점 없는 '날 문장'들을 볼 때 무심코 乎에서 끊었다간 헤매게 된다. 문장은 익히 본 '~者 ~也' 구조인데, 주어 所貴乎人과 서술어 以其有五倫 해석이 쉽지 않다. 주어는 '所~' 구문으로 '사람에게서 귀한 것', 서술어는 '그가 오륜을 갖고 있기 때문(以)'이다.

종결사 矣가 단정이 아니라 추측의 어감으로 쓰일 때도 있다.

③ 人而不知有五常, 則其違禽獸, 不遠矣.
④ 然則, 父慈子孝, 君義臣忠, 夫和婦順, 兄友弟恭, 朋友輔仁, 然後方可謂之人矣.

둘 다 종결사인 矣로 끝나는데, '멀지 않다'나 '이를 수 있다'처럼 단정의 어감이 아니라 '~할 것이다'라는 추측의 어감이라는 점에 주의해야 한다.

③은 접속사 則이 앞뒤 문장을 연결해주고 있다. '~하면 ~하다'의 형태다. 앞부분은 다시 접속사 而로 연결된 것인데, 人과 不知가 양쪽의 서술어여서 '사람이면서 有五常(오상이 있음)을 모르면'이라는 뜻이다. 뒷부분은 其違禽獸가 주어, 不遠이 서술어다. '그 금수와의 차이(違)가 크지(遠) 않다'이다. 其는 人(不知有五常하는 人)을 대신하는 대명사.

④에서는 然則이 ④와 그 앞 내용을 연결하는 접속사, 然後가 然後의 앞부분과 그 뒷부분을 연결하는 접속사로 쓰였다. 之는 대명사.

제2강 童蒙先習/父子有親

천성적인 정

父子, 天性之親. 生而育之, 愛而敎之; 奉而承之, 孝而養之. 是故, 敎之以義方, 弗納於邪; 柔聲以諫, 不使得罪於鄕黨·州閭. 苟或, 父而不子其子, 子而不父其父, 其何以立於世乎? 雖然, 天下無不是底父母. 父雖不慈, 子不可以不孝. 昔者, 大舜父頑母嚚, 嘗欲殺舜; 舜克諧以孝, 烝烝乂, 不格姦. 孝子之道, 於斯至矣. 孔子曰: "五刑之屬三千, 而罪莫大於不孝."

부자는 천성적으로 정이 있는 관계다. (부모는 자식을) 낳아서 기르고 사랑해 가르치며, (자식은 부모를) 받들어 따르고 효성으로 봉양한다. 그러므로 (부모는 자식에게) 올바른 도리를 가르쳐 나쁜 길로 빠지지 않게 하고, (자식은 부모에게) 좋은 말로 잘못을 지적해 고을과 동네에서 죄를 얻지 않도록 해야 한다. 만일 아비가 그 자식을 자식으로 여기지 않고 자식이 그 아비를 아비로 여기지 않는다면 그가 어찌 그런 상태로 세상에 나설 수 있겠는가? 그러나 천하에 옳지 않은 부모는 없다. 아비가 비록 사랑해주지 않더라도 자식은 그것 때문에 불효해서는 안 된다. 옛날에 위대하신 순임금이 아비는 완악하고 어미는 어리석어 일찍이 순을 죽이려 했지만, 순이 효로써 화합하고 더욱 노력해 나쁜 길로 들어서지 않았다. 효자의 도리로는 이것이 지극한 것이다. 공자께서는 이렇게 말씀하셨다. "오형에 속하는 것이 삼천 가지인데, 그중에서 가장 큰 죄는 불효다."

【기본 단어】

天性 천성, C 義方 의방, C 柔聲 유성, C 得罪 득죄, D 州閭 주려, B 苟或 구혹, F 何以 하이, F 不孝 불효, D 昔者 석자, F
克諧 극해, D 烝烝 증증, A 格姦 격간, C 孝子 효자, C 五刑 오형, C

【연관 단어】

生育 생육, B 敎育 교육, B 奉承 봉승, B 孝養 효양, C 奉養 봉양, C 頑嚚 완은, B

B는 병렬자, C는 주종자, D는 술보자, F는 기타

이 부분에는 '父子有親'이라는 제목이 붙어 있다. 五倫 중 첫 번째다. 父子는 '아버지와 아들', 남자들만 나온다. 옛날에는 남자 중심 사회였지만 지금은 다르니 남녀를 포괄하는 '부모와 자식'으로 이해해도 될 듯하다. 여기서 강조하는 것이 효도인데, 딸에게 '효도 의무'를 면제시켜주는 것도 아니고 어머니에게는 효도할 필요가 없다고 하는 것도 아닐 터이다.

父子 관계를 天性之親이라고 했다. 타고난 정리가 있는 관계. 親에서 친구 사이의 '친함'을 떠올리기보다는 가족간의 '정'으로 생각해야 한다는 얘기는 이미 했다. 여기서는 부모와 자식의 도리는 어떤 것인지를 얘기하고, 효자의 표상으로 순舜임금을 꼽아 제시하고 있다.

인용된 공자의 말은 《孝經효경》〈五刑오형〉에 나온다. 옛 사람들이 효도를 어느 정도로 생각했는지 살펴보자.

> 공자 : "五刑에 속하는 것이 삼천 가지인데, 그중에서 가장 큰 죄는 불효다. 임금에게 강요하는 것은 군주를 무시하는 것이고, 성인을 비난하는 것은 도리를 무시하는 것이고, 효도를 하지 않는 것은 부모를 무시하는 것이다. 이렇게 하면 큰 혼란에 빠지게 된다."

 昔者(옛날에), 古者(옛날에), 近者(요즈음)처럼 者는 시간을 나타내는 말 뒤에 붙어 쓰이기도 한다.

단어 가운데 州閭라는 말이 있는데, 州와 閭는 지방행정 단위다. 앞에서 鄕黨과 州郡이란 말이 나올 때 閭 얘기도 했으니 州閭란 말도 배운 셈이다. 閭는 25家, 黨은 500家, 州는 2500家, 鄕은 12,500家라고 했는데, 鄕黨·州閭는 이런 단위들을 되는 대로 섞어서 만든 것이니 '마을'을 의미하는 말로 보면 되겠다.

克諧와 格姦은 일상생활에서는 볼 수 없는 어려운 말인데, 克은 能이라는 뜻이어서 克諧는 '화목을 이루다', 格은 至라는 뜻이어서 格姦은 '악함에 이르다'라고 옮길 수 있다. 天性의 天은 '하늘'이지만 이 단어처럼 '타고난' 정도의 의미로 틀어 이해해야 하는 경우가 많다.

烝烝은 같은 말을 겹쳐 써서 형용사를 만든 것인데, 烝의 '찌다'라는 뜻에서 김이 오르는 모습으로, 다시 왕성한 모양을 나타내는 말로 의미가 변화했다.

苟或은 비슷한 말을 붙여 만든 관용어다. 苟는 '구차하다'는 뜻으로 많이 사용되지만 '만약'이라는 뜻으로 더 많이 쓰이고 或에도 그런 의미가 있다. 苟或은 '만약'이라는 말이다. 何以는 '어떻게'나 '왜'에 해당하는 말인데, 영어의 why가 비슷한 발음에다 뜻도 '왜'로 똑같아 재밌다. 그러고 보니 우리말 '왜'도 '와+ㅣ'라고 보면 why다.

昔者의 者는 '사람'이나 '것'이라는 뜻이지만, 古者(옛날에)나 近者(요즈음)처럼 시간을 나타내는 말 뒤에 접미사처럼 붙기도 한다. 不孝는 不을 이용한 관용어.

頑嚚은 조금 어려운 말인데, '완고하고 우둔하다'는 의미다. 순임금의 부모가 그랬다는 건데, 자식을 스타로 만들려고 부모에게 누명을 씌운 거나 아닌지 모르겠다. 그러고 보니, 순임금의 아버지 이름이 瞽瞍^{고수}인데, 두 글자 모두 '시각 장애인'이라는 뜻이다. 瞽叟^{고수}라고도 쓰는데, '눈 먼 노인'이라는 뜻이다. 점점, 아들을 빛내기 위해 부모를 깎아내렸

을지도 모른다는 의혹이 커진다.

이 말은 원래 《書經서경》〈虞書우서/堯典요전〉에 나온다.

요임금 : "아아, 사악이여! 짐이 왕위에 오른 지 70년이 됐는데, 그대들이 명을 잘 받들었으니 짐의 자리를 물려주고자 하오."
사악 : "덕이 없어서 임금 자리를 욕되게 할 것입니다."
요임금 : "현명한 자를 추천하고 주변의 못난 자들도 밝히시오."
사악 : "민간에 홀아비 하나가 있는데, 우순이라는 사람입니다."
요임금 : "그래! 나도 들었소. 어떤 사람이오?"
사악 : "장님의 아들인데, 아비는 완고하고 어미는 우둔하며 (이복아우인) 상은 오만하지만, 효도로써 화합하고 열심히 노력해서 나쁜 길로 들어서지 않았습니다."
요임금 : "내가 그를 한번 써보겠소! 그에게 내 딸을 시집보내고 내 두 딸에게 어떻게 하는지 보겠소."
요임금은 두 딸을 순에게로 내려 보내 우씨 집으로 시집보내고 '잘 공경하라'고 당부하셨다.

요임금이 은퇴를 하려고 후계자를 찾는데 순舜이 추천됐다는 얘기다. 순에게 시집간 두 딸이 아황娥皇·여영女英이다. 《童蒙先習》 본문에 나오는 일부 단어와 구절들이 여기서 가져온 것이다.

문장구조와 반복되는 구성, 문맥을 파악하면 일부 문장이 문장성분 순서가 바뀌고 일부가 생략돼도 풀어낼 수 있다.

① 生而育之, 愛而敎之; 奉而承之, 孝而養之.
② 是故, 敎之以義方, 弗納於邪; 柔聲以諫, 不使得罪於鄕黨·州閭.

본문 ①은 같은 구조의 문장 네 개를 병렬시킨 것인데, 각 문장은 대명사인 之가 목적어로 쓰이고 두 개의 서술어가 접속사 而로 묶여 하나의 큰 서술부를 이루고 있다. 세미콜론 앞 절에서는 父, 뒤 절에서는 子, 주어가 생략되었다. 물론 생략된 주어는 내용을 음미해야 파악할 수 있다. 앞서 말했듯이 父는 母를 포함하고 子는 女를 포함한다.

주어 생략은 ②에서도 마찬가지인데, 역시 세미콜론 앞 절에서는 父, 뒤 절에서는 子가 생략됐음이 내용상 드러난다. 서술어는 敎와 弗納^{불납}, 諫^간과 不使得罪다. 敎之以義方에서는 생략된 주어가 父니까 여기서 목적어인 之는 子를 대신하는 대명사다. 柔聲以諫은 제대로 하자면 諫之以柔聲일 텐데(앞의 敎之以義方과 같은 구조다), 순서를 바꾸고 일부를 생략해서 어렵게 됐다. 弗=不.

③ 苟或, 父而不子其子, 子而不父其父, 其何以立於世乎?
④ 父雖不慈, 子不可以不孝.

③에서는 父와 子가 세 번씩 나오는데, 세 번의 용법이 모두 다르다. 두 而 앞의 父/子는 '부모/자식의 위치에 있음'이고, 두 不 다음의 父/子

는 '부모/자식에게 합당한 대우를 해줌'이며, 두 其 다음의 父/子가 일반적인 용법인 명사로서의 '부모/자식'이다. 부모가 돼서 제 자식을 사랑하지 않고 자식이 돼서 제 부모에 효도하지 않는다는 얘기다.

④에서 父와 子는 일반적인 명사다. 子不可以不孝에서 以 다음에 대명사 之가 생략된 것으로 보면 이해가 쉽다.

⑤ 雖然, 天下無不是底父母.

접속사인 雖然을 제외하면 '天下(주어)+無(서술어)+不是底父母(부가어)'의 구조인데, 不是底父母가 어렵다. 그러나 底 자 하나만 알면 이것도 간단하다.

底는 옛날 한문의 之, 요즘 중국어의 的과 같다. '~한'이라는 뜻. 옛날 발음이 之와 같았기 때문에 대신 썼다. 그러므로 '不是인 父母' 즉 '옳지 않은 부모'다.

옳지 않은 부모가 왜 없을까? 요즘 사고방식으로는 이해하기 어렵지만, 어찌 되었든 부모에게는 대드는 것이 아니라는 게 전통 시대의 관념이었다. 바로 뒤에 나오는 순임금처럼, 설사 부모가 자식을 죽이려 하더라도 탓하면 안 되었다.

⑥ 昔者, 大舜父頑母嚚, 嘗欲殺舜; 舜克諧以孝, 烝烝乂, 不格姦.

세미콜론 앞 절은 昔者를 일단 제외하면, 大舜父頑母嚚과 嘗欲殺舜 두 문장을 연결한 것이다. 大舜父母가 주어고 頑嚚과 嘗欲殺이 이 주어에 호응하는 서술어인데(嘗欲殺舜의 주어 역시 大舜父母인데 생략됐다),

頑과 嚚을 父와 母에 각각 나누어 붙여 설명하려다 보니 父頑母嚚이 됐다. 欲은 조술사助述詞(동사 앞에 쓰여 동사를 보조하는 성분)로 보지만, 여기서는 본동사로 보아 '殺舜(순을 죽임)을 欲하다'라고 옮기는 게 쉽다. 大舜의 大는 '크다'지만 '위대하다'로 의미가 조금 바뀌었다. 乂는 '다스리다'는 뜻.

세미콜론 뒤 절은 舜이 주어고, 克諧·(烝烝)乂·不格이 병렬된 서술어.

제3강 童蒙先習/君臣有義
하늘과 땅처럼 다르다

> 君臣, 天地之分. 尊且貴焉, 卑且賤焉. 尊貴之使卑賤, 卑賤之事尊貴, 天地之常經, 古今之通義. 是故, 君者, 體元而發號施令者也; 臣者, 調元而陳善閉邪者也. 會遇之際, 各盡其道, 同寅協恭, 以臻至治. 苟或, 君而不能盡君道, 臣而不能修臣職, 不可與共治天下·國家也. 雖然, 吾君不能, 謂之賊. 昔者, 商紂暴虐, 比干諫而死. 忠臣之節, 於斯盡矣. 孔子曰: "臣, 事君以忠."

임금과 신하는 하늘과 땅 같은 차이다. (임금은) 높고도 귀하며, (신하는) 낮고도 천하다. 존귀한 자가 비천한 자를 부리고 비천한 자가 존귀한 자를 섬기는 것은 천지간의 영원한 원칙이며, 고금에 통하는 도리다. 그러므로 임금이란 근본을 체득해 명령을 내리는 자이고, 신하란 근본을 조절해 선을 펴고 악을 막는 자다.

(임금과 신하가) 만나면 각기 자기의 도리를 다하고 함께 공경해 최고의 정치에 이르러야 한다. 만일 임금이 임금의 도리를 다할 수 없고 신하가 신하의 책무를 다할 수 없다면 더불어 천하나 국가를 함께 다스릴 수 없다. 비록 그렇더라도 '우리 임금은 할 수 없다'고 하는 사람은 역적이라 할 수 있다.

옛날 상나라 주임금이 포학하자 비간이 바른말을 하다가 죽었다. 충신의 절개로는 이것이 지극한 것이다. 공자께서는 이렇게 말씀하셨다. "신하는 임금을 충성으로 섬겨야 한다."

【기본 단어】

卑賤 비천, B   古今 고금, B*   常經 상경, C   通義 통의, C   體元 체원, D   調元 조원, D   發號施令 발호시령, D
陳善閉邪 진선폐사, D   會遇 회우, B   同寅協恭 동인협공, D   至治 지치, C   君道 군도, C   臣職 신직, C   共治 공치, C
國家 국가, B   暴虐 포학, B   忠臣 충신, C

【연관 단어】

尊卑 존비, B*   貴賤 귀천, B*   發令 발령, D   號令 호령, D   協同 협동, B   寅恭 인공, B   諫死 간사, C   忠節 충절, B

B는 병렬자, B*은 대우자, C는 주종자, D는 술보자

五倫의 두 번째, 君臣有義다.

임금과 신하는 하늘과 땅처럼 엄청난 차이가 있는 존재라고 한다. 임금과 신하의 관계를 요즘 세상에 적용한답시고 국가와 국민 관계와 같다고 억지로 끌어다 붙이기도 하는데, 본문에 나오듯이 尊貴-卑賤 같은 얘기를 하고 있으니 둘은 철학부터가 다르다. 옛날 사람들은 이렇게 살았구나 정도로 생각하고, 한문이나 익히면서 넘어가자.

 한문 고전을 보면 다른 한문 고전에서 따온 단어, 문장이 많다. 알고 읽으면 더 재미있겠다.

인용된 공자의 말은 《論語》〈八佾^{팔일}〉에 나온 것이다.

> 정공 : "임금이 신하를 부리고 신하가 임금을 섬기는 것은 어떠해야 합니까?"
> 공자 : "임금은 신하를 부리되 예에 맞게 해야 하고, 신하는 임금을 섬기되 충성으로 해야 합니다."

신하만 충성의 의무가 있는 게 아니라 임금도 신하를 법도에 맞게 부려야 할 의무가 있다는 건데, 《童蒙先習》에서는 충성의 의무만 잘라다 놓았다.

본문에서 發號施令·陳善閉邪·同寅協恭 등 네 글자짜리 단어가 몇 개 보인다. 이것들은 사실 '號를 發하고 令을 施하다'(發號施令) 식으로 두 글자로 이루어진 '서술어+부가어' 구조의 단어 둘을 병렬시킨 것이다. 發號施令과 同寅協恭은 앞 글자들끼리, 그리고 뒤 글자들끼리 의미가 비슷해서 그 비슷한 글자들끼리 묶어 號令·協同·寅恭이라는 말을 만들 수도 있다. '서술어+부가어' 구조인 發令은 發號에서 號 대신 같은 자격의 비슷한 말인 令으로 대체한 것이다.

發號施令은 《書經》〈周書^{주서}/冏命^{경명}〉에, 陳善閉邪는 《孟子》〈離婁上^{이루상}〉에 나오는 말이고, 同寅協恭은 《書經》〈皐陶謨^{고도모}〉에 나온다. 이 가운데 《孟子》 해당 부분을 보자.

> 임금에게 어려운 일을 하도록 권면하는 것을 恭^공이라 하고, 선을 펼치고 악을 막는 것을 敬^경이라 하고, '우리 임금은 할 수 없다'고 포기하는 것을 賊^적이라 한다.

마지막 문장은 《童蒙先習》 본문에도 똑같이 나온다.

본문 體元-調元은 앞 글자만 다른 쌍둥이 단어다. '元을 體/調하다'라고 '서술어+부가어' 구조로 되어 있다. 주종 관계인 君道-臣職도 상대어인 君-臣이 들어간 형제 단어인 셈이고, 글자만으로는 알아차리기 어렵지만 역시 주종 관계인 常經·通義도 常-通이 비슷한 의미여서 같은 맥락에서 만들어졌다.

우리가 흔히 쓰는 말인 國家는 '나라'라는 뜻으로, 결국 國과 개념이 같다. 그러나 본래 國과 家는 구별되는 개념이었다. 國은 王都를 의미해서 군주의 통치 영역이라는 뜻으로 확대됐고, 家는 군주의 신료^{臣僚}로서 國의 일부 지역을 봉지^{封地}로 받는 대부^{大夫}의 집안을 의미했다. 다시 말해서 國家란 크고 작은 지배자들의 영지^{領地} 내지 그 지배 체제를 의미한다. 단어 구조상 연관 글자의 병렬 형태다.

化家爲國이란 말은 '家를 탈바꿈시켜 國을 건설한다'는 의미이니, 이성계가 고려의 신하로 있다가 조선을 건국한 것과 같은 경우를 이르는 말이다. 한 가문의 수장이던 사람이 한 국가의 지배자로 올라섰다는 얘기다.

주종 관계로 만들어진 諫死는 '諫하다가 死함'이다.

 한문 읽기에서 주어, 서술어, 부가어 파악은 기본. 이것이 익숙해지면 생략된 부분도 자연히 보인다.

본문 문장은 찬찬히 보면 앞의 父子有親 부분하고 비슷한 구성들이 눈에 띈다. 맨 앞에 똑같은 구조의 문장으로 둘 사이의 관계를 정의했고, 是故 · 苟或 · 雖然 · 昔者 · 孔子曰 등이 비슷한 문장을 끌고 나오는 것이 똑같다. 孔子曰 앞의 문장도 완전히 같은 틀에 재료만 바꿔 넣은 것이다. 일종의 '후렴구'다. 그렇다면 해석은 거의 '거저먹기'다.

① (君臣, 天地之分.) 尊且貴焉, 卑且賤焉.
② 會遇之際, 各盡其道, 同寅協恭, 以臻至治.

①은 괄호로 묶은 앞 문장과 분리돼 있지만 내용상으로는 연결돼 있다. ①은 마침표인 焉을 빼면 서술어(尊且貴/卑且賤)만으로 이루어진 같은 구조의 두 문장을 이어놓은 것인데, 괄호로 묶은 앞 문장이 없으면 생략된 주어를 찾을 수 없다. 앞부분의 주어는 君, 뒷부분의 주어는 臣이다. 주어 둘 다 생략됐는데, 서로 다르다. 그러면 문맥을 살펴 찾

아야 한다.

② 역시 주어가 생략됐다. 이번에는 君臣 한 덩어리가 주어다. '會遇之際에 各盡其道하고 同寅協恭해서 그럼으로써(以) 至治에 臻한다'로 풀면 된다.

③ **尊貴之使卑賤, 卑賤之事尊貴, 天地之常經, 古今之通義.**

'尊貴의 使卑賤과 卑賤의 事尊貴는 天地의 常經이고 古今의 通義다.' 앞 두 구 모두 주어, 뒤 두 구 모두 서술어다. 앞 두 구의 使卑賤/事尊貴에서 使/事는 서술어, 卑賤/尊貴는 부가어.

④ **是故, 君者, 體元而發號施令者也; 臣者, 調元而陳善閉邪者也.**
⑤ **苟或, 君而不能盡君道, 臣而不能修臣職, 不可與共治天下·國家也.**
⑥ **昔者, 商紂暴虐, 比干諫而死.**

而의 용법을 보여주는 문장들인데, ⑥이 諫而死(諫하고 死하다)로 가장 간단하다. 그러나 전체 문장은 商紂(상주)(商나라 紂임금)와 比干이 고유명사라는 걸 먼저 알아야 하고, 그러면 '주어(商紂/比干)+서술어(暴虐/諫而死)' 구조의 병렬로 정리된다.

④에서는 而 앞뒤로 같은 자격의 어구가 들어가 '~而~者'라는 서술어를 만들고 있다.

⑤에서 而 앞의 君/臣은 '君/臣의 자리에 있다'로, 명사가 아니다. ⑤ 전체 문장은 조건 부분과 결과 부분으로 이루어져 있다. 앞 절이 苟或을 앞세운 조건 부분, 뒤 절이 不可 앞에 접속사 則이 생략된 결과 부분

이다. 則 다음에 주어도 생략되어 있다. 내용상 앞의 조건에 부합하는 君臣이 주어다.

⑦ 雖然, 吾君不能, 謂之賊.

雖然을 일단 제외하면, 주어가 없고 謂가 서술어, 之(=吾君不能)와 賊 이 두 개의 부가어다. 영어 문법으로 말하면 목적어와 보어다. 그런데 목적어인 吾君不能은 '吾君不能이라고 말하는 자'라는 의미다. 특별한 흔적도 없이 일부 요소가 생략되었다. 보기에 따라서는 난해한 표현이다.

제4강 童蒙先習/夫婦有別
두 성을 합친 것

夫婦, 二姓之合, 生民之始, 萬福之原. 行媒·議婚·納幣·親迎者, 厚其別也. 是故, 娶妻, 不娶同姓; 爲宮室, 辨內外. 男子居外, 而不言內; 婦人居內, 而不言外. 苟能莊以涖之, 以體乾健之道, 柔以正之, 以承坤順之義, 則家道正矣. 反是, 而夫不能專制, 御之不以其道, 婦乘其夫, 事之不以其義, 昧三從之道, 有七去之惡, 則家道索矣. 須是夫敬其身, 以帥其婦, 婦敬其身, 以承其夫, 內外和順, 父母其安樂之矣. 昔者, 郤缺耨, 其妻饁之; 敬, 相待如賓. 夫婦之道, 當如是也. 子思曰: "君子之道, 造端乎夫婦."

부부는 두 성씨가 합쳐지는 것으로, 사람이 태어나는 시초이며 만복의 근원이다. 중매를 넣고 혼인을 의논하고 폐백을 들이고 직접 가서 맞아 오는 것은 그 분별을 분명하게 하는 것이다. 그러므로 아내를 맞을 때 같은 성씨를 맞지 않고, 집을 꾸밀 때는 안팎을 구별한다. 남자는 사랑채에 거처해 안채의 일에 간섭하지 않고, 부인은 안채에 거처해 바깥일에 간섭하지 않는다. 만일 (남편이) 근엄한 태도를 취해 하늘의 굳센 도리를 체득하고 (아내가) 부드러운 태도로 바로잡아 땅의 유순한 도리를 받든다면 집안의 법도가 바르게 될 것이다. 이와 반대로 남편이 주관대로 제어하지 못하고 도리에 맞게 이끌지 못하며 아내가 그 남편을 깔보고 도리에 맞게 섬기지 않음으로써 삼종지도에 어둡고 칠거지악에 빠진다면 집안의 법도가 형편없어질 것이다. 모름지기 남편이 자신을 가다듬어 그 아내를 이끌고 아내는 자신을 가다듬어 그 남편을 받들어 내외가 화순해야만 부모가 안락해하실 것이다. 옛날에 극결이 김을 맬 때 그 아내가 들밥을 내오는데, 공경해 서로 손님 대하듯 했다. 부부간의 도리는 마땅히 이와 같아야 한다. 자사께서는 이렇게 말씀하셨다. "군자의 도리는 부부에서 시작된다."

【기본 단어】

生民생민, D   萬福만복, C   行媒행매, D   議婚의혼, C   納幣납폐, D   親迎친영, C   娶妻취처, D   同姓동성, C
內外내외, B*   男子남자, C   婦人부인, C   乾健건건, D   坤順곤순, C   反是반시, F   專制전제, C   三從삼종, C
七去칠거, C   須是수시, D   敬身경신, D   安樂안락, B   相待상대, C   如是여시, F   造端조단, D

【연관 단어】

萬姓만성, C   萬民만민, C   始原시원, B   乾坤건곤, B*   體道체도, D   道義도의, B   制御제어, B

B는 병렬자, B*은 대우자, C는 주종자, D는 술보자, F는 기타

五倫의 세 번째, 夫婦有別. 역시 앞머리에 夫婦에 대해 정의를 내려 놨는데, 이번엔 세 마디나 된다. 부부는 二姓之合이고, 生民之始고, 萬福之原(여기서 原=源)이라고 했다.

　　먼저 부부가 두 姓의 합침이라는 건 다 아는 얘기다. 사회와 시대에 따라 구체적인 양상은 조금씩 달라졌지만 기본적으로 가까운 혈족끼리 결혼하지 않는 전통은 꽤 오래전에 시작됐고 아직도 그 정신은 남아 있다. 물론 지금은 금혼禁婚 대상이 8촌 이내의 혈족血族으로 대폭 축소됐기 때문에 夫婦를 문자 그대로 두 姓의 합침이라고 하기에는 어폐語弊가 있지만, '정신'상으로는 그렇다는 얘기다.

　　부부는 또 生民之始라고 했는데, '사람이 태어나는 시초'라는 뜻이다. 예전에는 부부가 당연히 '남+여'였기 때문에 이 말 역시 당연했지만, 同性(同姓 말고) 결혼을 생각하면 이것 역시 애매해졌다.

　　마지막으로 부부가 만복의 근원이라는 말은, 가정의 출발이 부부의 결합이니 아직까지는 여전히 진리라 할 수 있겠다.

夫婦와 관련된 한문 고전 인용문과 고사성어 이야기.

　　여기에 과거의 혼례 추진 절차가 나온다. 본문에서는 行媒(중매 넣기)·議婚(혼사 의논)·納幣(예물 보내기)·親迎(신부 맞으러 가기)의 네 단계를 이야기했지만, 전통적인 절차는 여섯 단계여서 六禮라고 한다. 첫 번째가 納采납채인데, 신랑 집에서 신부 집에 혼인을 청하는 것이니 이 글의 行媒에 해당한다. 다음은 問名문명인데, 특이하게도 신부 어머니의 이름(여기서는 성씨겠다)을 묻는 것이다. 신부의 모계를 보려는 것이다. 그다음은 納吉(납길)로, 혼인의 길흉(吉凶)을 점쳐서 길한 괘(卦)가 나왔음을 신부 쪽에 전하는 것. 問名과 納吉 두 단계가 議婚에 해당할 것이다. 그 다음은 納徵(납징)인데, 정혼(定婚)의 징표로 예물을 신부 집에 보내는 것이니 納幣와 같다. 그다음 請期(청기)는 신부 쪽에 혼인 날짜를 정해달라고 청하는 것(이것도 議婚에 포함되는 것이겠다). 마지막이 신부를 데리러 신랑이 직접 신부 집으로 가는 親迎이다.

본문에 나오는 三從之道와 七去之惡은 둘 다 남녀 차별적인 발상이어서 요즘 여성들에게는 지탄의 대상이겠다.

三從之道는 다음에 인용한 《大戴禮記(대대예기)》〈本命(본명)〉의 구절에서 나왔는데, 동양 여러 나라 가운데서도 특히 우리나라에서 강조된 것 같다.

> 여성은 남 앞에서 엎드리는 자다. 그래서 자기 주관대로 처신할 수가 없고, 세 가지 따름의 도리를 지켜야 한다. 집에서는 아비를 따르고, 시집가서는 남편을 따르고, 남편이 죽으면 아들을 따라서, 감히 자기 생각대로 하는 일이 없어야 한다.

七去之惡도 《大戴禮記》〈本命〉의 뒷부분에 나온다.

> 여자는 일곱 가지 쫓아내는 이유가 있다. 부모에게 순종하지 않으면 쫓아내고, 아들을 낳지 못하면 쫓아내고, 음란하면 쫓아내고, 질투를 하면 쫓아내고, 불치병이 있으면 쫓아내고, 말이 많으면 쫓아내고, 도둑질을 하면 쫓아낸다. 부모에게 순종하지 않으면 쫓아내는 것은 그것이 도리에 어긋나기 때문이고, 아들을 낳지 못하는 것은 그것이 대를 끊기 때문이고, 음란한 것은 그것이 혈연관계를 어지럽

히기 때문이고, 질투는 그것이 집안을 어지럽히기 때문이고, 불치병이 있는 것은 그것이 제사 음식을 나누기 어렵기 때문이고, 말을 많이 하는 것은 그것이 친족을 이간시키기 때문이고, 도둑질은 그것이 도리에 어긋나기 때문이다. (…) 여자는 세 가지 쫓아내서는 안 되는 이유가 있다. 시집을 때는 친정이 있었지만 지금은 없어진 경우에는 쫓아내지 못하고, 부모의 삼년상을 함께 치른 경우에는 쫓아내지 못하고, 시집을 때는 빈천했다가 지금은 부귀하게 된 경우에는 쫓아내지 못한다.

七去之惡에 해당하는 경우라도 쫓아내지 못하는 경우는 三不去^{삼불거}라고 하는데, 잇달아 나오기 때문에 三不去까지 인용해놓았다.

그런데, 《大戴禮記》는 《禮記》와 무슨 관계일까? 《禮記》는 이전부터 전해오던 단편들을 한나라 때 정리한 것인데, 대덕^{戴德}이라는 사람이 정리한 것과 대성^{戴聖}이라는 사람이 정리한 것이 있었다. 두 사람은 숙질간이어서 숙부인 대덕을 大戴^{대대}, 조카 대성은 小戴^{소대}로 구별했다. 《禮記》라고 하는 것은 小戴인 대성이 정리한 것이고, 《大戴禮記》는 大戴인 대덕이 정리한 것인데 지금은 그 일부만 전한다. 三從之道와 七去之惡은 《大戴禮記》에 나오니, 여자들의 '눈총'은 대덕이 받아야겠다.

본문에 인용된 자사^{子思}(공자의 손자, 증자^{曾子}의 제자)의 말은 《禮記》 〈中庸^{중용}〉에 나오는데, 원문을 보면 느낌이 조금 다르다.

군자^{君子}의 도^道는 거대하면서도 은미^{隱微}하다. 어리석은 필부필부^{匹夫匹婦}라도 접해서 알 수 있지만, 아주 지극한 부분에서는 성인^{聖人}이라 할지라도 알 수 없는 부분이 있다. 못난 필부필부라도 실천할 수 있지만, 성인이라 할지라도 할 수 없는 부분이 있다. (…) 군자의 도는 필부필부로부터 시작하지만, 아주 지극한 부분에서는 천지天地를 살펴야 한다.

한 구절만 떼어놓은 《童蒙先習》의 본문 인용문을 보면 道의 출발점이 부부라는 관계인 것처럼 보이는데, 인용된 子思의 말을 보면 道가 아주 크고 아주 작은 여러 측면이 있다는 얘기다. 여기서는 夫婦가 중요한 게 아니고 반대로 사소한 것이라고 쓰여 있다.

본문에서 상대어를 합친 단어인 乾坤은 하늘과 땅이다. 《易經역경》의 乾卦건괘와 坤卦곤괘에서 나왔다. 남녀를 가리키는 말로도 쓰인다. 수식 구조인 본문의 乾健·坤順도 그런 뜻으로 활용됐다. 乾坤一擲건곤일척은 '천하를 걸고 한판 도박을 한다'는 뜻으로, 당唐의 문장가 韓愈한유의 〈過鴻溝과홍구〉라는 시에서 유래했다.

龍疲虎困割川原
億萬蒼生性命存
誰勸君王回馬首
眞成一擲賭乾坤

용과 범이 지쳐 땅을 나누니
억만 백성의 목숨을 보존했다.
누가 임금에게 권해 말 머리를 돌렸던가?
제대로 한번 던져 천하를 다투는구나.

鴻溝홍구는 하남성에 있는 인공 운하다. 진秦나라가 망하고 초楚의 항우項羽와 한漢의 유방劉邦이 천하를 다투다가 이곳을 잠정적인 경계로 삼았었는데, 장양張良·진평陳平이 결판을 내자고 주장해서 다시 싸움을 일으켜 결국 유방이 해하垓下 싸움에서 이겨 천하를 차지했다. 〈過鴻溝〉에서 乾坤은 天地가 아니라 天下라는 뜻이다.

'상대하다'에서 '상대'는 우리가 자주 쓰는 말인데, 한자로는 相對다. 본문에 나오는 상대(相待)는 우리는 잘 안 쓰고, 중국에서 '대접하다'는 뜻으로 쓰인다. 相待如賓의 고사는 《左傳좌전》에 나온다.

> 앞서 구계臼季가 왕명을 수행하러 가다가 기冀 땅을 지나다 기결冀缺이 김매기하는 것을 보았다. 그 아내가 점심을 갖다주는데, 공경해서 서로 손님을 대하듯 했다.

구계는 서신胥臣이라는 사람인데, 字가 계자季子고 구臼 땅을 분봉받아서 구계라고 불렸다. 이 얘기는 서신이 극결郤缺(《左傳》 인용문의 기결인데, 역시 그 아버지가 기冀 땅을 분봉받아서 기결이라고도 했다) 부부의 행동을 보고 감동을 받아서 그를 진晉 문공文公에게 천거했다는 내용이다.

《左傳》의 인용문에서 相待如賓상대여빈은 相敬如賓상경여빈·相莊如賓상장여빈이라고도 하는데, 相에 주목하면 남편과 아내가 서로 존중해주는 평등한 모습이어서 三從之道나 七去之惡처럼 남성 우월적으로 보이지 않는다. 물론 아내는 밥 나르는 존재라는 근본적인 문제는 있지만.

밥상 차리는 아내 얘기가 나온 김에 擧案齊眉거안제미라는 고사성어도 살펴보자. 《後漢書후한서》〈逸民列傳일민열전〉에 양홍梁鴻이라는 사람의 부인에 대한 이야기가 나온다.

그러고는 오^吳 땅으로 가서 명문가인 고백통^{皐伯通}의 집에 얹혀 그 행랑채에서 살면서 방아 찧기 품팔이를 했다. 양홍이 돌아오면 그 아내가 밥상을 차려 들어갔는데, 양홍 앞에서 감히 올려다보지 못하고 밥상을 눈썹 높이까지 들어 바쳤다. 고백통이 이를 보고 기이하게 여기면서 말했다.

"저 품팔이는 아내로 하여금 저토록 공경하게 만드니 보통 사람이 아니다."

그러고는 그에게 집을 주어 살게 했다.

가난하면서도 아내의 극진한 존경을 받은 양홍은 주인의 눈에 띄어 그 후원으로 독서에 전념해 10여 편의 책을 썼다고 한다. 아내의 일방적인 공경이 후원자를 얻는 계기가 됐다는 '미담'이지만, 역시 여성 입장에서 편치만은 않은 이야기다.

본문의 造端은 '端을 造하다' 즉 '실마리를 만들다'는 뜻이다. 發端과 같은 뜻이다. 男子의 子는 접미사 子가 아니라 '자식'이라는 뜻이어서 男子는 주종 구조다. 反是(이와 반대로)·須是(모름지기 ~해야 한다)·如是(이와 같다) 등은 관용적인 표현으로 익혀두자.

문장 틀이 눈에 들어오면, 끊어서 읽어보자.

본문 문장은 낯익은 몇 부분이 보인다. 맨 앞의 정의 부분과 是故·昔者가 이끄는 문장들 같은 것들이다. 마무리는 앞 강에서는 공자의 말이었는데 여기서는 자사의 말이 들어갔고, 그 앞의 '후렴구'는 父子/君

臣 장에서는 '~之道(節) 於斯至(盡)矣'였는데 이 장부터는 '~之道 當如是也'로 바뀌었다.

① 夫婦, 二姓之合, 生民之始, 萬福之原.
② 行媒·議婚·納幣·親迎者, 厚其別也.

본문의 ②는 전형적인 '~者 ~也' 구문인데, 주어 ~者 부분이 몇 가지의 나열로 돼 있어 복잡한 듯이 보일 뿐이다. ①은 반대로 서술어 부분이 복잡하다. 서술어 부분에 세 개의 구가 병렬돼 있고 者·也 같은 도움이 될 만한 단어가 빠져 있어서 파악이 쉽지 않지만, 문장의 구조는 단순하다.

③ 男子居外, 而不言內; 婦人居內, 而不言外.
④ 是故, 娶妻, 不娶同姓; 爲宮室, 辨內外.
⑤ 昔者, 郤缺耨, 其妻饁之; 敬, 相待如賓.

④는 접속사 是故를 빼면 세미콜론으로 이어진 두 문장이고, 각 문장은 다시 두 개씩의 문장이 이어졌다. 그런데 이 네 개의 문장은 주어가 없다. 딱히 뭐가 주어라고 할 수가 없어서 생략했다. 세미콜론 앞 절은 娶妻(아내를 맞다)가 형식적 주어, 不娶同姓(같은 성씨를 맞지 않다)이 서술부라고 볼 수도 있겠는데, 그 뒤 절은 그렇게도 볼 수가 없다. 다만 내용상 辨內外(안팎을 구별하다)는 앞에 以 정도의 글자가 생략됐다고 보면 의미가 잡힌다.

④에서 생략됐다고 한 以는 ③의 而와 역할이 비슷하다. ③에서는

'그럼으로써(以)'의 의미가 약해 단순 연결어인 而를 썼다. ④의 以는 접속사 성격에 특수한 어감을 보탠 글자다.

⑤도 세미콜론 앞뒤가 모두 두 개의 문장이 연결된 것들이어서 접속사가 필요할 수 있다. 세미콜론 뒤 절은 相待如賓 앞에 而를 넣어보면 의미가 분명해지는데, 세미콜론 앞 절 其妻饁之 앞에는 접속사를 넣는 것이 오히려 부자연스러워 보인다. 饁^엽은 들밥, 또는 들밥을 내가다는 뜻.

⑥ 苟能莊以涖之, 以體乾健之道, 柔以正之, 以承坤順之義, 則家道正矣.

⑦ 反是, 而夫不能專制, 御之不以其道, 婦乘其夫, 事之不以其義, 昧三從之道, 有七去之惡, 則家道索矣.

⑧ 須是夫敬其身, 以帥其婦, 婦敬其身, 以承其夫, 內外和順, 父母其安樂之矣.

以의 용법을 좀 더 자세히 살펴볼 수 있는 문장들이다.

⑥은 접속사 則이 중심에 있고, 則 뒤는 '주어(家道)+서술어(正)'로 문장이 간단하다. 則 앞이 문제인데, 苟能(만일 ~하다)이 則 앞 전체를 이끌고 그 뒤는 '莊以涖之, 以體乾健之道; 柔以正之, 以承坤順之義'로 같은 틀의 문장이 나열되었다. '(남편은) ~해서 ~하고 (아내는) ~해서 ~한다'로 푸는데, 생략된 주어를 내용 속에서 찾아내는 게 중요하다. 앞의 父子有親 장에서도 병렬된 문장에서 생략된 주어가 父/子로 달랐던 경우가 있었다.

⑦ 역시 접속사 성격인 反是와 而를 빼면 접속사 則이 중심이다. 역

시 則 앞부분은 '夫~~ 婦~~~~'의 구성인데, 이번에는 夫/婦라는 주어가 생략되지 않았다. 婦 부분이 夫 부분보다 三從之道/七去之惡이 더 붙어서 복잡해졌기 때문에, 읽는 사람을 위해 배려한 것일까?

⑧은 부사어 須是를 빼면 '夫敬其身, 以帥其婦; 婦敬其身, 以承其夫'의 같은 틀 문장이 눈에 들어온다. 전체는 '須是 / 夫~以~ / 婦~以~ / 內外和順하면, / 父母其安樂之한다'는 구조로 이루어져 있다. 父母 앞에 則을 넣어보면 쉽다. 帥=率이어서 음이 '솔'이다.

제5강 童蒙先習/長幼有序
천륜에 따른 차례

長幼, 天倫之序. 兄之所以爲兄, 弟之所以爲弟, 長幼之道所自出也. 蓋宗族鄕黨, 皆有長幼, 不可紊也. 徐行後長者, 謂之弟; 疾行先長者, 謂之不弟. 是故, 年長以倍, 則父事之; 十年以長, 則兄事之; 五年以長, 則肩隨之. 長慈幼, 幼敬長, 然後無侮少凌長之弊, 而人道正矣. 而況, 兄弟, 同氣之人, 骨肉至親; 尤當友愛, 不可藏怒·宿怨, 以敗天常也. 昔者, 司馬光與其兄伯康, 友愛尤篤, 敬之如嚴父, 保之如嬰兒. 兄弟之道, 當如是也. 孟子曰: "孩提之童, 無不知愛其親; 及其長也, 無不知敬其兄也."

손위와 손아래는 천륜에 따른 차례다. 형이 형 되는 까닭과 아우가 아우 되는 까닭은 장유의 도리가 생기는 근원이다. 대개 집안과 마을에는 모두 손위·손아래가 있으니, 질서를 어지럽혀서는 안 된다. 천천히 가면서 어른을 뒤따르는 것을 공손하다고 하고, 빨리 가면서 어른을 앞지르는 것을 공손하지 않다고 한다. 그래서 나이가 배나 많으면 아버지처럼 섬기고, 열 살이 많으면 형처럼 섬기고, 다섯 살이 많으면 약간 뒤처져 따라간다. 어른이 아이를 사랑하고 아이가 어른을 공경한 뒤라야 아이를 깔보고 어른을 능멸하는 폐단이 없어져 사람의 도리가 바르게 될 것이다. 하물며 형제는 같은 기를 타고난 사람으로 뼈와 살을 나눈 매우 가까운 사이이니 우애함이 더욱 마땅하며, 노여움을 감추고 원망을 지속시켜 당연한 도리를 무너뜨려서는 안 된다. 옛날에 사마광이 그 형 백강과 우애가 무척 돈독했다. 형을 엄한 아버지처럼 공경하고 아우를 아이처럼 보호했으니, 형제간의 도리는 마땅히 이래야 한다. 맹자께서 이렇게 말씀하셨다.

"어린아이가 그 부모를 사랑할 줄 모르는 사람이 없고, 아이가 자라나서는 그 형을 공경할 줄 모르는 사람이 없다."

【기본 단어】

天倫 천륜, C   所自出 소자출, F   長者 장자, C   徐行 서행, C   疾行 질행, C   年長 연장, C   父事 부사, C   兄事 형사, C
肩隨 견수, C   侮少凌長 모소릉장, D   而況 이황, F   同氣 동기, D   至親 지친, C   藏怒 장노, D   宿怨 숙원, D   天常 천상, C
嚴父 엄부, C   嬰兒 영아, B   孩提 해제, B

【연관 단어】

疾徐 질서, B*   凌侮 능모, B

B는 병렬자, B*은 대우자, C는 주종자, D는 술보자, F는 기타

五倫의 네 번째, 長幼有序 부분이다. 長幼에 차례가 있어야 함은 본래부터 정해진 거라는 얘기. 논리적인 설명이 필요 없다는 것이다. 그런데, 생각해보자. 우리말에도 '찬물도 위아래가 있다'는 말이 있지만, 이걸 어떻게 논리적으로 설명할 수 있을까? 그러니까 天, 본래 그렇다는 말로 넘어가버리는 것이다. 父子 관계를 天性之親이라고 했을 때도, 그런 '설명할 수 없음' 때문에 天을 동원한 게 아닐까?

長幼는 兄弟 관계를 형제가 아닌 관계에까지 확대한 것이다. 4촌·6촌·8촌 같은 형제 항렬의 친척은 물론이고, 숙질叔姪 사이처럼 항렬이 다른 친척이나 이웃 등 여러 관계에 두루 적용된다.

인용된 맹자의 이야기는 《孟子》〈盡心진심(上)〉에 보이는데, 본문 인용에서는 생략됐지만 유명한 양지설良知說이 나오는 대목이니 자세히 살펴보자.

> 사람이 배우지 않고도 할 수 있는 것은 그의 양능良能이며, 생각하지 않고도 알 수 있는 것은 그의 양지良知다. 어린아이는 모두 그 어버이를 사랑할 줄 알고, 자라서는 모두 그 형을 공경할 줄 안다. 어버이를 사랑하는 것이 인仁이고, 어른을 공경하는 것이 의義다. 다른 것 할 생각 말고, 이것만 온 세상에 보급시키면 된다.

본문의 '長慈幼, 幼敬長'이라는 구절은 《禮記》〈祭義제의〉에 나오는 말이다.

> 선왕이 세상을 다스린 방법은 다섯 가지다. 덕이 있는 이들을 중하게 여기고, 신분이 높은 이들을 중하게 여기고, 나이 많은 이들을 중

하게 여기고, 어른을 공경하고, 아이들을 사랑으로 대했다. 이 다섯 가지가 선왕이 세상을 안정시킨 방법이었다.

덕이 있는 이들은 도에 가깝기 때문에 중하게 여긴 것이고, 신분이 높은 이들은 임금과 가깝기 때문에 중하게 여긴 것이고, 나이 많은 이들은 어버이와 가깝기 때문에 중하게 여긴 것이고, 어른은 형과 가깝기 때문에 공경한 것이고, 아이들은 자식과 가깝기 때문에 사랑으로 대했다는 것이다.

본문에 나오는 이 얘기가 재미있다. "나이가 배나 많은 사람은 아버지처럼 섬기고, 열 살이 많은 사람은 형처럼 섬기고, 다섯 살이 많은 사람은 약간 뒤처져 따라가라." 徐行~不弟는 《孟子》〈告子고자(下)〉에서, 年長~肩隨之는 《禮記》〈曲禮곡례(上)〉에서 그대로 따온 구절이다.

형제간 우애의 대표적인 사례로 본문에서 사마광司馬光을 들고 있는데, 송나라 때의 惠洪혜홍이라는 승려가 쓴 《冷齋夜話냉재야화》에 좀 더 자세한 이야기가 나온다.

사마광은 그 형 백강과의 우애가 더욱 돈독했다. 백강의 나이가 여든을 바라보고 있었는데, 그는 형을 아비처럼 받들고 어린 자식처럼 돌보았다. 매번 식사를 하면 조금 있다가 '배가 고프지 않으십니까?' 하고 물었고, 날씨가 조금 추워지면 '옷이 너무 얇지 않으십니까?' 하고 물었다.

'병'도 가리키고 '빠르다'는 뜻도 있는 疾처럼 한 단어가 여러 뜻으로 쓰이기도 한다. 疾走, 疾風怒濤같이 단어로 기억하자.

본문의 疾은 '병'이라는 뜻으로 많이 쓰이지만, '빠르다'는 뜻도 있다. 疾走^{질주}가 그런 경우다. 疾風怒濤^{질풍노도}라는 말에서 疾風은 '아픈 바람'이 아니라 속도가 매우 빨라서 거센 바람을 뜻한다. 재미있는 것은, 疾과는 정반대의 의미인 '즐겁다'라는 뜻의 快^쾌에도 '빠르다'는 뜻이 있다는 것이다. 快速^{쾌속}·快走^{쾌주} 같은 경우가 그렇다. 疾과 그 반대의 뜻인 徐를 합치면 疾徐라는 말이 만들어진다.

孩提의 孩는 咳와 마찬가지로 어린아이가 웃는 것을 가리키는 말이라고 하고, 提는 걸음마를 할 때 잡아주는 것을 말한다. 따라서 孩提는 연관된 개념이 결합한 것인데, 웃기 시작하고 걸음마를 하는 나이, 요컨대 두세 살짜리 아이를 가리키는 말이다.

父事·兄事는 '섬기다(事)'가 의미의 중심이고, 그 앞에 보충 설명이 있는 구조다. 아버지처럼 또는 형처럼 섬긴다는 말이다. 肩隨는 직역하자면 '어깨로 따르다'가 될 텐데, 어떻게 하는 게 어깨로 따르는 것일까? 肩은 나란하다는 어감이 있고 隨는 차이가 있다는 어감이 있어서 다소 모순적인 듯도 하다. 대등하지만 약간 뒤처지는 관계, 즉 결국 옆에서 조금 뒤따라가는 것을 말한다.

侮少凌長은 '少를 侮하고 長을 凌하다'는 뜻이고, 同氣는 '氣를 함께 하다(同)'는 뜻이다. 藏怒·宿怨은《孟子》〈萬章^{만장}(上)〉에 나오는 말이다. 앞에서 순임금이 발탁될 때 이복동생 상이 오만하다는 얘기가 나왔었는데, 그냥 오만한 정도가 아니고 틈만 나면 순을 죽이려 했었다고 한다. 그런데도 순은 임금이 된 뒤 상에게 유비^{有庳}라는 곳을 봉지^{封地}로 주었는데, 맹자의 제자 만장^{萬章}이 그 얘기를 물은 것이다.

> 만장 : "순^舜은 공공^{共工}을 유주^{幽州}에 유배했고, 환두^{驩兜}를 숭산^{崇山}으로 내쫓았으며, 삼묘^{三苗}를 삼위^{三危}에서 죽였고, 곤^鯀을 우산^{羽山}에서 죽였습니다. 네 사람을 처벌했는데 세상이 모두 복종한 것은 불인한 자를 처벌했기 때문입니다. 상^象은 불인^{不仁}을 저질렀는데도 유비^{有庳}를 봉지로 주었으니, 유비 사람들이 무슨 죄입니까?"
>
> 맹자 : "인자는 아우에 대해 화를 쌓아두지 않고 원망을 묵혀두지 않으며, 그를 친애할 뿐이다. 친하게 하니 귀하게 만들고 싶고, 사랑하니 부유하게 만들고 싶은 것이다. 유비를 봉지로 준 것은 그를 부귀하게 한 것이다. 자신은 천자이면서 동생은 필부로 남겨둔다면 친애한다고 할 수 있겠느냐?"

'하물며'라는 뜻으로 쓰이는 而況도 관용어도 알아두자.

본문의 所自出은 다시 '所自+出'로 나눌 수 있는데, 所自만으로도 '온 곳'의 의미가 돼서 出을 덧붙인 것은 중복의 느낌이 있다. 그래서인지 중국에서는 所自만이 단어로 취급되는 듯하다. 所自는 所自出/所自起 식으로 활용된다. '하물며'란 뜻의 而況도 관용어로 알아둬야 할 단어.

같은 구조로 연달아 나오는데 지시대명사 之의 지시대상이 다른 경우가 있으니 주의하자.

① 兄之所以爲兄, 弟之所以爲弟, 長幼之道所自出也.

앞 두 구가 주어부, 마지막 구가 서술부다. 주어부는 같은 형식으로 만들어진 두 구가 병렬되었다. 주어부 뒤에 者를 붙여보면 '~者 ~也' 구문이다. 주어부가 명사형인 건 이상할 게 없지만, 이 경우는 서술부도 명사형이라 좀 낯설다. '長幼之道(之)所自出' 즉 '長幼之道가 나온 곳'이다.

② 蓋宗族鄕黨, 皆有長幼, 不可紊也.
③ 而況, 兄弟, 同氣之人, 骨肉至親; 尤當友愛, 不可藏怒·宿怨, 以敗天常也.

②는 '宗族鄕黨, 皆有長幼'가 하나의 문장이고, 不可紊也는 내용상 앞에 長幼之序 정도의 주어가 생략됐다고 봐야겠다. 不可紊也는 앞부분과 故 정도의 접속사로 연결될 수 있다. 紊^문은 '어지럽히다', '어지럽다'는 뜻.

③은 세미콜론 앞부분이 '주어(兄弟)+서술어(同氣之人+骨肉至親)'로 이루어져 있고, 세미콜론 뒤는 접속사 故 정도로 그 앞과 연결될 수 있다. 물론 세미콜론 뒤는 주어 兄弟가 생략돼 있고, 서술부는 다시 '서술어(尤當)+부가어(友愛)'와 '서술어(不可)+부가어(藏怒宿怨以敗天常)'의 두 요소가 병렬되었다.

④ 徐行後長者, 謂之弟; 疾行先長者, 謂之不弟.
⑤ 是故, 年長以倍, 則父事之; 十年以長, 則兄事之; 五年以長, 則肩隨之.
⑥ 長慈幼, 幼敬長, 然後無侮少凌長之弊, 而人道正矣.

④와 ⑥의 長은 명사로 '나이 많은 사람'이며, ⑤의 長은 형용사 '나이가 많다'다. ④의 後/先도 동사로 쓰여서 '長에 뒤처져/앞서 가다'는 뜻이다. ④의 弟=悌.

⑤는 접속사 則으로 연결된 세 문장이 병렬된 것인데, 則 앞부분이 年長以倍와 十(五)年以長의 두 가지다. 하지만 十年以長은 年長以十年의 다른 표현이다.

⑥은 然後를 중심으로 해서 '~한 뒤라야 ~하다'라는 구조인데, 앞뒤 모두 쉼표(한문 원서에는 없지만)와 而로 병렬된 두 가지 요소가 한 성분으로 뭉뚱그려져 있다. '長慈幼하고 幼敬長한 然後라야 侮少凌長之弊가 없고 人道가 正하다'다. 凌은 陵으로 쓰기도 한다.

⑦ 昔者, 司馬光與其兄伯康, 友愛尤篤, 敬之如嚴父, 保之如嬰兒.

敬之와 保之의 之가 대명사인 건 쉽게 알 수 있는데, 각기 가리키는 대상이 伯康과 司馬光으로 다르다고 봐야 한다. 연이어 같은 구조로 나오면서도 지시 대상이 다를 수 있다는 점을 눈여겨볼 필요가 있다. 한문에서는 역시 문맥이 중요하다. 다만 앞에 인용한 《냉재야화》의 문맥에서는 "公奉之如嚴父, 保之如嬰兒"로 돼 있고 友愛尤篤도 앞 문장에 떨어져 있어 두 부분 모두 公(사마광)을 주어로 봐야 한다. 원전을 인용하면서 문장을 조금 고치는 바람에 이런 차이가 생겼다.

제6강 童蒙先習/朋友有信
같은 부류의 사람

朋友, 同類之人. 益者, 三友; 損者, 三友. 友直·友諒·友多聞, 益矣; 友便辟·友善柔·友便佞, 損矣. 友也者, 友其德也. 自天子, 至於庶人, 未有不須友以成者. 其分若疎, 而其所關, 爲至親. 是故, 取友必端人, 擇友必勝己. 要當責善以信, 切切偲偲, 忠告而善道之; 不可則止. 苟或, 交遊之際, 不以切磋·琢磨爲相與, 但以歡狎·戲謔爲相親, 則安能久而不疎乎? 昔者, 晏子與人交, 久而敬之. 朋友之道, 當如是也. 孔子曰: "不信乎朋友, 不獲乎上矣. 信乎朋友有道: 不順乎親, 不信乎朋友矣."

붕우는 같은 부류의 사람이다. 도움이 되는 벗이 셋이고, 해로운 벗이 셋이다. 정직한 사람과 사귀고 성실한 사람과 사귀고 아는 것이 많은 사람과 사귀면 도움이 되고, 툭하면 편파적인 사람을 사귀고 줏대 없는 사람을 사귀고 말만 번지르르한 사람을 사귀면 해롭다. 사귄다는 것은 그 덕과 사귀는 것이다. 천자로부터 서인에 이르기까지 친구 없이 성공한 자가 없었으니, 그 위치가 먼 것 같지만 그 관계되는 바는 매우 가까운 사람이다. 그래서 벗을 취할 때는 반드시 단정한 사람으로 하고, 벗을 고를 때는 반드시 자신보다 나은 사람으로 해야 한다. 마땅히 성실하게 책선하고 간절하게 독려해야 하며, 충고하고 선도해도 되지 않으면 그만둘 일이다. 만일 사귀는 과정에서 서로 절차탁마함으로써 서로 도움이 되지 않고 단지 즐기고 농짓거리하는 것으로 서로 친하려 한다면 어찌 오래 지나도 소원해지지 않는 관계를 유지할 수 있겠는가? 옛날에 안자가 다른 사람과 사귀되 오래되어도 공경했으니, 붕우의 도리는 마땅히 이래야 한다. 공자께서 이렇게 말씀하셨다.

"붕우에게 성실하지 못하면 윗사람에게 신임을 얻지 못한다. 붕우에게 성실하려면 방법이 있다. 부모의 말을 잘 따르지 않으면 붕우에게 성실할 수 없다."

【기본 단어】

同類 동류, C   多聞 다문, C   便辟 편벽, B   善柔 선유, C   便佞 편녕, C   天子 천자, C   庶人 서인, C   未有 미유, C   不須 불수, F
所關 소관, F   取友 취우, D   擇友 택우, D   端人 단인, C   勝己 승기, C   要當 요당, F   責善 책선, D   切切偲偲 절절시시, A
忠告 충고, C   善道 선도, C   交遊 교유, C   切磋琢磨 절차탁마, B   歡狎 환압, B   戲謔 희학, B   相與 상여, C   相親 상친, C
不信 불신, F   不順 불순, F

【연관 단어】

益友 익우, C   損友 손우, C   直諒 직량, B

A는 중첩자, B는 병렬자, C는 주종자, D는 술보자, F는 기타

五倫의 마지막으로, 朋友有信이다. 朋友는 같은 부류의 사람이라고 했다. 益者^{익자} 이하 損矣^{손의}까지는 《論語》〈季氏〉에 나오는 공자의 말을 토씨 하나 바꾸지 않고 그대로 따다가 좋은 친구와 나쁜 친구의 개념을 설명했다.

이런 기준에 따라 친구를 고를 때는 어떻게 해야 하고 친구가 되면 어떻게 해야 하는지를 얘기하고 있다. 친구 사귀기의 모델로는 안자^{晏子}가 등장. 《論語》〈公冶長^{공야장}〉에 나오는 "晏平仲善與人交, 久而敬之"라는 공자의 말을 가져왔다. 그 뒤의 공자의 말은 《禮記》〈中庸〉에 나오는 건데, 앞뒤를 좀 더 살펴보자.

> 아랫사람으로서 윗사람의 신임을 얻지 못하면 백성들을 맡아 다스릴 수 없다. 윗사람의 신임을 얻는 데는 원칙이 있으니, 친구들에게 믿음을 주지 못하면 윗사람의 신임을 얻지 못한다. 친구들에게 믿음을 주는 데는 원칙이 있으니, 부모에게 순종하지 않으면 친구들에게 믿음을 주지 못한다. 부모에게 순종하는 데는 원칙이 있으니, 자신을 돌아보아 참되지 않으면 부모에게 순종하지 못한다. 자신에게 참되게 하는 데는 원칙이 있으니, 선을 잘 알지 못하면 자신에게 참될 수가 없다.

이렇게 꼬리에 꼬리를 무는 이야기를 한 뒤에 성^{誠}에 대한 이야기가 전개되는데, 너무 어려워지니 여기서 끊자.

便辟·善柔·便佞는 뜻이 비슷한데, 각각 편파적이다·줏대 없다·말만 번지르르하게 하다 정도로 구분하면 되겠다.

본문 단어는 《論語》에서 그대로 가져왔다는 便辟·善柔·便佞 삼총사부터 봐야겠다.

먼저 便佞은 두 글자가 '말을 잘하다', '아첨하다'는 뜻이어서 단어의 뜻도 그런 개념으로 이해하면 되는데, 주석서에서 便辟도 비슷한 뜻으로 해놔서 문제다. 세 가지를 나열했으면 그 셋이 조금씩이라도 달라야 하는데, 이렇게 便辟과 便佞이 같은 의미라면 곤란하다. 이런 딜레마 때문에 사전들도 의미는 비슷하지만 표현만 조금 다르게 해놨다.

便辟하다 : 남의 비위를 잘 맞추어 아첨하다.
便佞하다 : 말로는 모든 일을 잘할 것 같으나 실속이 없다.

국립국어원의 〈표준국어대사전〉(온라인판)에서 인용한 것인데, '便佞'은 제 의미를 '便辟'에 주어버리고 자기는 엉뚱하게 설명되어 있다. '말로는 잘할 것 같고 실속이 없는 것'이 아첨의 특성이기는 하지만, 단어 풀이를 한자에서 바로 끌어내지 못하고 에두르면 곤란하다. '便辟'과 다르게 하기 위해 억지로 짜냈다고 볼 수밖에 없다.

《論語》의 문맥에서 보자면 이 둘은 함께 나열돼 있기 때문에 분명히 의미가 달라야 한다. 사실 이런 혼란은 중국 사전들도 마찬가지다. 옛날 주석에 그 비슷하게 나와 있기 때문이다. 하지만 모순이 드러난 이상 옛 주석을 버리고 새로운 길을 찾아봐야 한다. 내 생각은, 便辟은 偏僻^{편벽}

(생각 따위가 한쪽으로 치우쳐 있음)이 아닌가 한다.

 그런데 더욱 가관인 건, 善柔마저도 비슷한 의미로 정의한 중국 사전들이다. 〈표준국어대사전〉은 그나마 '마음이 착하고 곰상스러우나 줏대가 없다'로 풀었다. 하지만 이것도 善이 '착하다'라고 생각하는 외국인 특유의 제1의미(first meaning) 집착증에서 나온 것이고, 내 생각은, '쉽게 구부러지는'(즉 '줏대가 없는')으로 봐야 할 듯하다. 善에 '자주, 쉽게'라는 의미가 있기 때문이다. 우리 사전은 善과 柔의 병렬로 본 거지만, '착함'은 '줏대 없음'과 병렬시키기엔 어색하다. 그리고, 줏대가 없는 사람 중에서 착한 사람은 損友(나쁜 친구)고 악한 사람은 損友에서 빼준다는 건가? 수식 관계로 보는 게 낫다.

 切磋琢磨는 자주 들어보긴 했을 텐데, 글자가 조금 어렵다. 원래는 《詩經^{시경}》〈國風^{국풍}/衛風^{위풍}〉의 〈淇奧^{기오}〉라는 시에서 나온 말이다.

  瞻彼淇奧
  綠竹猗猗
  有匪君子
  如切如磋
  如琢如磨
  瑟兮僴兮
  赫兮咺兮
  有匪君子
  終不可諼兮.

  저 기수 물굽이를 바라보니

왕골과 마디풀이 무성하다.
아름다우신 군자시여
깎고 다듬은 듯
쪼고 간 듯하시네.
엄숙하고도 너그러우시며
빛나고도 의젓하시니
아름다우신 군자시여
끝내 잊을 수가 없구나.

여기 나오는 切·磋·琢·磨는 모두 재료를 다듬는다는 비슷한 의미지만, 각기 다른 곳에 쓰인다. 切은 뼈를 자르는 것을 말하고, 磋는 상아를 다듬는 것이고, 琢은 옥을 쪼는 것이고, 磨는 돌을 가는 것이다. 중국 후한後漢의 王充왕충이라는 사람이 쓴 《論衡논형》〈量知양지〉에 이런 구절이 있다.

骨曰切, 象曰瑳, 玉曰琢, 石曰磨, 切瑳琢磨, 乃成寶器. 人之學問, 知能成就, 猶骨象玉石, 切瑳琢磨也, 雖欲勿用, 賢君其舍諸?

뼈는 자르고 상아는 다듬고 옥은 쪼고 돌은 가는 것이니, 절차탁마를 거쳐야 비로소 보기寶器가 만들어진다. 사람의 학문과 지능의 성취도 뼈·상아·옥·돌을 절차탁마하는 것과 같으니, 등용되길 원하지 않더라도 현군賢君이 그를 버려두겠는가?

중국의 오래된 한자 해석 사전 《爾雅이아》〈釋器석기〉에도 "骨謂之切,

象謂之磋, 玉謂之琢, 石謂之磨"라고 해서 같은 내용이 나온다. 切·磋·琢·磨를 합쳐 切磋琢磨라는 한 단어로 쓰기도 하고, 切磋·琢磨라는 두 단어로 쓰기도 한다.

切切偲偲는《論語》〈子路〉에 나온다.

子路問曰: "何如斯可謂之士矣?"
子曰: "切切·偲偲·怡怡如也, 可謂士矣. 朋友切切·偲偲, 兄弟
　　　怡怡."

자로 : "어찌해야 선비라 할 수 있습니까?"
공자 : "절실하게 대하고 서로 권면하며, 화목해야 한다. 친구간에
　　　는 절실하게 대하고 서로 권면해야 하며, 형제간에는 화목
　　　해야 한다."

切切·偲偲를 나열로 보지 않고 切切이 偲偲에 걸리는 것으로 보기도 한다. 그 뜻은 '간절하게 권면하다'.

 所關(관계되는 바), 要當(마땅히)은 관용어로 기억해두자.

본문의 歡狎은 재미있게 노는 것이고, 戲謔은 농짓거리를 하는 것이다. 善道의 道는 '이끌다'인 導와 같아서 요즘 쓰는 善導라는 말과 같다. 善은 善柔에서처럼 '잘'이라는 뜻이다. 同類(같은 부류)·多聞(여기서

는 '아는 것이 많은')은 '서술어+부가어' 관계로 볼 수도 있고, 주종 관계로 볼 수도 있다. 所關(관계되는 바)은 불완전명사 所 구문이고, 要當은 비슷한 개념이 병렬된 것이다. 要當은 '마땅히'라는 뜻의 관용어로 기억해두면 좋다.

未有와 不須·不信·不順 등에서 未·不을 조동사로 설명하기도 하지만, 이를 본동사로 보고 뒤 글자를 부가어로 보는 것이 낫다.

 安能~乎는 '어찌 ~할 수 있겠는가'로 기억해두자.

① 益者, 三友; 損者, 三友.
② 友直·友諒·友多聞, 益矣; 友便辟·友善柔·友便佞, 損矣.
③ 友也者, 友其德也.
④ 自天子, 至於庶人, 未有不須友以成者.
⑤ 是故, 取友必端人, 擇友必勝己.

友가 명사와 동사로 쓰인 여러 사례들이다. 이 가운데 ①, ④, ⑤의 友는 명사인 '벗'이다. ②에서는 여섯 개의 友가 모두 '벗을 삼다'라는 동사로 쓰였다. ③에서는 앞의 友는 명사, 뒤의 友는 동사.

②는 세미콜론 앞뒤가 같은 구조의 문장인데, 각기 앞부분이 주어부, 뒷부분인 益/損이 서술어다. 주어부는 각기 세 개의 '友~'가 같은 자격으로 병렬돼서, '直(정직)을 友하고 諒량(성실)을 友하고 多聞을 友하면 益하고, 便辟을 友하고 善柔를 友하고 便佞을 友하면 損손하다'가 된다. '友(주어)+直(서술어)'으로 봐서 '友가 直하다' 식으로 해석하는 사람

도 있는데, 이것 역시 틀렸다고 할 수는 없다. 이렇게 해석하면 友가 모두 명사다.

④에는 전에 한번 봤던 '自~ 至~'(~부터 ~까지) 구문이 나온다. 이 '自~ 至~' 구문이 형식상 주어고, 未有가 서술어, 不須 이하가 부가어다. ⑤는 是故를 빼면 같은 구조의 두 문장이 병렬된 것인데, 각기 必이 서술어 역할을 한다.

⑥ **其分若疏, 而其所關, 爲至親.**
⑦ **要當責善以信, 切切·偲偲, 忠告而善道之; 不可則止.**
⑧ **苟或, 交遊之際, 不以切磋·琢磨爲相與, 但以歡狎·戲謔爲相親, 則安能久而不疏乎?**
⑨ **昔者, 晏子與人交, 久而敬之.**

⑥은 접속사 而로 두 문장이 연결되어 있는데, 若과 爲를 각 문장의 서술어로 봐야겠다. ⑦~⑨에서 而는 구를 이어주는 조금 작은 역할을 한다.

⑦은 세미콜론을 중심으로 해서 '~해야 하고 안 되면 ~'으로 보면 된다. 세미콜론 앞은 주어 없이 要當이 서술어, 그 뒤가 부가어. 要當=應當. 止는 충고하는 일을 그만둔다는 의미로도 볼 수 있고, 좀 더 나아가 친구 관계를 끊는 절교를 의미하는 것으로 볼 수도 있다.

⑧은 '苟或~ 則~'의 구조로, 접속사 則의 의미를 앞에서 苟或이 받쳐주고 있다. 앞 절에서는 '以~爲~'가 보이는데, 앞에 제한 요소가 붙어서 '不以~爲~ 但以~爲~'가 됐다. '~로써 ~하지 못하고 단지 ~로써 ~하다'다. 뒤 절은 의문문인데, 安이 의문사고 能이 동사, 久而不疏가 부

가어로 '어찌 久而不疏할 수 있겠는가?'라는 뜻이다. 安能~乎를 '어찌 ~할 수 있겠는가'로 기억해두면 좋다.

⑩ **不信乎朋友, 不獲乎上矣. 信乎朋友有道: 不順乎親, 不信乎朋友矣.**

乎는 모두 전치사 성격의 於와 같다. 信乎朋友有道는 '주어(信乎朋友)+서술어(有)+부가어(道)'로 보면 되고, 그 앞뒤 문장들은 각기 중간에 접속사 則이 생략됐다고 보면 된다.

제7강 童蒙先習/五倫 總論

오륜의 실천

此五品者, 天敍之典, 而人理之所固有者. 人之行, 不外乎五者, 而唯孝爲百行之源. 是以, 孝子之事親也, 鷄初鳴, 咸盥漱, 適父母之所; 下氣怡聲, 問衣燠寒, 問何食飲, 冬溫而夏淸, 昏定而晨省. 出必告, 反必面; 不遠遊, 遊必有方. 不敢有其身, 不敢私其財. 父母愛之, 喜而不忘; 惡之, 懼而無怨. 有過, 諫而不逆; 三諫而不聽, 則號泣而隨之. 怒而撻之, 流血不敢疾怨. 居則致其敬, 養則致其樂, 病則致其憂, 喪則致其哀, 祭則致其嚴. 若夫人子之不孝也, 不愛其親, 而愛他人; 不敬其親, 而敬他人. 惰其四肢, 不顧父母之養; 博奕好飮酒, 不顧父母之養; 好貨財, 私妻子, 不顧父母之養; 從耳目之好, 以爲父母戮; 好勇鬪狠, 以危父母.

이 다섯 가지는 하늘이 정해놓은 법도요, 사람의 도리에 본래부터 가지고 있는 것이다. 사람의 행실이 이 다섯에서 벗어나지 않는데, 오직 효가 모든 행실의 근원이다. 그래서 효자가 어버이를 섬길 때는 첫닭이 울면 세수와 양치질을 하고 부모의 방에 가서 태도를 공손히 하고 목소리를 부드럽게 해서 옷이 따뜻한지 차가운지 여쭙고 무슨 음식을 드실지 여쭙는다. 겨울에는 따뜻하게 해드리고 여름에는 시원하게 해드리며, 저녁에는 잠자리를 펴드리고 새벽에는 안부를 살핀다. 외출할 때는 반드시 말씀드리고 돌아오면 반드시 얼굴을 뵈며, 멀리 나가 돌아다니지 않고 돌아다닐 경우에는 반드시 목적지를 말씀드린다. 감히 자신을 내세우지 않고, 감히 재물을 자기 멋대로 쓰지 않는다. 부모가 사랑해주시면 기뻐하되 잊지 않으며, 미워하시더라도 두려워하되 원망하지 않는다. (부모에게) 잘못이 있으면 말씀드리되 거스르지 말고, 세 번 말씀드려도 듣지 않으시면 울면서 따른다. 화가 나 매를 때리셔서 피가 나더라도 감히 원망하지 않는다. 일상생활에서는 최대한 공경하고, 봉양할 때는 최대한 즐겁게 해드리고, 병이 나시면 최대한 근심하고, 상을 당하면 최대한 슬픔을 표하고, 제사를 지낼 때는 최대한 엄숙하게 한다. 자식이 불효하게 되면 제 어버이를 사랑하지 않고 남을 사랑하며, 제 어버이를 공경하지 않고 남을 공경한다. 사지를 움직이기 싫어 부모 봉양을 돌아보지 않고, 노름이나 술 마시기를 좋아해 부모 봉양을 돌아보지 않고, 재물을 좋아하고 처자식만 챙겨 부모 봉양을 돌아보지 않는다. 육체적 쾌락만 추구해 부모를 욕되게 하고, 힘만 앞세우고 싸움질이나 해서 부모를 위태롭게 한다.

【기본 단어】

天敍천서,C 人理인리,C 固有고유,C 不外불외,F 百行백행,C 事親사친,C 盥漱관수,B 下氣하기,D 怡聲이성,D
燠寒욱한,B* 食飮식음,B 遠遊원유,C 諫過간과,D 號泣호읍,C 流血유혈,C 疾怨질원,C 喪祭상제,B 若夫약부,F
人子인자,C 他人타인,C 不敬불경,F 四肢사지,C 不顧불고,F 博奕박혁,C 飮酒음주,C 貨財화재,B 妻子처자,B
耳目이목,B 好勇호용,D 鬪狠투한,B

【연관 단어】

鷄鳴계명,C 衣食의식,B 冬溫夏淸동온하정,C 昏定晨省혼정신성,C 愛惡애오,B* 喜懼희구,B* 居敬거경,D
致敬치경,D 憂樂우락,B* 養病양병,D

B는 병렬자, B*은 대우자, C는 주종자, D는 술보자, F는 기타

앞에서 五倫의 한 항목씩 개념을 설명했는데, 이 부분은 五倫에 대한 이야기를 마무리하고 있다. 사람의 행동은 이 五倫으로 모두 설명할 수 있다는 건데, 그러면서 한마디 한다.

"결론은 孝다!"

결국 군신 간의 관계나 부부간의 관계, 장유 간의 질서나 친구 간의 믿음도 모두 효도하는 마음이 없으면 갖추기 어렵다는 것이다.

이 부분의 문장들을 보면서 述而不作^{술이부작}이란 말을 떠올렸다. 述而不作은 전해 내려오는 것을 전할 뿐, 새로 지어내지는 않는다는 말이다. 요즘 관념으로 보면 창작하지 않고 그대로 전하는 게 이해하기 어렵다. '표절'을 문제시하는 세상이다. 述而不作은 표절^{剽竊}의 표 자가 주는 인상처럼 '가위질'만 열심히 하는 것이다(물론 풀칠도 하고).

본문은 그런 '가위질+풀칠'이 어느 정도까지인지 잘 보여준다. 재미 삼아 살펴보자. 본문에서 是以 부분은 저자가 쓴 것 같고, 그다음부터 '가위질+풀칠'이 시작된다.

是以[저자], 子事父母, 鷄初鳴, 咸盥漱, (…) 以適父母舅姑之所, 及所, 下氣怡聲, 問衣燠寒, (…) 問何食飮矣[《禮記》〈內則^{내칙}〉]. 冬溫而夏凊, 昏定而晨省. (…) 出必告, 反必面[《禮記》〈曲禮^{곡례}(上)〉], 不遠遊, 遊必有方[《論語》〈里仁^{이인}〉]. 不敢有其身, 不敢私其財[《禮記》〈坊記^{방기}〉]. 父母愛之, 喜而不忘; 父母惡之, 懼而無怨. 父母有過, 諫而不逆[《禮記》〈祭義〉], 三諫而不聽, 則號泣而隨之[《禮記》〈曲禮(下)〉]. 父母怒·不說而撻之, 流血不敢疾怨[《禮記》〈內則〉]. 居則致其敬, 養則致其樂, 病則致其憂, 喪則致其哀, 祭則致其嚴[《孝經^{효경}》〈紀孝行^{기효행}〉]. 若夫人子之不孝

也[저자], 故不愛其親, 而愛他人者, (…); 不敬其親, 而敬他人者, (…)[《孝經》〈聖治성치〉]; 惰其四肢, 不顧父母之養, (…); 博奕好飲酒, 不顧父母之養, (…); 好貨財, 私妻子, 不顧父母之養, (…); 從耳目之欲, 以爲父母戮, (…); 好勇鬪狠, 以危父母, (…)[《孟子》〈離婁(下)〉].

실선으로 밑줄 친 맨 앞의 是以와 중간의 若夫人子之不孝也만이 저자가 쓴 것이고, 나머지는 모두 가위질해다 붙인 것이다. 간혹 문맥이 매끄럽지 않거나 복잡하다 싶은 것은 손질을 좀 했는데, 나머지 점선으로 밑줄 친 것이 그런 부분이다. 점선마저 없는 부분은 그야말로 '복사'다. 찬찬히 비교해보면 놀랍다. 마지막의 從耳目之欲을 從耳目之好로 바꾼 것은 이유를 짐작하기 어려운데, 전해지는 과정에서 생긴 오류가 아닌지 모르겠다.

그렇지만 이걸 표절로 단죄해선 안 된다. 옛날엔 오히려 이런 게 권장 사항이었으니까. 述而不作!

醜夷는 원문 착오로 보이지만, 일단 '동류'로 해석하자.

본문 단어 가운데 冬溫夏清은 부모님을 겨울에는 따뜻하게 해드리고 여름에는 시원하게 해드려야 한다는 것이고, 昏定晨省은 부모님에게 저녁에 잠자리를 정돈해드리고 새벽에 문안 인사를 드려야 한다는 말이다. 앞에 출처를 밝혔듯이 冬溫夏清과 昏定晨省은《禮記》〈曲禮

(上)에 나오는 말인데, 앞뒤를 살려보면 이런 구절이다.

凡爲人子之禮: 冬溫而夏凊, 昏定而晨省, 在醜夷不爭.

무릇 자식 된 자의 예절은 겨울에는 따뜻하게 해드리고 여름에는 시원하게 해드리며, 저녁에 잠자리를 정돈해드리고 새벽에 문안 인사를 드리며, 동류끼리 다투지 않는 것이다.

마지막 부분이 좀 뜬금없다. 부모에 대한 도리를 이야기하다가 갑자기 동류^{同類=等類}라니, 옆길로 샌 듯하다. 원문 在醜夷不爭에 뭔가 착오가 있을 수도 있는데, 옛날 학자들이 醜夷^{추이}를 제배^{儕輩}·등류^{等類} 따위로 주석을 붙여놨으니 그렇게 해석하는 수밖에 도리가 없다. 이걸 또 억지스럽지만, 동류와 다투면 부모와 집안에 누가 되기 때문이라고 설명하기도 한다.

그보다도, 冬溫夏凊을 흔히 冬溫夏淸으로 쓰기도 하는데, 정확하게 말하자면 잘못된 것이다. 凊은 '차다'의 의미를 지닌 冫=氷부로 '서늘하다'는 뜻이고, 淸은 '물'의 의미를 지닌 氵=水부로 '깨끗하다'는 뜻이어서 노는 동네가 다르다. 凊은 온도 얘기고 淸은 순도 얘기다. 그런데 모양이 너무 비슷해서였는지, 지금은 자전에도 淸에 淸冷이라는 뜻이 끼어 들어와서 애매하게 돼버렸다. 아무튼 국립국어원 온라인 사전에도 冬溫夏淸은 나오지 않는다.

下氣와 怡聲은 각기 '氣/聲을 下/怡하다'의 구조로 되어 있다. '氣를 내리다', '聲을 부드럽게 하다'는 뜻이다. 氣를 내린다는 것은 반대말인 上氣에 '흥분'의 어감이 있음을 생각하면 쉽게 이해할 수 있다. 차분한 상태를 말하는 것이다. 若夫는 '~과 같은 것은' 정도의 의미지만, 발어사로 이야기를 돌릴 때 쓰인다.

 **若夫는 발어사.**

① **此五品者, 天敍之典, 而人理之所固有者.**
② **人之行, 不外乎五者, 而唯孝爲百行之源.**

본문 ①은 '~者 ~者' 구조이다. 전에 者가 서술부에 나오는 경우를 본 적이 있는데, 결국 '~者 ~也'나 마찬가지다. ②의 者는 그렇게 구문을 뭉뚱그리는 역할이 아니고 五에만 걸리는 것이다. '三者 회담'의 三者 따위와 같은 용법이다. ②는 접속사 而를 중심으로 해서 두 문장이 결합된 것인데, 而가 특별히 어떤 어감을 전달하지는 않고 있다. 乎=於.

③ **是以, 孝子之事親也, 鷄初鳴, 咸盥漱, 適父母之所; 下氣怡聲, 問衣燠寒, 問何食飮.**
④ **冬溫而夏凊, 昏定而晨省.**
⑤ **出必告, 反必面; 不遠遊, 遊必有方.**
⑥ **不敢有其身, 不敢私其財.**

③에서 咸은 '모두'라는 뜻이어서 咸盥漱^{함관수}를 통상 '모두 세수와 양치질을 하고'로 번역한다. 그런데 이게 좀 이상하다. 문장이 전체적으로 개인에 맞춰져 있는데, '모두'라니? 자녀들 모두? 한꺼번에 우루루

몰려간다? 이 부분의 '원본'인 《禮記》 해당 부분을 보자.

> 子事父母, 雞初鳴, 咸盥漱, (…)
> 婦事舅姑, 如事父母, 雞初鳴, 咸盥漱, (…)

> 자식이 부모를 섬길 때는, 첫닭이 울면 함관수하고 (…)
> 며느리가 시부모를 섬길 때는 (친정) 부모를 섬길 때와 마찬가지로, 첫닭이 울면 함관수하고 (…)

생략 부분은 문안 시의 복장 이야기인데, 어려운 글자들이 너무 많아 뺐다. 어떻든 《禮記》 〈內則〉의 이 앞부분은 부모에게 아침 문안을 할 때 아들의 경우는 어떻게 하고 며느리는 어떻게 하라고 따로따로 방법을 알려준다. 따라서 이 지침을 실천해야 할 행위자는 아들이나 며느리 개인이지, '단체'가 아니다.

'아들 조^組'와 '며느리 조'로 나누어 문안하는 것 아니냐고? 조별로 문안을 하더라도 큰아들 부부, 둘째 아들 부부 식으로 하는 게 자연스럽다는 생각이지만, 어떻든 중국 후한^{後漢}의 班固^{반고}가 지은 《白虎通^{백호통}》 〈嫁娶^{가취}〉의 문장을 보자.

> 婦事夫有四禮焉: 雞初鳴, 咸盥漱, 櫛縰笄總而朝, 君臣之道也;
> (…)

> 아내가 남편을 섬기는 데는 네 가지 예법이 있다. 첫닭이 울면 함관수하고 머리단장을 하고 아침 문안을 하는 것은 군신의 도요, (…)

이 경우는 명백한 '아내' 개인이니 咸은 '모두'일 수 없다. 일부다처제 사회였으니 妻妾^(처첩)이 단체로?

咸에는 '마치다'는 뜻도 있다는 데 주목해야 한다. '세수와 양치질을 마치고'다. 이러면 문맥이 자연스럽다. 사실, 자녀가 많다 해도 출가나 분가를 하고 나면 일상적으로 부모 모시는 일은 혼자서 하는 것이다. 매일 아침 조를 짜서 인사를 한다는 발상이 오히려 이상하다. 다만 중국의 주석이나 우리나라의 《小學》(이 부분은 《小學》에도 그대로 들어 있다) 諺解本^(언해본)에도 '다'(皆)로 나와 있으니, 나의 해석은 아직 '아이디어' 수준이다.

얘기가 길어졌는데, 다시 ③으로 가보자. 也는 문장을 마치는 것이 아니라 호흡을 끊어주는 쉼표 역할을 한다. 뒤 절에서는 앞 절의 孝子之事親也의 분위기가 생략돼 있다.

④~⑥에서도 子 정도의 주어가 생략돼 있다. ④는 계절과 시간에 따른 체크리스트고, ⑤는 외출 시 주의 사항이며, ⑥은 자신을 내세우면 안 된다는 마음가짐 얘기다.

⑤의 告는 '고'가 아닌 '곡'으로 발음을 보기도 하나, 지금은 모두 '고'로 통일돼가는 분위기다. 有方은 '方이 있다'인데, 方은 '방향'이기도 하지만 여기서는 '목적지'로 볼 수 있다. 이걸 '일정한 위치가 있어야 한다'로 해석하는 경우도 있는데, 그러면 '같은 곳에만 가야 한다'는 의미여서 이상한 지침이 돼버린다. '목적지를 알려야 한다'는 뜻이다.

⑥의 有其身은 부모 앞에서 자신의 '존재를 드러냄'을 말하며, 私其財는 재물을 자기 멋대로 쓰거나 딴 주머니를 차는 것을 말한다.

⑦ 父母愛之, 喜而不忘; 惡之, 懼而無怨.
⑧ 有過, 諫而不逆; 三諫而不聽, 則號泣而隨之.
⑨ 怒而撻之, 流血不敢疾怨.

여기 나오는 之는 모두 대명사로 쓰였는데, ⑧에서는 부모, 나머지는 자신을 가리킨다. ⑦의 惡之와 ⑧의 有過 앞에는 주어 父母가 생략됐다. 이 밖에도 전체적으로 부모와 자신이라는 주어가 생략된 곳이 많은데, 문맥에 따라 판단해야 한다.

⑩ 若夫人子之不孝也, 不愛其親, 而愛他人; 不敬其親, 而敬他人.
⑪ 惰其四肢, 不顧父母之養; 博奕好飮酒, 不顧父母之養; 好貨財, 私妻子, 不顧父母之養; 從耳目之好, 以爲父母戮; 好勇鬪狠, 以危父母.

⑩의 若夫는 발어사(=至于)다.
⑪에는 같은 구조의 문장 다섯 개가 이어졌는데, '~해서 ~한다'는 의미다. 주어가 빠진 셈인데, 앞 문장인 ⑩의 분위기를 이어 불효자는 그렇게 한다는 의미다. 다섯 부분 중 앞의 세 부분에서 不顧 앞에 以가 생략됐다고 보면 뒤 두 부분과 같은 구조로 볼 수 있다.

제8강 童蒙先習/五倫 結論
효도와 학문

噫! 欲觀其人行之善不善, 必先觀其人之孝不孝; 可不愼哉! 可不懼哉! 苟能孝於其親, 則推之於君臣也, 夫婦也, 長幼也, 朋友也; 何往而不可哉! 然則, 孝之於人大矣, 而亦非高遠難行之事也. 然, 自非生知者, 必資學問而知之. 學問之道, 無他. 將欲通古今・達事理, 存之於心, 體之於身; 可不勉其學問之力哉! 兹用摭其歷代要義, 書之于左.

아아! 어떤 사람의 행실이 착한지 착하지 않은지 보려면 반드시 먼저 그 사람이 효성스러운지 효성스럽지 않은지를 보는 법이니, 조심하지 않을 수 있으며 두려워하지 않을 수 있겠는가. 만일 그 어버이에게 효성스러울 수 있다면 이를 군신과 부부와 장유와 붕우 관계에 확장할 수 있으니, 어떤 관계인들 어렵겠는가. 그러니 효는 사람에게 중요한 것이지만, 또한 높고도 멀어 실행하기 어려운 것은 아니다.

그러나 나면서부터 아는 것이 아니라면 반드시 학문을 통해 알아야 하는 것이니, 학문의 길은 다른 것이 아니다. 고금과 사리에 통달하고자 노력해 이를 마음에 간직하고 몸으로 체득하는 것이니, 그 학문하는 노력을 권면하지 않을 수 있겠는가. 이에 그 역대의 핵심적인 내용을 아래에 적는다.

【기본 단어】

高遠 고원, B   難行 난행, D   自非 자비, F   生知 생지, C   無他 무타, F   事理 사리, C   歷代 역대, C   要義 요의, C

【연관 단어】

善行 선행, C   孝親 효친, D   通達 통달, B   存心 존심, D   勉力 면력, B

B는 병렬자, C는 주종자, D는 술보자, F는 기타

이 장에서는 五倫 이야기를 맺고 있다. 사람의 모든 행실은 효도로 귀결된다는 것이 결론이다. 즉 五倫 가운데 父子有親이 핵심이고, 나머지는 거기서 유추될 수 있다는 것이다.

그리고 여기서 학문의 필요성을 이끌어낸다. 배워야 알 수 있고, 알아야 실천할 수 있다. 그러면서 《童蒙先習》의 후반부인 역사 이야기로 안내하고 있다.

 '만약 ~이 아니라면'이라는 뜻의 自非와 '다른 것이 아니다'라는 뜻의 無他는 관용어로 기억해두자.

본문 단어 가운데 生知는 生而知之의 준말이다. 공자의 말로, 《論語》와 《禮記》에 나온다.

> 나면서부터 아는 것이 최상이고, 배워서 아는 것이 그다음이며, 문제에 부닥쳐 배우는 것이 또 그다음이고, 문제에 부닥쳐도 배우지 않으면 사람들은 이를 하등으로 친다.

> 누구는 태어나면서부터 알고 누구는 배워서 알고 누구는 문제에 부닥쳐 알게 되지만, 일단 알게 되면 마찬가지다. 누구는 편안히 여겨서 행하고 누구는 이득 때문에 행하고 누구는 강요에 의해 행하지만, 일단 성공하게 되면 마찬가지다.

앞 《論語》의 것은 사람의 지성에 등급이 있다는 말이고, 뒤 《禮記》

의 것은 등급의 차이가 있더라도 지식을 얻게 되면 결국 마찬가지라는 얘기다. 얼핏 보면 모순처럼 보이지만 모순되지 않는다. 공자는 다른 곳에서 '나는 나면서부터 안 사람이 아니라, 옛것을 좋아하고 부지런히 그것을 추구한 사람이다'(《論語》〈述而〉)라고 해서 자신도 최상급은 아니라고 겸손을 보였다. 타고난 바탕이 중요한 것은 아니라는 얘기다.

이 生知는 生而知之의 준말이기는 하지만, 生知 자체로도 어법상 성립될 수 있다. 生이 知에 걸리는 수식 관계의 단어로 볼 수 있다.

自非는 自에 '만약'이라는 뜻이 있어서 '만약 ~이 아니라면'이라는 의미이고 無他는 '다른 것이 아니다'라는 뜻으로, 둘 다 관용어로 익혀 둘 필요가 있다. '自非~'를 '스스로 ~이 아니면'으로 번역하지 않도록 주의해야 한다.

 噫는 감탄사, 哉는 감탄 종결사로 쓰인다.

① 噫!
② 欲觀其人行之善不善, 必先觀其人之孝不孝; 可不愼哉! 可不懼哉!
③ 苟能孝於其親, 則推之於君臣也, 夫婦也, 長幼也, 朋友也; 何往而不可哉!
④ 將欲通古今·達事理, 存之於心, 體之於身; 可不勉其學問之力哉!

이 장에는 감탄문이 많이 나온다. 본문 ①의 噫^희는 감탄사고, 그 한 글자가 하나의 문장이다. ②~④는 哉^재라는 감탄 종결사로 감탄문을 만들었다.

②의 앞부분은 비슷한 구조의 두 문장이 연결됐다. 주어는 생략된 채 '서술어(欲觀/必先觀)+부가어(其 이하)'의 구조다. ②, ④의 '可不~哉'는 '~하지 않을 수 있겠는가'라는 뜻. ③의 何往^{하왕}은 도치다. 부가어인 何가 서술어 往 다음에 들어가야 하지만, 이런 의문사의 경우에는 앞으로 나온다.

⑤ **然則, 孝之於人大矣, 而亦非高遠難行之事也.**
⑥ **然, 自非生知者, 必資學問而知之.**
⑦ **學問之道, 無他.**

之의 용법들이다. ⑥의 之만이 대명사고, 나머지는 모두 '~의'라는 의미다. ⑤의 孝之於人은 직역하면 '孝의 人에 대한 것'이며, 이 구절의 서술어는 大다.

⑧ **兹用摭其歷代要義, 書之于左.**

書之于左의 左는 옛날 세로쓰기 시대의 유물이다. 세로쓰기에서는 위에서 아래로, 오른쪽에서 왼쪽으로 써나갔기 때문에 뒤에 따라올 내용을 가리키려면 '왼쪽'으로 표현했다. 이를 지금의 가로쓰기 상황에 맞추자면 '아래'로 번역하면 된다.

제9강 童蒙先習/中國史(1)

요순시대 이전

蓋自太極肇判, 陰·陽始分, 五行相生; 先有理·氣, 人·物之生, 林林總總. 於是, 聖人首出, 繼天立極: 天皇氏·地皇氏·人皇氏·有巢氏·燧人氏. 是爲太古; 在書契以前, 不可考. 伏羲氏始畫八卦, 造書契, 以代結繩之政; 神農氏作耒耟, 制醫藥; 黃帝氏用干戈, 作舟車, 造曆算, 制音律, 是爲三皇; 至德之世, 無爲而治. 少昊·顓頊·帝嚳·帝堯·帝舜, 是爲五帝. 皐·夔·稷·契佐堯·舜, 而堯·舜之治, 卓冠百王. 孔子定書, 斷自唐·虞.

대개 태극이 처음 갈라지면서 음·양이 비로소 나뉘고 오행이 서로 만들어내니, 먼저 이와 기가 있었고 사람과 사물이 무수히 생겨났다. 그리고 성인이 먼저 나오셔서 하늘의 뜻에 따라 천자 자리에 오르시니, 천황씨·지황씨·인황씨·유소씨·수인씨 등이다. 이것이 태고 시절인데, 글자가 만들어지기 이전이라 확인할 수가 없다. 복희씨는 처음 팔괘를 그어 글자를 만들고, 결승으로 하던 정사를 대신토록 했다. 신농씨는 농기구를 만들고 의약을 정리했다. 황제씨는 무기를 사용하고 탈것을 만들었으며, 날짜 계산법을 만들고 음률을 제정했다. 이들을 삼황이라 하는데, 덕이 지극한 시대여서 억지로 하지 않아도 잘 다스려졌다. 소호·전욱·제곡·제요·제순을 오제라 한다. 고요·기·후직·설이 요·순을 도우니, 요·순의 정치가 모든 임금의 으뜸이 되었다. 공자께서《서경》을 정리하실 때 요·순부터 끊으셨다.

[기본 단어]

太極 태극, C   肇判 조판, C   陰陽 음양, B*   理氣 이기, B*   人物 인물, B   林林總總 임림총총, A   於是 어시, F   繼天 계천, D
立極 입극, D   太古 태고, F   書契 서계, D   以前 이전, F   八卦 팔괘, C   結繩 결승, D   醫藥 의약, D   干戈 간과, B   曆算 역산, C
音律 음률, B   三皇 삼황, C   至德 지덕, C   無爲 무위, F   五帝 오제, C   卓冠 탁관, B   百王 백왕, C

[연관 단어]

天地人 천지인, B   造作 조작, B   制作 제작, B   制造 제조, B

A는 중첩자, B는 병렬자, B*은 대우자, C는 주종자, D는 술보자, F는 기타

중국의 역사 이야기는 三皇·五帝로부터 시작한다. 물론 그 앞에 우주의 탄생 비슷한 얘기가 있기도 하지만, 이는 철학적 논의를 빌려다가 붙인 것일 뿐이다. 그런데 역사의 시작이라는 三皇·五帝도 불분명하긴 마찬가지여서, 꼽는 방법부터 여러 설이 있다.

중국 역사의 시작, 三皇·五帝 이야기.

三皇은 天皇·地皇·人皇(또는 泰皇)으로 꼽기도 하나, 여기서처럼 伏羲복희(=太昊태호)·神農신농(=炎帝염제)·黃帝황제(=軒轅헌원)가 일반적이다. 黃帝 대신 燧人수인 또는 祝融축융/女媧여왜/共工공공을 넣기도 한다. 五帝는 黃帝·顓頊전욱(=高陽고양)·嚳곡(=高辛고신)·堯요·舜순이 일반적이며, 黃帝나 舜 대신 少昊소호를 들기도 한다. 伏羲·神農·黃帝·少昊·顓頊으로 꼽거나 이 가운데 少昊·顓頊 대신 堯·舜을 드는 경우도 있다.

결국 중국 민족의 조상이라는 黃帝를 기준으로 해서 대체로 그 이전으로 보고 있는 伏羲·神農 등의 시대를 三皇 시대, 黃帝 이후의 시대를 五帝 시대로 보는 셈이다. 黃帝는 관점에 따라 앞에 넣기도 하고 뒤에 넣기도 한다. 五帝 시대는 少昊·顓頊·嚳·堯·舜으로 이어지는데, 이 가운데 문헌에 많이 등장하는 堯·舜은 오히려 하夏나라의 건국자라는 우禹와 동시대 인물이라고 한다. 堯는 처음에 도陶 땅에 봉해졌다가 당唐으로 옮겨 도당씨陶唐氏라고도 하며, 당요唐堯로도 부른다. 마찬가지로 우虞라는 곳 출신의 舜은 유우씨有虞氏라고도 불리고 우순虞舜으로도 불린다. 본문에도 나오는 唐虞당우는 堯와 舜을 함께 일컫는 말이다.

본문에 등장하는 인물 가운데 燧人은 불의 사용, 伏羲는 원시 문자의 사용, 神農은 농경의 시작 등 문명 발전의 여러 계기와 관련해 설정된 설화적 존재들이며, 黃帝 역시 중국 민족의 형성을 상징하기 위한 존재로 보인다. 堯·舜은 이상적인 사회와 군주 상을 드러내기 위해 유교 경전에 기록되고 후대에 부풀려졌으며, 少昊·顓頊·嚳 등은 黃帝와 堯·舜 사이 계보의 공백을 메우는 역할을 하고 있다.

三皇·五帝의 皇·帝는, 나중에 진시황^{秦始皇}이 중국을 통일한 뒤 皇帝라는 한 단어로 합쳐졌다. 이전에 개별 국가에서 써오던 군주 칭호 王보다 한 단계 높은 칭호로 쓰인 것이다. '덕은 三皇을 아우르고 공은 五帝보다 높다(德兼三皇 功蓋五帝)'는 자부심이었다. 진시황은 왕이 죽은 뒤 시호^{諡號}를 정하는 것도 못마땅해서(어찌 감히 황제의 치세^{治世}를 평가하느냐는 얘기겠다) 자신은 첫 황제라는 뜻의 시황제^{始皇帝}, 그다음부터는 2세 황제^{二世皇帝}, 3세 황제^{三世皇帝} 하는 식으로 만세^{萬世}까지 이어지기를 바랐다. 그러나 그 바람은 허망하게도 2세^{二世}에서 그치고 말았다.

皇·帝는 둘 다 임금을 가리키는 말이지만, 본뜻은 조금씩 다르다. 皇은 '크다'가 본뜻이었던 것으로 보인다. 《千字文》 앞머리에 나오는 洪^홍·荒^황이나 廣^광 등과 어원적으로 관련이 있는 듯하고, 이는 皇의 발음 요소인 王도 마찬가지다. 사회의 '큰 존재'가 왕인 것이다. 帝는 '하늘' 즉 上帝다. 그 하늘의 권위를 이어받은 존재도 帝가 된다. 帝는 진^秦의 통일 전 전국시대에 제^齊와 진^秦이 각각 동제^{東帝}·서제^{西帝}로 자칭해 이미 군주의 명칭으로 쓴 바 있는데, 진시황이 皇 자와 합쳐 가장 높은 군주의 명칭으로 삼았다.

여기서 성군 堯·舜을 도왔다고 나오는 皐^고·夔^기·稷^직·契^설은 어떤 사람들일까? 皐는 皐陶^{고요}로 舜임금 때 형법^{刑法}을 담당했는데, 皐는 봉지^{封地} 이름이다. 夔는 堯·舜 두 대에 걸쳐서 음악을 담당했다. 稷은

농업을 담당한 관직명인 후직^{后稷}을 말하는데, 여기서는 堯 · 舜 때 그 일을 맡았던 棄^기를 가리킨다. 그는 주^周나라를 세운 희^姬씨의 시조라고 한다. 契은 舜임금 때 우^禹를 도와 홍수를 다스렸고 뒤에 교육 담당인 사도^{司徒}로 임명됐다. 그의 후손인 탕^湯이 상^商(은^殷)나라를 세웠다.

도가, 유가에서 추구하던 無爲는 상식으로 알아두자.

본문 단어들 가운데 書契는 '글자'라는 뜻이다. 契에 '새기다'라는 뜻이 있어 비슷한 의미인 書와 합쳐 단어를 이룬 것이다. 曆算은 曆(역법)과 算(수학)의 병렬로 볼 수도 있지만, '曆의 算'으로 보는 것이 자연스럽다.

林林總總은 林林과 總總이라는 첩어 두 개를 합친 단어다. 林林이나 總總, 그리고 그 둘을 합친 林林總總도 모두 무언가가 매우 많은 모습을 의미한다. 이 말은 당^唐 때의 작가 柳宗元^{류종원}이 〈貞符^{정부}〉라는 자신의 시 앞에 붙인 서문에 나온다.

> 인류 초기에 (사람들이) 꾸역꾸역 태어나고 수북수북 무리를 지었다(總總而生, 林林而群). 눈 · 서리 · 바람 · 비 · 우레 · 우박이 밖에서 들이치자 거처를 마련하고 불을 때며 가죽옷을 입을 줄 알게 됐고, 배고픔과 목마름, 이성에 대한 욕구가 안에서 일어나자 동물을 잡아먹고 과일과 곡식을 먹으며 짝을 지어 살 줄 알게 됐다.

無爲는 도가의 핵심 사상이다. 無爲란 '함이 없다'인데, 아무것도 하지 않는다는 뜻이 아니라 작위作爲가 없다, 즉 억지로 하지 않는다는 말이다. 《老子노자》 37장을 보자.

> 도는 항상 함이 없으면서도 하지 않음이 없다. 제왕이 이를 지킬 수 있다면 만물은 저절로 생육할 것이다. 생육하면서 욕심이 일어나면 나는 순수한 무명으로 이를 억제할 것이다. 순수한 무명이라면 저도 역시 욕심이 없어질 것이다. 욕심을 내지 않고 고요함을 유지하면 천하는 저절로 안정될 것이다.

그러나 유가에 뿌리를 둔 본문에도 나타나듯이, 유교에서도 無爲는 추구해야 할 이상이었다. 다음은 《論語》〈衛靈公위영공〉에 나오는 공자의 말이다.

> "억지로 하지 않고 다스린 분은 아마 순임금이실 것이다. 도대체 어떻게 하셨는가? 자신을 바르게 하고 왕좌에 앉아 계셨을 뿐이다."

유교에서 이상적인 정치를 한 성인으로 꼽는 것이 堯·舜인데, 그들 정치의 핵심은 바로 無爲而治였다는 것이다.

단어 이야기는 이쯤 하고, 본문의 문장을 살펴보자.

핵심 85 '自~ 至~'는 '~부터 ~까지'로 기억하자.

① 蓋自太極肇判, 陰·陽始分, 五行相生; 先有理·氣, 人·物之生, 林林總總.
② 孔子定書, 斷自唐·虞.

①, ②의 自는 '~부터'라는 뜻이다. '自~ 至~'로 어울려 쓰면 '~부터 ~까지'가 된다. ①의 陰陽·理氣·人物과 ②의 唐虞는 모두 두 개념이 합쳐져 하나의 단어가 됐지만, 여기서는 두 요소의 나열로 풀어야 한다.

①에서 세미콜론 앞부분은 발어사 蓋^개를 빼면 自太極肇判이 형식적 주어, 나머지 두 부분이 병렬된 서술부이며, 뒷부분은 '先(형식적 주어)+有(동사)+理氣(부가어)'와 '人物之生(주어)+林林總總(서술어)'의 두 문장이 이어져 있다.

③ 是爲太古; 在書契以前, 不可考.
④ 是爲三皇; 至德之世, 無爲而治.
⑤ 少昊·顓頊·帝嚳·帝堯·帝舜, 是爲五帝.

'是爲~'의 구절이 반복되는데, ③, ④는 그 앞에서 끊었고, ⑤는 앞과 분리하지 않았다. ⑤의 경우 앞부분이 문장을 이루지 못했기 때문에 그렇게 끊었다. ③, ④의 경우 뒤와 연결한 것은 뒷부분이 이 부분의 부연설명이기 때문이다. 두 경우 모두 세미콜론 뒤 문장은 쉼표 다음에 故 정도의 접속사를 넣고 풀어야 매끄럽다.

⑥ 於是, 聖人首出, 繼天立極: 天皇氏·地皇氏·人皇氏·有巢氏·燧人氏.
⑦ 伏羲氏始畫八卦, 造書契, 以代結繩之政; 神農氏作耒耜, 制醫藥; 黃帝氏用干戈, 作舟車, 造曆算, 制音律.
⑧ 皐·夔·稷·契佐堯·舜, 而堯·舜之治, 卓冠百王.

단어와 어구를 막론하고 '서술어+부가어(목적어)' 구조가 많이 보인다. 특히 ⑦의 경우 八卦/書契/結繩之政/耒耜/醫藥/干戈/舟車/曆算/音律 등 대부분의 구성 요소가 바로 앞 글자의 목적어다.

⑥에서는 繼天立極의 天/極이 각기 앞 글자의 목적어고, ⑧의 佐堯舜도 '서술어(佐)+목적어(堯舜)' 구조다. ⑧의 卓冠百王은 그 자체가 而 이후 절의 서술부인데, 역시 '서술어(卓冠)+목적어(百王)' 구조다.

제10강 童蒙先習/中國史 (2)
하·상·주 삼대

夏禹·商湯·周文王武王, 是爲三王. 歷年或四百, 或六百, 或八百. 三代之隆, 後世莫及, 而商之伊尹·傳說, 周之周公·召公, 皆賢臣也. 周公制禮作樂, 典章法度, 粲然極備. 及其衰也, 五霸摟諸侯, 以匡王室. 若齊桓公·晉文公·宋襄公·秦穆公·楚莊王, 迭主夏盟, 王靈不振. 孔子, 以天縱之聖, 轍環天下, 道不得行于世. 刪詩·書, 定禮·樂, 贊周易, 修春秋, 繼往聖開來學. 而傳其道者, 顏子·曾子, 事在論語. 曾子之門人, 述大學. 列國則曰魯, 曰衛, 曰晉, 曰鄭, 曰曹, 曰蔡, 曰燕, 曰吳, 曰齊, 曰宋, 曰陳, 曰楚, 曰秦. 干戈日尋, 戰爭不息, 遂爲戰國. 秦·楚·燕·齊·韓·魏·趙, 是謂七雄. 孔子之孫子思生斯時, 作中庸. 其門人之弟孟軻, 陳王道於齊·梁, 道又不行. 作孟子七篇. 而異端·縱橫·功利之說盛行, 吾道不傳.

하나라 우왕과 상나라 탕왕과 주나라 문왕·무왕이 삼왕인데, 지속된 햇수가 어떤 것은 사백 년이고 어떤 것은 육백 년이고 어떤 것은 팔백 년이었다. 삼대의 융성함을 후대에 따를 수가 없었는데, 상나라의 이윤·부열과 주나라의 주공·소공이 모두 현명한 신하였다. 주공이 예·악을 만들었는데, 문물과 제도가 찬연히 완비되었다. 주나라가 쇠약해지자 오패가 제후를 끌어모아 왕실을 보좌했다. 제 환공과 진 문공과 송 양공과 진 목공과 초 장왕 등이 번갈아 중원의 맹약을 주도해 왕의 위엄이 떨치지 못했다. 공자께서는 하늘이 내신 성인으로, 수레를 타고 천하를 돌아다녔으나 도를 세상에 펼칠 수 없어 《시경》·《서경》을 정리하시고 예·악을 정하셨으며 《주역》을 밝히시고 《춘추》를 편찬하셔서 과거의 성인을 계승하고 미래의 학문을 여셨다. 그 도를 전한 것이 안자·증자이며, 이 사실은 《논어》에 실려 있다. 증자의 문인은 《대학》을 기록했다. 열국은 노·위·진·정·조·채·연·오·제·송·진·초·진이니, 매일 무기가 동원되고 전쟁이 끊이지 않아 결국 전국시대가 되었다. 진·초·연·제·한·위·조를 칠웅이라고 한다. 공자의 손자 자사가 이때 태어나 《중용》을 지었고, 그 문인의 제자 맹가가 제·양에서 왕도를 펼쳤으나 다시 도가 행해지지 않아 《맹자》 7편을 지었다. 그러나 이단과 종횡가와 공리설들이 성행해 우리 도가 전해지지 않았다.

【 기본 단어 】

三王 삼왕, C   歷年 역년, C   三代 삼대, C   後世 후세, C   莫及 막급, F   賢臣 현신, C   典章 전장, B   法度 법도, B   粲然 찬연, C*
五霸 오패, C   諸侯 제후, C   王室 왕실, C   王靈 왕령, C   不振 부진, F   天縱 천종, C   轍環 철환, C   不得 부득, C   行世 행세, D
詩書 시서, B   周易 주역, C   論語 논어, C   門人 문인, C   大學 대학, C   列國 열국, C   戰爭 전쟁, C   不息 불식, F   戰國 전국, C
七雄 칠웅, C   中庸 중용, B   王道 왕도, C   異端 이단, C   縱橫 종횡, B*   功利 공리, C   盛行 성행, C

【 연관 단어 】

文武 문무, B*   禮樂 예악, B   主盟 주맹, D   刪定 산정, C   往來 왕래, B*   繼往開來 계왕개래, D   傳道 전도, C   門弟 문제, C

B는 병렬자, B*은 대우자, C는 주종자, C*는 접미사 결합 조어, D는 술보자, F는 기타

전설의 堯·舜 시대 다음에는 夏·商·周 세 나라가 잇달아 들어섰다. 이 시기를 三代라 하며, 동양 고전을 읽다 보면 이 三代라는 말이 수도 없이 나온다. 문헌상의 夏나라와 고대 유적을 어떻게 연결시키느냐 하는 문제가 있긴 하지만, 대체로 여기서부터는 역사 시대로 인정된다. 특히 商의 후기인 殷 시대는 수많은 갑골문^{甲骨文}이 발굴돼 당대의 문헌 기록까지 존재한다.

堯·舜 이후 三代, 三王과 春秋 五霸, 戰國 七雄 이야기.

夏나라 禹, 商나라 湯, 周나라 文王·武王을 三王이라고 했는데, 이상하다. 분명히 네 사람인데 三王이라니? 文王·武王을 한 명으로 친 셈이지만 이 역시 어색하다. 세 왕조의 창업자를 말하는 것이니 禹·湯·武가 맞겠는데, 周나라의 창업이 선대인 文王부터 시작됐다고 보아 禹·湯·文을 三王으로 주장하는 축이 있어서 이런 표현이 나온 것으로 보인다. 三王을 三王朝로 본다면 이런 문제점은 사라지고, 그럴 경우 三王은 三代와 같은 말이 된다.

伊尹^{이윤}·傅說^{부열}은 商의 재상들, 周公^{주공}·召公^{소공}은 周 武王의 동생들이다(召公은 그냥 同姓이라고도 한다).

伊尹의 尹^尹은 재상의 칭호이고 이름은 지^摯여서 이지^{伊摯}로 불러야 하지만 보통 伊尹으로 불러 그것이 이름처럼 돼버렸다. 노예 신분에서 湯에게 발탁돼 재상이 됐고, 湯의 손자 태갑^{太甲}이 즉위해 실정^{失政}하자 잠시 왕위에서 내쫓았다가 그가 반성하자 다시 맞아들였다고 한다. 유교 문헌에서는 이를 임금을 바로잡아준 사례로 미화하지만, 일설에 따르면 伊尹과 太甲이 쿠데타를 주고받은 것이라고 한다.

傅說은 얼핏 '전설'로 읽기 쉽다. 그러나 앞 글자는 傳^전과 모양이 흡사하지만 별개의 글자인 傅^부고, 뒤 글자는 '말'과 관련된 본뜻일 때는 '설'이 맞지만 '기쁘다'인 悅^열이라는 뜻일 때는 '열'이어서 '부열'이다. 傅說은 商 후기 무정^{武丁} 때의 재상으로, 역시 노예 출신이다. 무정이 꿈에 성인을 보았다며 그 모습을 그려 찾았더니 공사장에서 일하던 노예였다고 한다. 이 이야기에 대해서는, 傅說이 똑똑하지만 천한 신분이어서 등용을 하기 위해 무정이 '현몽^{現夢} 쇼'를 했다는 설명이 있다.

周公은 이름이 희단^{姬旦}으로, 周 武王을 도와 商나라를 정복했고, 武王이 죽고 그 어린 아들 성왕^{成王}이 즉위하자 그를 잘 보필했다고 한다. 공자는 자기 나라인 魯나라를 처음 분봉받은 백금^{伯禽}의 아버지가 周公이어서인지 그를 '성인'으로 떠받들었지만, 성왕 때 섭정을 하면서 왕을 칭했다는 설도 만만치 않아 공자가 만들어낸 '사심 없는 후원자' 이미지가 사실에 부합하는지에 대해서는 의문이 있다. 周公이 섭정을 하고 있을 때 그의 형과 아우들인 관숙^{管叔}·채숙^{蔡叔}·곽숙^{霍叔}이 반란을 일으켰다는 점도 周公 섭정의 문제점에 대한 정황 증거의 하나가 될 수 있다. 그러나 다른 입증 근거가 없어 의혹 수준을 벗어나기는 어렵다.

召公은 이름이 희석^{姬奭}인데, 召(지금의 산시 성^{陝西省} 歧山^{기산}) 지역을 식읍^{食邑}으로 받아 召公이라고 불렸다. 성왕^{成王} 즉위 후 周公과 周나라를 동서로 나누어 그 서쪽을 맡아 선정을 펼쳤다고 한다. 甘棠遺愛^{감당유애}의 고사를 남겼다. 그가 분봉받은 燕^연나라는 戰國 七雄^{칠웅}의 하나가 됐다.

周公의 형제들이 반란을 일으켰다가 실패한 가운데 周公의 형제인지에 대해 설이 엇갈리는 召公이 周公과 권력을 분점했다는 사실은 묘

한 상상을 자극한다. 형제들이 문제 제기를 할 정도라면 周公에게는 뭔가 잘못이 있었고, 周公은 힘으로 밀어붙여 형제들을 숙청했으며, 그 과정에서 형제가 아닌 召公이 상당한 공을 세워 나라의 절반을 차지했다는 시나리오가 나온다. 周公과 召公은 승자였으므로 성인이고 선정의 주인공이라는 역사의 훈장을 받았고, 특히 召公은 文王의 아들이라는 혈통 조작이 미완에 그침으로써 혈통에 관한 이설을 낳지 않았을까? 재미 삼아 해본 상상이다.

周나라는 서기전 770년 유왕幽王이 포사褒姒에 빠져 왕비와 그 소생인 태자를 폐위하자, 왕비의 친정아버지인 신후申侯가 견융犬戎과 손잡고 유왕을 죽인 뒤 폐태자였던 평왕平王을 즉위시켰다. 이때 도읍 호경鎬京이 파괴됐기 때문에 동쪽 낙읍雒邑으로 도읍을 옮겼고, 호경 시대를 西周, 낙읍 시대를 東周라 했다. 그리고 수십 개의 제후국이 난립했던 東周 전기를 春秋시대, 제후국의 병합 과정을 통해 일곱 나라로 정리돼 쟁패하던 東周 후기를 戰國시대라 한다. 《春秋》는 공자가 정리한 역사책의 이름인데, 거기서 다룬 시대가 東周 전기이기 때문에 이 시기를 春秋시대라 했다. 戰國은 '끊임없이 전쟁을 하는 나라'라는 뜻인데, 東周 후기가 그러했기 때문에 戰國시대라 했다. 《戰國策전국책》이라는 책 이름도 거기서 나왔다.

五霸오패는 春秋시대에 패권을 잡았던 다섯 임금을 말하는데, 霸는 '맏이'라는 뜻의 伯백과 같은 말이어서 제후 가운데 '큰형님'이라는 말이다. 본문에 나열된 군주들을 五霸로 보는 것은 《孟子》에서 유래했다. 시대순으로는 齊 桓公환공(재위 서기전 685~643)이 가장 앞서고, 秦 穆公목공(서기전 659~621)과 宋 襄公양공(서기전 651~637)이 齊 桓公 재위 후반과 일부 겹치며, 晉진 文公(서기전 636~628)이 그다음, 楚 莊王장왕(서기전

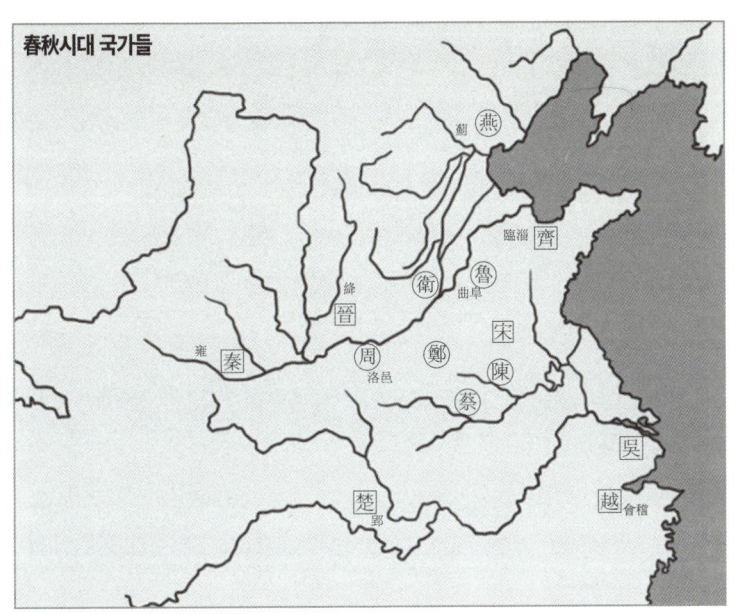

614~591)은 좀 간격이 있다.

그러나 이들 가운데 秦 穆公과 宋 襄公은 제후국 정상회담인 회맹會盟의 주재자(盟主)가 된 적이 없다 해서 이들 대신 吳王오왕 闔閭합려(서기전 515~496)와 越王월왕 句踐구천(서기전 496~465)을 꼽는 것이 일반적이다. 이런 관점은 《荀子》에서 유래했다.

본문에 列國('여러 나라'라는 뜻)으로 나열된 나라들이 말하자면 春秋시대의 주요국인데, 이들은 《史記》〈十二諸侯年表십이제후연표〉에 수록된 나라들이다(12제후라고 했는데 13개국인 것은 西周 시대부터 있었던 12제후에다 春秋시대 후기부터 기록이 나오는 吳나라를 '준회원' 격으로 넣었기 때문이며, 越나라는 역사가 짧은 신흥국이어서 '준회원'에도 들어가지 못했다).

이들은 대부분 周 왕실과 뿌리가 같은 희성姬姓이지만, 周나라 창업

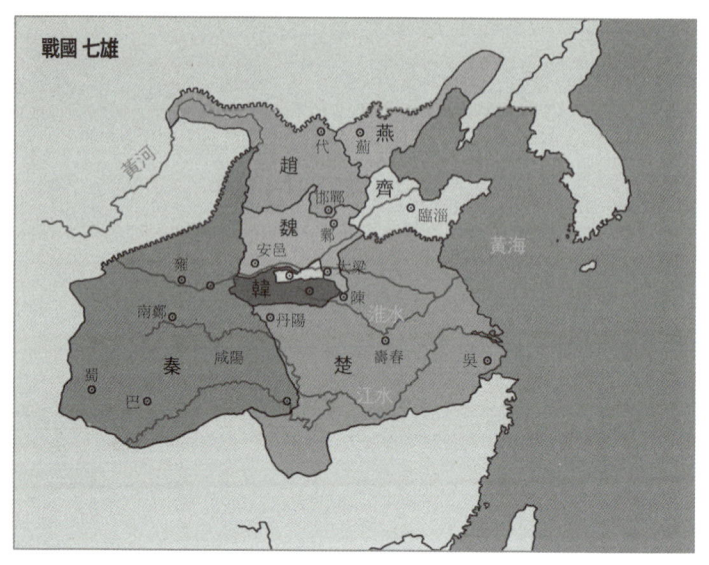

공신인 강태공^{姜太公}의 齊, 商나라의 제사를 받들도록 한 그 후에 宋, 舜임금의 후손을 봉한 陳^진, 변방 민족인 秦·楚는 타성^{他姓}이었다. 작위는 대부분 2등급인 후작^{侯爵}이었지만, 宋은 1등급 공작^{公爵}, 曹^조·鄭^정·秦은 3등급 백작^{伯爵}, 楚는 4등급 자작^{子爵}이었다. 諸侯^{제후}라는 말은 '여러 侯들'이라는 뜻인데, 이 말도 열국의 표준적인 작위 등급이 후작이었음을 말해준다. 그러나 이들의 작위는 시대가 지나면서 인플레이션 현상으로 오르게 마련이었고, 결국은 열국들이 왕을 칭하게 됐다.

이들 가운데 春秋 초기까지는 중원^{中原} 국가들인 魯·宋·衛^위·陳·蔡·曹·鄭 등이 주역이었으나, 春秋 후기로 갈수록 이들은 소국으로 전락하고 변방 국가들인 齊·晉·秦·楚·燕·吳 등이 강대국이 됐다. 중원 국가들은 좁은 곳에 몰려 있어 영토의 확장성 측면에서 불리했던 반면, 변방 국가들은 주변을 복속시켜 덩치를 키울 수 있었기 때문이다.

七雄은 戰國시대까지 살아남은 일곱 나라인데, 모두 변방 강국이거나 그 재편으로 탄생한 나라들이었다. '재편'이란 晉이 韓^한·魏^위·趙^조로 나뉜 것을 말하는데, 그래서 이 세 나라를 三晉이라 한다. 본문에 孟軻^{맹가}가 소신을 펴보려 했다고 한 梁^양나라는 魏의 별칭으로, 도읍을 대량^{大梁}(지금의 허난성 카이펑^{開封})으로 옮긴 뒤 그렇게 불렸다.《孟子》의 편명^{篇名}으로도 나오는 梁 혜왕^{惠王} 때 천도했다. 나머지 네 나라 가운데서도 齊는 본래 강태공의 후손을 봉한 나라였으나, 陳 왕족 출신 망명객의 후손인 전씨^{田氏}가 왕위를 찬탈해 주인이 바뀌었다. 이는 戰國시대가 시작되고 얼마 지나지 않아서 일어난 일인데, 전씨의 齊나라를 田齊라 한다. 그 많던 周나라의 왕실 희성^{姬姓}의 제후국은 戰國시대가 되면 文王의 후손 여부에 물음표가 붙은 燕나라 하나밖에 남지 않았고, 더구나 齊·韓·魏·趙는 신흥 세력이었다.

유교 기본 경전 四書三經의 유래.

본문에 책 이름이 많이 나오는데, 모두 유교의 기본 경전들이다. 어떤 의미로 이름 지어진 것인지 보고 넘어가자.

四書三經의 三經은《詩經》,《書經》,《易經》인데, 본래는《詩》,《書》,《易》만으로 부르는 것이 맞지만 경전이라는 최상급의 책임을 나타내기 위해 뒤에 經을 받쳐 부른다.《書》는《尚書^{상서}》로도 부르는데, 尙은 上과 같아서 上代의 일을 기록한 책이라는 말이다.《周易》은《易》의 한 판본이라고 할 수 있는데, 다른 판본인《連山易^{연산역}》과《歸藏易^{귀장역}》등이 전해지지 않아《周易》과《易經》이 같은 말로 쓰이고 있다.

四書 가운데《孟子》는 맹자의 사상을 기록한 책이라서 그런 이름이

붙였음을 쉽게 알 수 있다. 《論語》는 論과 語를 합친 말로, 공자와 그 제자들의 언행을 기록한 것이다. 《中庸》과 《大學》은 《禮記》의 편篇으로 들어가 있는 것을 주자朱子가 떼어내 四書의 하나로 편입시켰다. '中庸'은 전통적으로 '치우치지 않음(中)'과 '변함없음(庸)'을 합친 것이라고 하나, 이론異論이 있다. 《大學》은 '어른(大人)의 학문'이라는 뜻으로, '아이들의 배움'인 《小學》과 대비해서 이름이 붙었다. 《小學》은 문자와 생활 태도 등 본격적인 학문을 위한 준비 단계에서 필요한 내용들을 담은 것이고, 《大學》은 이를 바탕으로 유학의 대강을 밝힌 것이다.

 핵심 88 '찬연히'라는 뜻의 粲然에서 然은 粲의 의미를 보강해주는 접미사.

　본문 단어 가운데 轍環은 轍環天下의 준말인데, '수레를 타고 온 세상을 돌아다니다'는 뜻이다. 공자(맹자도 마찬가지다) 자신을 등용해줄 군주를 찾아 여러 나라를 돌아다닌 일을 말하는 것이다. 자신들이 원하는 정치를 펴보려는 것이었지만, 둘 다 그런 군주를 찾는 데 성공하지는 못했다. 군주들은 인仁이니 왕도王道니 하는 공허한 얘기보다는 부국강병론富國强兵論에 솔깃해했다.

　繼往開來는 본문에 나오는 繼往聖開來學을 줄인 것이다. '往聖을 繼하고 來學을 開하다'의 구조다. 異端은 사상가 양주楊朱·묵적墨翟, 縱橫은 합종合從을 주장한 소진蘇秦과 연횡連橫을 주장한 장의張儀 등을 가리킨다. 粲然은 접미사 然이 粲의 의미를 보강해주는 역할로 들어간 것이다. 본문에서는 '찬연히'라는 뜻으로 쓰였다.

본문에서 若은 가정이 아니라 '~ 같은 사람들' 정도의 뜻으로도 쓰였다. '한 단어 한 뜻'에서 벗어나 문맥에 따라 융통성 있게 해석하자.

① 夏禹·商湯·周文王武王, 是爲三王. ② 歷年或四百, 或六百, 或八百.

본문 ②는 직역하자면 '歷年이 어떤 것은 400이고, 어떤 것은 600이고, 어떤 것은 800이다'가 된다. 물론 이 숫자들은 왕조가 지속된 햇수고, 똑같이 막연하게 或이라 했지만 사실은 막연하지 않으며 그 하나하나의 지칭 대상이 따로 있다. 첫 번째 或은 夏, 두 번째 或은 商, 세 번째 或은 周다. ①에서 힌트를 주고 있기 때문이다. 만약 ①이 없이 ②와 같은 문장이 나왔다면 '歷年이 각기 달랐다' 정도의 느슨한 전언으로 받아들일 수밖에 없다.

③ 孔子, 以天縱之聖, 轍環天下, 道不得行于世. ④ 刪詩·書, 定禮·樂,
贊周易, 修春秋, 繼往聖開來學.
⑤ 其門人之弟孟軻, 陳王道於齊·梁, 道又不行. ⑥ 作孟子七篇.
⑦ 孔子之孫子思生斯時, 作中庸.

③~⑥은 공자와 맹자가 정치적인 야망을 펼치고자 했으나 뜻을 이루지 못하고 저술 활동에 매진했다는 비슷한 내용이다. 그런데 이를 표현한 문장 구성 방식 역시 비슷하다.

④와 ⑥는 모두 주어가 빠져 있고, 그 빠진 주어는 ③과 ⑤에 있는 孔子와 孟軻임을 쉽게 파악할 수 있다. ③과 ⑤에 주어가 있으니 문장

을 끊지 않고 이었다면 좋았을 텐데, 문장을 끊을 수밖에 없는 이유가 있다. ③과 ⑤의 마지막 구에서는 주어가 道로 바뀌었기 때문이다. ⑦은 중간에 그런 방해 요소가 없어 문장을 끊지 않고 앞의 주어 子思를 활용했다.

⑧ 周公制禮作樂, 典章法度, 粲然極備.
⑨ 若齊桓公·晉文公·宋襄公·秦穆公·楚莊王, 迭主夏盟, 王靈不振.
⑩ 干戈日尋, 戰爭不息, 遂爲戰國.
⑪ 而異端·縱橫·功利之說盛行, 吾道不傳.

이들은 모두 앞의 구들이 마지막 구를 이끌어내기 위한 배경 설명처럼 돼 있다. 따라서 王靈/遂爲/吾道 앞에 故 정도의 접속사를 넣어 풀면 자연스럽다.

⑨에서 若은 '만약'의 가정 용법이 아니라 '~ 같은 사람들' 정도의 뜻이다. ⑩의 尋^{실}은 '잇달다(繼)' 또는 '쓰다(用)'는 뜻이다.

제11강 童蒙先習/中國史 (3)
통일과 분열의 반복

及秦始皇, 呑二周滅六國, 廢封建爲郡·縣, 焚詩·書坑儒生, 二世而亡. 漢高祖, 起布衣成帝業, 歷年四百. 在明帝時, 西域佛法始通中國, 惑世誣民. 蜀漢·吳·魏三國鼎峙, 而諸葛亮仗義扶漢, 病卒軍中. 晉有天下, 歷年百餘. 五胡亂華, 宋·齊·梁·陳, 南北分裂; 隋能混一, 歷年三十. 唐高祖·太宗, 乘隋室亂, 化家爲國, 歷年三百. 後梁·後唐·後晉·後漢·後周, 是爲五季; 朝得暮失, 大亂極矣.

진시황에 이르러 동·서주를 병탄하고 6국을 멸망시켰다. 봉건을 폐지하고 군·현을 만들며 시·서를 불태우고 유생을 파묻었는데, 두 대 만에 멸망했다. 한 고조는 포의에서 일어나 제업을 이루어 사백 년을 이어갔다. 명제 때에 서역의 불법이 처음 중국에 포교돼 혹세무민했다. 촉한·오·위 3국이 정립했는데, 제갈양이 의를 내세우고 한 나라를 돕다가 진중에서 병사했다. 진이 천하를 차지해 백여 년을 이어갔다. 5호가 중원을 어지럽히고, (남쪽에는) 송·제·양·진이 들어서 남·북이 분열되었다. 수나라가 통일해 삼십 년을 이어갔다.
당 고조와 태종이 수 왕조의 어지러움을 틈타 화가위국해 삼백 년을 이어갔다. 후량·후당·후진·후한·후주를 오대라 하는데, 아침에 얻었다가 저녁에 잃으니 대란이 극에 달했다.

【기본 단어】

始皇 시황,C   二周 이주,C   六國 육국,C   封建 봉건,B   郡縣 군현,B   儒生 유생,C   焚書坑儒 분서갱유,D   二世 이세,C
高祖 고조,C   布衣 포의,C   帝業 제업,C   西域 서역,C   佛法 불법,C   中國 중국,C   惑世誣民 혹세무민,C   三國 삼국,C
鼎峙 정치,C   仗義 장의,C   病卒 병졸,C   軍中 군중,C   百餘 백여,C*   五胡 오호,C   南北 남북,B*   分裂 분열,B
混一 혼일,C   隋室 수실,C   化家爲國 화가위국,D   五季 오계,C   朝得暮失 조득모실,C   大亂 대란,C

【연관 단어】

呑滅 탄멸,B   得失 득실,B*

B는 병렬자, B*은 대우자, C는 주종자, C*는 접미사 결합 조어, D는 술보자

戰國시대부터 宋까지 중국 역사 개괄. 중국 역사를 알면 동양 고전의 내용을 파악하는 데 도움이 된다.

戰國시대 초기에는 七雄 가운데 魏가 가장 강성했다. 三晉 중 영토가 가장 넓고 인구가 조밀한 지역을 차지해 스스로를 晉이라 부를 정도로 晉의 핵심 부분을 이어받은 나라였다. 그러나 魏는 사방이 모두 적국이라는 지정학적인 불리함을 이기지 못하고 결국 쇠약해졌고, 동쪽의 齊와 서쪽의 秦이 강국으로 올라섰다. 각기 東帝·西帝를 칭한 것이 이 시기였다.

이후 齊는 새롭게 국력이 신장된 燕 등의 공격으로 쇠약해졌고, 秦의 맞수는 남방의 회수^{淮水}·장강^{長江} 일대의 광대한 영토를 차지한 楚로 바뀌었다. 秦이 최강국이 되자 소진^{蘇秦}의 합종책^{合縱策}과 장의^{張儀}의 연횡책^{連衡策} 등 외교전이 벌어졌고, 결국 원교근공책^{遠交近攻策}을 빼 든 秦이 6국 병합을 시작했다. 서기전 230년 최약체 韓의 병합을 시작으로, 趙·燕·魏·楚를 차례로 격파하고 서기전 221년 마지막 남은 齊로부터 항복을 받기까지 걸린 시간은 불과 10년이었다.

중국을 통일한 진시황^{秦始皇}은 정치 통합에 이은 강력한 사회 통합 정책을 폈다. 그 과정에서 발생한 것이 焚書坑儒로 보인다. 말하자면 사상 통합이었겠다. '車同軌^{거동궤} 書同文^{서동문}'은 '수레의 폭을 통일하고 같은 글자를 쓴다'는 것인데, 戰國시대에 나라마다 달랐던 문자나 도량형^{度量衡}, 각종 제도 등을 그대로 두어서는 통일국가로 굴러갈 수 없기 때문이다.

진시황은 통일 10년 만에 지방 순시 중 병에 걸려 죽었다. 이때 맏아들 부소^{扶蘇}는 장군 몽염^{蒙恬}과 함께 북방 변경에 가 있었는데, 부소에게 돌아와 제위를 이으라는 진시황의 유서를 조고^{趙高}가 위조해 진시황의 다른 아들 호해^{胡亥}를 즉위시켰다. 그가 二世皇帝다. 진시황이 부소와 몽염을 북방으로 보낸 것은 '亡秦者, 胡也(진나라를 망하게 하는 것은 胡다)'라는 술사^{術士}의 말을 믿고 북방 민족인 호^胡를 막으라는 것이었는데, 秦나라는 다른 호^胡 즉 호해^{胡亥}에 의해 멸망에 이르렀다는 얘기다. 아무리 피하려고 해도 결국 이루어지고 만다는 서양 신화의 신탁^{神託} 이야기를 보는 듯하다.

이후 호해 즉위의 공신인 조고는 指鹿爲馬^{지록위마}의 고사를 만들어낼 정도로 국정을 농단하고, 무능한 二世皇帝는 백성들의 부담만 가중시켜 전국 각처의 농민 반란을 초래했다. 여기저기서 터진 반란은 항우^{項羽}와 유방^{劉邦}의 두 세력으로 결집되는데, 항우와 유방은 〈격몽요결〉 4강에서 봤던 홍구^{鴻溝} 휴전으로 천하를 분할하는 듯했으나 유방이 이를 깨고 항우를 공격해 최후의 승리를 차지했다. 漢 제국이 열린 것이다.

漢은 문경치지^{文景之治}로 지칭되는 문제^{文帝}·경제^{景帝}의 내치^{內治}와 무제^{武帝}의 외정^{外征}으로 강력한 제국을 건설했으나, 이후 왕권이 미약해지고 외척이 정권을 농단해 외척인 왕망^{王莽}의 新나라로 대체됐다. 그러나 왕망 정권은 주변국 통제에 실패하고 흉년이 계속돼 다시 농민 반란으로 금세 무너졌다. 반란 세력은 결국 경제^{景帝}의 후손인 유수^{劉秀}에 의해 통합돼 後漢이 건국되고 유수는 광무제^{光武帝}가 됐다.

後漢도 명제^{明帝}·장제^{章帝}까지는 국정이 정상적으로 운영됐으나, 이후 어리고 방계 출신인 황제가 잇달아 들어서서 외척의 폐해가 다시 나타났다. 이는 귀족들의 농민 수탈로 이어져 황건난^{黃巾亂} 등 농민 반란이 일어났다. 중앙정권이 무력화되자 지방의 군벌이 할거하는 시기가 이어졌고, 이런 군벌들 가운데 조조^{曹操}가 중원을 장악하고 後漢 정권을 손아

　귀에 넣었다. 결국 조조의 아들 조비^{曹丕}가 後漢으로부터 양위를 받는 형식으로 魏를 건국하고, 장강^{長江} 이남에는 손권^{孫權}이 吳를, 서부 내륙에는 경제^{景帝}의 후손이라는 유비^{劉備}가 漢의 부흥을 내걸어서 三國시대를 열었다.

　三國은 蜀漢^{촉한}이 먼저 魏에 통합됐고, 魏는 조조를 보좌했던 사마의^{司馬懿}의 손자 사마염^{司馬炎}에 의해 멸망하고 晉이 들어섰으며, 吳마저 사마염의 晉에 통합됐다. 晉은 본문에 歷年이 100여 년이라고 했지만 사실은 50여 년에 불과했고(265~317), 흉노 류연^{劉淵}이 세운 漢(나중의 前趙)에 멸망했다. 이를 기점으로 중원 지역은 서북방 이민족인 흉노^{匈奴}·선비^{鮮卑}·저^氐·갈^羯·강^羌 등 이른바 五胡^{오호}의 쟁패 무대가 됐고, 강남 지역은 사마의의 증손인 사마예^{司馬睿}가 東晉을 세워 두 지역으로 분리됐다. 중원은 439년 北魏가 통일을 이루고 강남은 이에 앞서 420년 류유^{劉裕}가 東晉으로부터 선위를 받아 宋을 건국함으로써 남북조 시대를 열었다.

[東漢부터 隋까지 중국 통일과 분열의 시대]

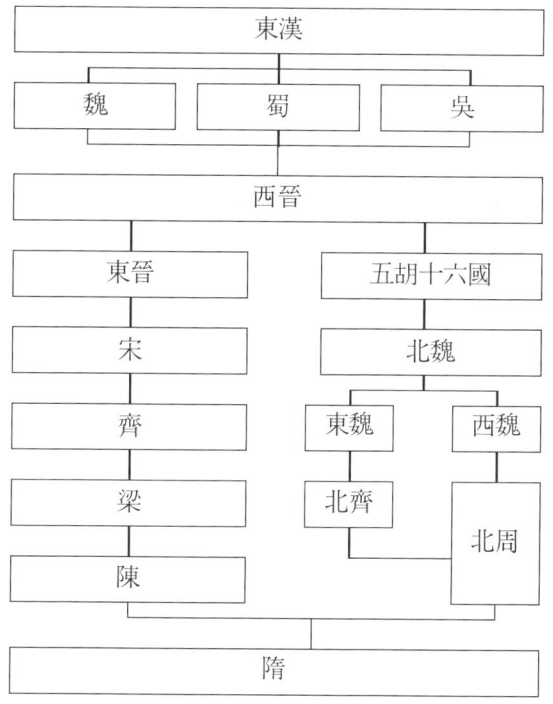

 남·북 두 줄기의 정권은 589년 陳을 멸망시킨 隋(수)에 의해 다시 통합된다. 이에 앞서 隋는 北周로부터 중원 지역을 물려받았고, 北周는 北齊를 통합해 소통합을 이룬 바 있었다. 남조(南朝)는 宋·齊·梁·陳으로 이어지면서 영토를 조금씩 북조(北朝)(北魏·西魏·東魏·北齊·北周)에 빼앗기고 있었다.
 秦과 晉에 이어 세 번째로 중국을 통일한 隋는 秦·晉과 마찬가지로 단명(知命)했다. 그리고 隋로부터 바통을 넘겨받은 唐은 秦의 뒤를 이은 漢과 마찬가지로 강대한 제국을 이루었다. 唐 말기의 황소(黃巢)의 난 이

후 전국은 唐의 '롤 모델'이었던 漢 말기처럼 군벌의 할거 상태로 돌아갔고, 唐은 결국 907년 後梁^{후양}의 주전충^{朱全忠}에게 멸망당한다. 이로부터 중원 지역은 본문에 나오는 後梁~後周의 五代가 잇달아 들어서고, 960년에는 조광윤^{趙匡胤}의 宋이 접수한다. 한편 남부와 서부 내륙에는 吳越·閩^민·吳/南唐·南漢·楚·荊南^{형남}·前蜀/後蜀이 자리 잡았다. 이 아홉 나라와, 後周에서 宋 초기에 걸쳐 북쪽 태원^{太原} 부근에 자리 잡았던 北漢을 합쳐 十國으로 부른다. 중앙정권인 五代와 지방 할거 정권인 十國이 명멸한 이 시대를 五代十國 시대라고 부른다. 五代는 평균 수명이 10년 남짓이어서 본문에 이를 朝得暮失로 표현했고, 十國도 평균 수명 40년 남짓이었다.

본문 단어 가운데 封建은 封土建國^{봉토건국} 또는 封邦建國^{봉방건국}을 줄인 말이다. '땅을 봉해 나라를 세우게 한다'는 뜻으로, 중앙의 天子가 영지를 떼어 諸侯에게 주고 나라를 세우게 한다는 것이다. 앞 강에서 봤던 周나라와 10여 제후국^{諸侯國}의 관계를 떠올리면 되겠다. 진시황은 周나라의 봉건 시스템을 없애고 황제 직할의 36郡으로 대체했으며 郡 밑에 하부 행정 단위로 縣을 두었다.

 한문은 리드미컬한 구성을 위해 운을 맞추는 경우가 많은데, 이때 문장성분이 생략되기도 하니 해석에 주의하자.

① 及秦始皇, 呑二周滅六國, 廢封建爲郡·縣, 焚詩·書坑儒生, 二世而亡.
② 漢高祖, 起布衣成帝業, 歷年四百.

①의 呑二周滅六國은 '(呑+二周)+(滅+六國)', 廢封建爲郡縣은 '(廢+封建)+(爲+郡縣)', 焚詩書坑儒生은 '(焚+詩書)+(坑+儒生)'이다. 모두 앞의 한 글자 부분이 서술어, 뒤의 두 글자 부분이 부가어인 구조다. 세 글자씩 아주 리드미컬하게 짜인 문장이다. 이런 식으로 문장을 만들면 읽기도 쉽고 문장을 이해하기도 쉽기 때문에 이런 식의 구성을 흔히 볼 수 있다.

②의 起布衣成帝業 역시 '(起+布衣)+(成+帝業)'의 구조다.

③ 在明帝時, 西域佛法始通中國, 惑世誣民.
④ 蜀漢·吳·魏三國鼎峙, 而諸葛亮仗義扶漢, 病卒軍中.
⑤ 晉有天下, 歷年百餘.
⑥ 五胡亂華, 宋·齊·梁·陳, 南北分裂; 隋能混一, 歷年三十.
⑦ 唐高祖·太宗, 乘隋室亂, 化家爲國, 歷年三百.
⑧ 後梁·後唐·後晉·後漢·後周, 是爲五季; 朝得暮失, 大亂極矣.

이번에는 네 박자다. 일부 어쩔 수 없는 부분을 제외하고는 대부분 네 글자씩 떨어진다. 박자에 치중하다 보니 ④의 病卒(於)軍中처럼 문장 요소도 웬만한 건 생략하기도 한다.

⑥의 경우는 더욱 황당하다. 세미콜론 앞부분은 중국이 중원과 강남으로 분열된 시기의 상황을 말하고 있는데, 중원 지역의 상황인 五胡亂華^{오호란화}는 그런 대로 문장 꼴을 갖췄으나 강남 지역 상황인 宋齊梁陳^{송제양진}은 나라 이름만 죽 나열돼 문장을 이루지 못하고 있다. 南北分裂^{남북분열}도 앞 두 구의 내용을 이어받는 것이지만 설명이 불완전하다. 역사에 대한 사전 지식이 없으면 이런 문장에 맞닥뜨렸을 때 한문의 '문리^{文理}'

만 가지고는 해석이 불가능하다.

    문장 구성은 ③의 경우 '주어부(西域佛法)+서술어부(始通中國+惑世誣民)' 식으로 서술부가 두세 개 병렬돼 있다. ⑦은 乘隋室亂·化家爲國·歷年三百의 세 서술부가 같은 자격으로 병렬돼 있다.

    ⑧의 五季의 季는 '시대'라는 뜻으로, 五季는 五代다.

제12강 童蒙先習/中國史 (4)

송에서 명까지

宋太祖立國之初, 五星聚奎, 濂·洛·關·閩諸賢輩出. 若周敦頤·程顥·程頤·司馬光·張載·邵雍·朱熹相繼而起, 以闡明斯道, 爲己任, 身且不得見容. 而朱子集諸家說, 註四書五經, 其有功於學者, 大矣. 然而, 國勢不競, 歷年三百, 契丹·蒙古·遼·金迭爲侵軼. 而及其垂亡, 文天祥竭忠報宋, 竟死燕獄, 胡元滅宋, 混一區宇, 綿歷百年, 夷狄之盛, 未有若此者也. 天厭穢德, 大明中天, 聖繼神承, 於千萬年.

송 태조가 나라를 세운 초기에 오성이 규성에 모여 염·락·관·민의 여러 현인이 배출되었다. 주돈이·정호·정이·사마광·장재·소옹·주희가 잇달아 나와 이 도를 천명하는 것을 자기 책무로 삼았으나 자기 자신조차 용납받지 못했다. 그러나 주자가 여러 사람의 설을 모아 사서·오경을 주해했으니, 그가 학문에 끼친 공로가 크다. 하지만 국세가 강하지 못해 삼백 년을 지내는 동안 거란·몽고·요·금이 차례로 쳐들어왔고, 망하기 직전에 문천상이 충성을 다해 송나라에 보답하다가 결국 대도(북경)의 옥에서 죽었다. 이민족인 원나라가 송나라를 멸망시키고 세상을 통일해 백 년을 지속하니, 이적의 강성함이 이와 같았던 적이 없었다. 하늘이 악덕을 싫어해 위대한 명나라가 나타나니, 대대로 왕위를 이어 천만 년을 갈 것이다.

【기본 단어】

立國 입국, D   諸賢 제현, C   輩出 배출, C   相繼 상계, C   闡明 천명, C   斯道 사도, C   己任 기임, C   見容 견용, D   諸家 제가, C
集說 집설, D   四書五經 사서오경, C   有功 유공, D   然而 연이, F   國勢 국세, C   侵軼 침질, C   垂亡 수망, C   竭忠 갈충, D
區宇 구우, B   綿歷 면력, B   夷狄 이적, B   未有 미유, F   若此 약차, F   穢德 예덕, C   中天 중천, C   聖繼神承 성계신승, C
千萬年 천만년, C

【연관 단어】

國初 국초, C   繼起 계기, C   容身 용신, D   集註 집주, C   大功 대공, C   竭忠報國 갈충보국, D   獄死 옥사, C   死滅 사멸, C
聖神 성신, C   繼承 계승, B

B는 병렬자, C는 주종자, D는 술보자, F는 기타

宋의 흥망성쇠와 北宋 6선생 朱熹·周敦頤·程顥·程頤·司馬光·張載·邵雍 이야기.

濂洛關閩^{염락관민}은 아예 숙어처럼 쓰이고 있다. 濂은 周敦頤^{주돈이}다. 그가 염계^{濂溪}에 살았고 염계 선생^{濂溪先生}으로 불렸기 때문이다. 洛은 周敦頤의 제자인 程顥^{정호}·程頤^{정이} 형제다. 그들은 낙양^{洛陽}에 살았기 때문에 그들의 학문을 낙학^{洛學}이라고 한다. 關은 張載^{장재}다. 횡거 선생^{橫渠先生}으로 불린 그는 관중^{關中}에 살았고, 그의 학문은 관학^{關學}이라 한다. 閩은 朱熹^{주희}다. 일찍이 복건성^{福建省} 고정^{考亭}에서 강학^{講學}을 했는데, 복건의 별칭이 閩이다. 朱熹의 학문을 閩學이라 하고 그를 고정 선생^{考亭先生}으로 부르기도 한다.

본문에서 朱熹와 함께 나열된 周敦頤·程顥·程頤·司馬光·張載·邵雍^{소옹} 등 여섯 명은 朱熹가 '北宋 6선생'으로 꼽은 인물들이고, 이들 가운데 司馬光을 제외하면 北宋五子로 불린다. 모두 11세기 인물로 12세기 인물인 朱熹보다 한 세기 정도 선배들인데, 이들이 송대 이학^{理學}의 바탕을 쌓았고 朱熹가 이를 집대성했다. 본문의 五星聚奎^{오성취규}는 五星이 한 줄로 늘어서는 현상으로, 문운^{文運} 융성의 상징이라고 한다.

宋나라는 앞 강에서 잠깐 언급한 대로 조광윤이 후주^{後周}를 접수한 중원 정권이었다. 그러나 남부의 할거 정권들이 앞서거니 뒤서거니 멸망해 자연스레 '통일'을 이루었고, 마지막으로 산서^{山西} 지역(지금의 산시성)의 북한^{北漢}마저 멸망시켜 북쪽의 거란^{契丹} 및 서하^{西夏}와 대치했다.

이후 거란의 요^遼나라 치하에 있다가 세력을 일으킨 여진족^{女眞族}의 금^金나라가 요^遼를 밀어내고 북방을 차지한 뒤 송나라 동경^{東京}(개봉^{開封})에 쳐들어와 1127년 황제 흠종^{欽宗}과 태상황^{太上皇}으로 물러나 있던 휘종^徽

宗을 잡아감으로써 송을 멸망시켰다. 이것이 정강靖康의 난難이다. 정강은 흠종의 연호인데, '편안하다'라는 의미를 가진 두 글자를 붙여 연호로 썼던 시절에 이런 대환란이 일어났으니 아이러니하다. 휘종과 흠종은 금나라에 끌려가 각기 혼덕공昏德公·중혼후重昏候로 봉해지는 수모를 당했다. 정치를 잘못했다며 '어둡다'는 昏 자를 붙여 조롱한 것이다.

다행히 휘종의 동생 하나가 강남江南으로 도망쳐 임안臨安(항주杭州)에 남송南宋을 세우고 황실을 복원했다. 그가 고종高宗이다. 이는 중원을 중심으로 강남江南을 통합했던 진晉이 멸망하자 황실의 다른 이가 강남을 차지하고 동진東晉을 건국했던 일의 반복이었다. 다만 나라 이름은 서진(전국)-동진(강남)의 패턴을 따르지 않고 북송(전국)-남송(강남)이었다. 장강長江은 하류에서 동북으로 비스듬히 흐르는데, 이를 좁게 보면 그 동남쪽을 강동江東으로 표현하게 되고 크게 보면 장강의 남쪽이니 강남江南이 되는 것이어서 강동=강남이다. 덧붙여 장강을 보통 양자강揚子江이라 하는데, 양자강은 남경南京부터 바다에 이르는 강까지만 가리키는 말을 서양인들이 전체로 잘못 확대한 것이다. 우리의 금강錦江을 백마강白馬江으로 부르는 것이나 같으니, 잘못이다.

본문의 歷年三百역년삼백은 남송까지 포함한 기간(960~1279)이다.

중원을 차지한 금나라는 곧 새로운 세력인 몽골蒙古에 밀려난다. 몽골은 쿠빌라이 시대에 중국과 몽골 지역을 중심으로 원元나라로 발전하고, 중앙아시아·서아시아·유럽의 정복지에는 몇 개의 한국汗國(Khanate)이 들어서 원을 맹주로 하는 '연합 제국'을 이루게 된다. 남송 역시 곧 원의 판도에 들어가게 되며, 문천상文天祥은 남송 멸망기에 항복을 거부한 한족漢族의 '영웅'이다. 북송 멸망기의 비슷한 인물은 악비岳飛였고, 그 반대편의 주화파主和派는 진회秦檜였다.

원나라는 말기에 다시 백련교도와 홍건적의 난 등 반란의 늪에 빠졌고, 주원장朱元璋이 강남 지역에서 세력을 넓혀 명明을 건국하고 원나라를 북쪽으로 밀어냈다. 본문에는 명 다음의 청淸이 나오지 않는데,《童蒙先習》은 명이 망하기 전에 나온 책이기 때문이다.

　본문 단어 가운데 斯道는 '이 도'라는 뜻으로, 유학자들이 자기네 학문을 일컫는 말이다. 비슷한 말로 斯文이 있는데, 이는 유교적인 체제 내지 문화를 가리킨다. 이 말은 중국에서는 문화나 문인·학자 같은 뜻으로 옮겨져 쓰이고, 심지어 '우아하다'는 뜻까지 지니고 있다. 우리에게는 斯文亂賊사문난적 같은 험악한 말로 더 낯익다.

　夷狄은 중국에서 변방 민족을 가리키는 말이다. 옛날 중국 사람들은 자기네를 화하華夏라 하고 사방의 주변 민족을 멸시해서 동이東夷·서융西戎·남만南蠻·북적北狄이라 불렀다. 방위에 따라 다른 이름을 붙인 것인데, 蠻만·狄적은 벌레나 짐승을 나타내는 글자여서 멸시의 의도를 드러낸다. 그러나 夷이·戎융은 조금 다르다. 戎은 무기와 관련된 글자로, 전쟁을 암시한다. 夷는 大와 弓을 합친 글자여서 활 잘 쏘는 민족인 우리 민족을 나타내는 글자라고 설명하는 사람들도 있지만, 어느 정도나 믿어야 할지는 모르겠다. 아무튼 이 가운데 두 글자씩 따다가 夷狄·蠻夷 등으로 이민족의 통칭으로 썼다. 이 글자들에 '오랑캐'나 '되' 같은 훈訓을 붙이기도 하는데, 우리 자신(조상들이지만)이 지칭 대상일지 모를 글자들에 이런 멸시하는 훈을 붙이고 배운다는 게 씁쓸할 뿐이다.

　穢德의 穢는 '더럽다'는 뜻이어서 穢德은 '더러운 행실'을 의미한다. 惡德과 비슷한 말이다. 燕巖연암 朴趾源박지원의 한문소설 가운데《穢德先生傳예덕선생전》이 있는데, 분뇨 치기를 업으로 하는 사람에게 穢德先生예덕

^{선생}이라는 별호를 붙이고 있다. 일반적인 穢德의 용법은 부정적인 의미지만 연암은 생업으로만 더러운 것을 다룰 뿐, 실제 삶은 오히려 사대부들보다 낫다는 역설적인 의미로 썼다.

中天은 직역하면 '가운데 하늘'이지만, 해가 하늘의 중앙에 도달하는 남중^{南中}을 가리키기도 한다. 여기서 한 발 더 나아가 성세^{盛世}를 의미하기도 한다. 반면 垂亡은 垂가 '가깝다'는 뜻이어서 '멸망에 가까워지다'라는 뜻이다.

聖繼神承은 '聖이 繼하고 神이 承하다'로 풀 수 있는데, 聖=神, 繼=承이어서 동어반복인 셈이다. 따라서 '聖神이 繼承하다'라고 표현할 수도 있다. 聖神은 임금을 칭송하는 말이기 때문에, 聖繼神承은 대대로 임금 자리를 이어간다는 뜻이다.

且는 '~조차도'라는 뜻으로도 쓰인다.

① 宋太祖立國之初, 五星聚奎, 濂·洛·關·閩諸賢輩出.
② 胡元滅宋, 混一區宇, 綿歷百年.
③ 夷狄之盛, 未有若此者也.
④ 天厭穢德, 大明中天, 聖繼神承, 於千萬年.

네 글자 맞추기에 힘쓴 문장들이다. 본문 ①의 宋太祖와 ③의 부수적인 부분인 끄트머리 者也 정도가 예외다. 따라서 이런 문장들은 생략된 부분이 많기 때문에 문법을 들이대며 이해하기보다는 앞뒤 맥락들을 살피는 것이 중요하다.

④의 경우 앞 세 구절은 天과 大明과 聖/神이 각각 주어인 세 개의 별개 문장인 셈이고, 이 셋을 이어주는 문법적인 장치는 아무것도 없다. 표점조차 돼 있지 않으면 더욱 당황스러울 것이다. 내용과 그 맥락 파악은 그래서 중요하다. 마지막 於千萬年은 감탄사 於(오)와 千萬年을 붙여 네 글자를 맞추었는데, 명사구에 불과한 千萬年만으로는 도저히 문장이 되지 않는다. 결국 앞의 내용을 바탕으로 저자의 의도를 '추측'할 수밖에 없다.

⑤ 若周敦頤·程顥·程頤·司馬光·張載·邵雍·朱熹相繼而起, 以闡明斯道, 爲己任, 身且不得見容. ⑥ 而朱子集諸家說, 註四書五經, 其有功於學者, 大矣.

⑦ 然而, 國勢不競, 歷年三百, 契丹·蒙古·遼·金迭爲侵軼. ⑧ 而及其垂亡, 文天祥竭忠報宋, 竟死燕獄.

⑤, ⑥과 ⑦, ⑧은 모두 중간의 而 앞에서 문장을 끊었다. 이 부분에서 문장을 끊은 것은 앞뒤 문장들이 길기 때문이지 다른 이유는 없다. 우리말로 번역할 때는 우리말의 흐름에 맞추어 끊어도 되고 이어도 된다.

⑤의 '以闡明斯道 爲己任'은 '以~爲~'(~로써 ~를 삼다) 구문이다. 身且不得見容의 且^차는 '~조차도'라는 뜻. ⑦의 競^경=彊^강은 '굳세다'는 뜻으로 쓰였다.

제13강 童蒙先習/中國史 (5)
질서와 혼란, 흥과 망의 이유

嗚呼! 三綱五常之道, 與天地相終始. 三代以前, 聖帝明王‧賢相良佐, 相與講明之, 故, 治日常多, 亂日常少; 三代以後, 庸君暗主‧亂臣賊子, 相與敗壞之, 故, 亂日常多, 治日常少. 其所以世之治亂‧安危, 國之興廢‧存亡, 皆由於人倫之明‧不明如何耳; 可不察哉!

아아! 삼강오상의 도는 천지와 더불어 시작과 끝을 함께할 것이다. 삼대 이전에는 성제‧명왕과 현상‧양좌가 함께 그 도를 강명했기 때문에 질서 잡힌 시절이 늘 많고 어지러운 시절이 늘 적었는데, 삼대 이후에는 용군‧암주와 난신‧적자가 함께 그 도를 무너뜨렸기 때문에 어지러운 시절이 늘 많고 질서 잡힌 시절이 늘 적었다. 그 시대의 치란‧안위와 나라의 흥폐‧존망이 모두 인륜이 분명한지 아닌지에 달려 있을 따름이니, 살피지 않을 수 있겠는가?

【 기본 단어 】

嗚呼 오호, F   三綱五常 삼강오상, C   終始 종시, B*   聖帝明王 성제명왕, C   賢相良佐 현상양좌, C   講明 강명, C   治日 치일, C
亂日 난일, C   以後 이후, F   庸君暗主 용군암주, C   亂臣賊子 난신적자, C   敗壞 패괴, B   治亂安危 치란안위, B*
興廢存亡 흥폐존망, B*   不明 불명, F   如何 여하, F   不察 불찰, F

【 연관 단어 】

綱常 강상, B   聖明 성명, B   帝王 제왕, B   賢良 현량, B   多少 다소, B*   君主 군주, B   臣子 신자, B   治安 치안, B   危亂 위란, B
治世 치세, C   亂世 난세, C   興國 흥국, C   亡國 망국, D   興亡 흥망, D   存廢 존폐, B*   明倫 명륜, D

B는 병렬자, B*은 대우자, C는 주종자, D는 술보자, F는 기타

三代 이전의 聖帝明王은 堯·舜·禹·湯과 周 文王·武王, 賢相良佐는 伊尹·傅說과 周公·召公, 三代 이후의 庸君暗主로는 夏·商의 末王 桀·紂. 동양 고전에 자주 등장하니 기억해두자.

중국 역사 이야기를 늘어놓다가 갑자기 三綱五常을 이야기하는 건 왜일까? 마지막 문장의 결론을 끄집어내기 위해서다. 그 시대의 치란治亂·안위安危와 나라의 흥폐興廢·존망存亡이 모두 인륜人倫이 분명한지 아닌지에 달려 있다는 것이다. 중국 역사 가운데 하夏·상商·주周 三代 이전에는 임금과 신하가 모두 훌륭해서 윤리를 밝혔기 때문에 안정된 사회를 이루었는데, 그 이후에는 임금과 신하가 모두 못나서 윤리를 어지럽혔기 때문에 어지러운 사회였다는 얘기다. 일종의 퇴보 사관이다.

여기서 핵심 단어가 되는 것이 바로 明倫이다. '윤리를 밝히다'는 뜻인데, 이런 표현보다는 '윤리가 어떤 것인지 분명하게 드러내다'로 풀어보면 감이 더 잘 잡힌다. 성균관成均館에 명륜당明倫堂이라는 건물이 있는데, 최고 교육기관이었던 성균관에서의 교육 내용을 압축한 것이 明倫이다. 문묘文廟·서원書院·태학太學 등에 명륜당을 세우는 것은 중국에서부터 시작된 전통이 우리나라에도 들어온 것이다.

明倫이라는 말은 《孟子》〈滕文公등문공(上)〉에 연원이 있다.

設爲庠·序·學·校, 以教之. 庠者, 養也; 校者, 教也; 序者, 射也. 夏曰校, 殷曰序, 周曰庠, 學則三代共之; 皆所以明人倫也. 人倫明於上, 小民親於下.

상^{庠} · 서^{序} · 학^{學} · 교^{校}를 세워 아이들을 가르친다. 상이란 기르는 (養양) 것이고, 교란 가르치는(敎) 것이고, 서란 활쏘기(射사)다. 하나라에서는 교라 했고, 상나라에서는 서라 했고, 주나라에서는 상이라 했으며, 학은 삼대에 공통이었는데, 모두가 인륜을 밝히는 것이었다. 위에서 인륜이 분명하면 아래에서는 소민이 화목해진다.

여기서 하 · 상 · 주에서 각기 다르게 불렀다는 교^{校} · 서^{序} · 상^{庠}은 향학^{鄕學} 즉 지방의 학교이고, 같은 이름인 학^{學}으로 불렀다는 것은 중앙의 학교인 국학^{國學}이다. 이들 학교의 목표가 바로 윤리를 밝히는 明倫이라는 것이다.

본문에서는 三代 이전과 그 이후를 善과 惡으로 극명하게 대비시킨다. 三代를 이상시하는 것이 동양 고전들에 나타나는 기본 인식이다. 임금과 관료들도 三代 이전은 聖帝明王과 賢相良佐, 三代 이후는 庸君暗主와 亂臣賊子로 규정돼 있다.

三代 이전의 聖帝明王으로는 요^{堯} · 순^{舜} · 우^{禹} · 탕^{湯}과 주^{周} 문왕^{文王} · 무왕^{武王}, 賢相良佐는 앞에서 나왔듯이 이윤^{伊尹} · 부열^{傅說}과 주공^{周公} · 소공^{召公}, 三代 이후의 庸君暗主로는 하^{夏} · 상^{商}의 말왕^{末王} 걸^{桀} · 주^{紂}로 고정되어 있다. 이 이름들은 동양 고전에 자주 나오기 때문에 꼭 알아두어야 한다. 사실 요 · 순 · 우 등은 다른 데서는 나오지 않고 옛 임금의 이름으로만 나오는데도 이미 웬만한 사람들은 알고 있을 것이다. 걸 · 주도 그에 버금가니 이 기회에 익혀두자.

본문 단어들 가운데 治와 亂은 대립 개념이다. 우리말로 각각 '다스리다'와 '어지럽다'여서 품사부터가 동사와 형용사로 다르고 따라서 대립 개념이라는 생각이 들지 않을 텐데, 한자에서는 이게 가능하다. 다시 한 번 말하지만, 한문에는 품사가 없기 때문이다. 治는 '다스리다'에서 '잘 다스려짐'이 되고 亂은 '어지러움'이니 대립 개념이 된다. 좀 더 간단하게는 治가 '질서', 亂이 '혼란'이다. 治世는 질서가 잡힌 시대고, 亂世는 혼란스런 시대다.

亂臣賊子는 '반란을 일으킨 신하와 도적이 된 자식'일까? 우선 子는 '아들'이 아니다. 亂臣賊子는 앞 강의 聖繼神承처럼 亂/賊이 짝을 이루고 臣/子가 짝을 이루는 구조다. '亂/賊하는 臣/子'다. 臣子라는 단어에서 子는 신하를 임금의 자식으로 여긴다는 뜻이 담겨 있으니 결국 臣과 같은 의미. 亂/賊도 비슷한 의미기는 하지만 군이 구별하자면 '어지럽힘'과 '해침'이다. 賊에서 '도적'이라는 제1의미만 떠올려서는 안 된다. '도적'은 '(재물 따위를) 훔치는 자'인 盜도와 '(생명 따위를) 해치는 자'인 賊적을 합친 말인데, 우리말에서는 盜賊이 盜와 거의 동의어로 쓰이고 있어 賊 부분이 날아간 셈이다. 그러나 한문에서 賊은 '반란군'이나 '상대편 군사' 등 생명에 위협이 되는 존재라는 뜻으로 많이 쓰인다. 요컨대 亂臣賊子는 '나라를 어지럽히고 해치는 臣子'라는 뜻이다.

庸君暗主나 聖帝明王·賢相良佐도 이런 구조로 이해해야 한다.

庸君의 庸은 '평범하다'는 뜻이었는데 '수준이 떨어지다'는 뜻이 돼 버렸다. 庸劣용렬 같은 경우다. 사실 庸劣은 본래 '보통(庸)'과 '수준 미달(劣)'을 합친 개념이어서 '보통 이하'라는 뜻이었을 텐데, 庸까지 劣과 싸잡아 매도되는 바람에 변변치 못한 것으로 변해버린 것이다. 그래서 庸은 暗과 짝을 이룰 수 있을 만큼 수준이 떨어졌다. 庸君暗主는 '자질이 부족하고 판단 능력이 없는 군주'라는 뜻이다. 庸의 의미가 변했다는 것은 庸君暗主라는 단어에서 바로 드러난다.

聖帝明王·賢相良佐는 각기 '聖/明한 帝/王'과 '賢/良한 相/佐'다.

相/佐는 모두 '돕다'라는 의미가 있어 '보좌관' 내지 '참모' 정도의 의미다. 영의정^{領議政}의 별칭인 領相^{영상}은 직역하자면 '참모장'인 셈이다.

 相與(서로 함께)는 與~相~(~와 더불어 서로 ~하다)으로 헤어져 쓰이기도 한다.

① 三綱五常之道, 與天地相終始.
② 三代以前, 聖帝明王·賢相良佐, 相與講明之, 故, 治日常多, 亂日常少.

본문 ②의 相與는 부사어로 '서로 함께' 정도의 의미겠다. ①에서는 두 글자가 헤어져 '與~相~' 형태를 이루어 '~와 더불어 서로 ~하다'로 쓰였다. ②의 '聖帝明王 · 賢相良佐, 相與講明之'를 ① 식으로 표현해 보면 '聖帝明王, 與賢相良佐, 相講明之'가 될 것이다.

③ 其所以世之治亂·安危, 國之興廢·存亡, 皆由於人倫之明·不明如何耳; 可不察哉!

세미콜론 앞은 '其所以A · B, 皆由於C耳'로 정리할 수 있겠다. 'A와 B의 所以는 모두 C로 말미암을 따름이다.' C에 해당하는 人倫之明不明如何는 '인륜이 분명한지 그렇지 않은지의 여부'다.

마지막 可不察哉는 '不察하는 것이 可하겠는가?'의 의미여서 감탄종결사인 哉가 반문의 느낌으로 쓰였다.

제14강 童蒙先習/韓國史 (1)
단군에서 삼한까지

東方初無君長. 有神人, 降于太白山檀木下, 國人立以爲君; 與堯並立, 國號朝鮮, 是爲檀君. 周武王封箕子于朝鮮, 教民禮儀, 設八條之教, 有仁賢之化. 燕人衛滿, 因盧綰亂, 亡命來, 誘逐箕準, 據王儉城. 至孫右渠, 漢武帝討滅之, 分其地, 置樂浪・臨屯・玄菟・眞蕃四郡. 昭帝以平那・玄菟, 爲平州; 臨屯・樂浪, 爲東府: 二都督府. 箕準避衛滿, 浮海而南, 居金馬郡, 是爲馬韓. 秦亡人避入韓, 韓割東界以與, 是爲辰韓. 弁韓則立國於韓地, 不知其始祖・年代. 是爲三韓.

동방에 처음에는 군장이 없었는데, 한 신인이 백두산 박달나무 아래로 내려오자 나라 사람들이 그를 임금으로 세웠다. 요임금과 같은 시기에 즉위해 국호를 조선이라 하니, 이분이 단군이다. 주 무왕이 기자를 조선에 봉하니, 백성에게 예의를 가르치고 8조의 법령을 만들어 인현의 교화를 펼쳤다.
연나라 사람 위만이 노관의 난으로 인해 망명해 와서 기준을 꾀어 축출하고 왕검성을 차지했다. 손자 우거에 이르러 한 무제가 이를 토멸하고 그 땅을 나누어 낙랑・임둔・현도・진번의 4군을 두었다. 소제 때 평나・현도로 평주도독부를, 임둔・낙랑으로 동부도독부를 삼아 두 도독부를 두었다. 기준은 위만을 피해 바다 건너 남쪽으로 가서 금마군에 자리 잡으니, 이것이 마한이다. 진나라 망명자들이 한으로 피해 들어오자 한이 동쪽 땅을 베어 주니, 이것이 진한이다. 변한은 한 땅에 나라를 세웠는데, 그 시조와 연대를 알 수 없다. 이것이 삼한이다.

【기본 단어】

君長 군장,B 神人 신인,C 檀木 단목,C 國人 국인,C 並立 병립,C 國號 국호,C 教民 교민,D 禮儀 예의,B
八條教 팔조교,C 仁賢 인현,C 燕人 연인,C 亡命 망명,D 討滅 토멸,C 四郡 사군,C 都督府 도독부,C 浮海 부해,D
亡人 망인,C 東界 동계,C 始祖 시조,C 年代 연대,B 三韓 삼한,C

【연관 단어】

降下 강하,C 國君 국군,C 人君 인군,C 立君 입군,D 教化 교화,C 分地 분지,D 割與 할여,C

B는 병렬자, C는 주종자, D는 술보자

《童蒙先習》의 몇 가지 내용 오류는 미리 알아두자.

우리나라의 역사가 단군으로부터 시작됐다는 얘기는 승려 一然^{일연}이 《三國遺事^{삼국유사}》(고려 충렬왕 7년, 1281)에 《魏書^{위서}》를 인용해 전한 것이다.

《위서》에는 이렇게 적혀 있다.
"지금부터 이천 년 전에 단군왕검이 있어서, 아사달에 도읍을 세우고 나라를 열어 조선이라 했으니, 요임금과 같은 시기였다."

여기서는 막연하게 '요임금과 같은 시기'라고 했는데, 《東國通鑑^{동국통감}》(조선 성종 15년, 1484)에는 구체적인 연도까지 나온다.

동방에 처음에는 군장이 없었는데, 한 신인이 백두산 박달나무 아래에 내려오자 나라 사람들이 그를 임금으로 세우니 이가 단군이다. 나라 이름을 조선이라 했고, 이때가 요임금이 재위하던 무진년이었다. (…) 이제 살펴보니, 요임금의 즉위는 상원갑자 갑진년이고 단군이 즉위한 것은 그 뒤 25년째인 무진년이니, '요임금과 함께 즉위했다'는 말은 잘못이다.

앞부분은 《童蒙先習》과 거의 비슷한 문장인데, '戊辰年'이라는 연도를 추가 정보로 제시하고 있다. 이 '戊辰年'이 바로 서기전 2333년이다. 우리의 단기 연호는 이 연도가 기준이었다. 이 연도는 《東國通鑑》에 앞서 《帝王韻紀^{제왕운기}》(고려 충렬왕 때 이승휴^{李承休}가 쓴 역사책)에 '요임금과 나란히 戊辰年에 즉위해, 순임금과 하나라에 이르도록 왕위에 계셨네'라는 구절로 등장한다. '戊辰年'으로 박힌 옛 기록이 있었다는 얘기다. 그러나 앞 《東國通鑑》의 뒷부분에서는 다른 근거를 들어 요임금의 즉위가 그보다 24년 전(인용문에서는 '햇수로' 25년)인 서기전 2357년이라며 '같은 시기'가 아니라고 설명하고 있다.

어떻든 우리의 단기 연호는 요임금의 즉위년과 연동되는 셈인데, 요임금의 즉위년 자체가 '믿거나 말거나'인 데다가 이설異說도 있으니 단기 연도는 그저 막연한 설정일 뿐이다. 다만 '요임금과 같은 시기'라는 것은 이전에는 우리 역사의 시작을 끌어올리기 위한 과장 정도로 봤지만, 황하문명黃夏文明에 앞선 요하문명遼河文明의 실체가 드러남에 따라 충분히 현실성이 있는 것으로 생각할 수 있게 됐다. 아울러 요하문명과 이 與堯同時여요동시라는 기록을 연결시키면 '만주 고조선'의 근거도 마련된다.

檀君단군 다음에 등장하는 箕子기자 역시 실체가 불분명한 설화 속의 인물이며, 그다음의 衛滿위만에 이르러서야 비로소 역사 인물로 평가된다. 연나라 출신의 衛滿은 망명객으로 고조선에 들어와 세력을 키운 뒤 準준이라는 이름의 왕을 쫓아내고 스스로 왕위에 올랐다. 準은 본문에 箕準기준으로 나오는데, 箕子朝鮮기자조선의 실존을 믿었던 조선시대 학자들이 그를 箕子의 40대손이라 해서 箕準으로 불렀지만 이후 箕子朝鮮에 대해 의문이 확산되면서 그냥 準王으로 불리고 있다.

衛滿은 손자 우거右渠까지 3대에 걸쳐 왕위를 유지한 것으로 전해지는데, 衛滿이 말 그대로 연나라 사람이라는 설과 연나라에 거주하던 조선계라는 설이 대립한다. 또 衛滿이 차지한 나라에 대해서도 고조선 중앙정권이라는 설과 고조선 서쪽 변경의 한 부속국이라는 설이 있다. 따라서 삼국시대 이전 시기를 檀君朝鮮-箕子朝鮮-衛滿朝鮮의 흐름으로 정리하던 과거의 시각은 곳곳에서 도전을 받아 유지하기가 어려워졌다.

漢四郡^{한사군}의 변화를 이야기한 본문의 昭帝~二都督府 부분은《童蒙先習》의 오류가 들어 있어 언급해둘 필요가 있다. 눈에 걸리는 곳은 뒷부분의 東府와 都督府다. 東府는 東部의 오류고, 都督府는 이 시대에 나올 수 없는 후대의 명칭이다.

이 부분의 연원은《三國遺事》의 다음 구절인 듯하다.

> 《한서》소제^{昭帝} 시원 5년(기해^{己亥}) 기사의 '두 외부를 두었다(置二外府)'는 말은 조선의 옛 땅 평나와 현도군 등을 평주도독부로 삼고 임둔·낙랑 등 두 군^郡 지역에 동부도위부를 두었다는 것을 말함이다.

그러고는 주석으로 4군 가운데 眞番^{진번}이 없고 平那^{평나}가 나오니 같은 지역을 두 이름으로 부른 것이리라는 추측을 달았다. 평나는 진번의 다른 이름이라는 것이다.

눈에 걸린다고 했던 부분은《三國遺事》에는 東部都尉府^{동부도위부}라고 돼 있다. 東府는 東部를 잘못 옮겨 쓴 것이고, 都督府는 都尉府라고 돼 있지만 앞에는 平州都督府^{평주도독부}가 있어 일치하지 않는다. 어떻든 二都督府로 뭉뚱그릴 수는 없다.

이 문제는 후대 安鼎福^{안정복}의《東史綱目^{동사강목}》(조선 영조~정조 2년(1778))에서 검토되고 있다.

또 살펴보건대,《한서》에는 '이부를 두었다(置二府)'는 기사가 없고, 《후한서》소제 시원 5년 기사에 "단대령 이동^{以東}의 옥저·예맥은 모두 낙랑에 속했는데, 뒤에 땅이 멀어 영동 칠현을 나누어 낙랑동부도위를 두었다"고 했으니, 이에 따르자면 낙랑을 둘로 나눈 것이지 두 부府를 세운 적은 없다. 다만 《삼국유사》에 "(…)"라고 했으니 이는 무엇을 근거로 했는지 알 수 없다.

생략 부분은 앞 《三國遺事》의 인용으로, 표현에 약간의 차이가 있다. 《東史綱目》은 이어서 《東國通鑑》이 근거가 모호한 《三國遺事》를 무비판적으로 답습하고 東部都尉도 東部都督으로 고쳤으며, 都督은 후대의 명칭이라고 했다. 《童蒙先習》의 착오는 《東國通鑑》에서 비롯된 셈이다. 요컨대 4郡을 2都督府로 재편했다는 얘기는 지금의 통설과 다른 와전이다.

덧붙이자면 《東史綱目》의 《後漢書》 얘기도 오류가 있는데, 《後漢書》에 전한前漢의 소제昭帝가 나올 수 없고 인용된 내용은 《漢書》〈東夷列傳〉에 나온다.

亡은 본래 無와 같이 '없다'는 뜻이 있어서 亡命은 '이름을 없애다'는 의미이다.

본문 단어 가운데 浮海는 '바다에 뜨다'지만 '배를 타고 바다를 건너다'라는 의미가 함축돼 있다. 乘桴浮海승부부해(뗏목을 타고 바다를 건너다)의 준말로 볼 수 있는데, 이 말은 《論語》〈公冶長〉에서 유래한다.

子曰 : "道不行, 乘桴浮于海. 從我者其由與?" 子路聞之, 喜. 子曰:

"由也好勇過我, 無所取材."

공자가 말했다.
"내 포부를 펼칠 수 없으면 뗏목을 타고 바다를 건너가야지. 나를 따를 자는 중유겠지?"
자로(중유)가 이를 듣고 기뻐하자, 공자가 말했다.
"중유는 용맹함이 나를 능가하지만 취할 재주는 없다."

亡命은 우리가 잘 알고 있는 단어지만, 한자를 보면 오히려 의문이 생긴다. '서술어+부가어' 구조로 '命을 亡하다'인데, 命은 뭐고 亡은 뭘까? 우선 命에는 '이름'이라는 뜻이 있다. 名과 같다. 亡은 본래 '없다'는 뜻이어서 無와 같다. '亡'과 '無'는 본래 한 발음이 두 가지로 분화했다. 그래서 지금도 亡이 無의 대용으로 쓰였음이 분명한 경우에는 '無'로 읽는다. 그러니 亡命은 '이름을 없애다'는 뜻이고, 이는 자신이 적을 두었던 나라에서 외국으로 도망쳐 호적에서 이름을 지운다는 말이다. 물론 실제 지우는 행동을 도망자 자신이 할 수는 없지만, 사람이 없는데 본국에선들 이름을 지우지 않으면 별수 있겠는가? 도망자의 이름을 지우지 않고 집안사람들이나 이웃에게 세금을 대신 물렸던 조선시대의 족징族徵이나 인징隣徵도 있긴 했지만 말이다.

> **핵심 98** 有가 '있다'가 아니라 '어떤'의 의미로 쓰일 때도 있고, 南이 '남쪽'이 아니라 '남쪽으로 가다'라는 의미로 쓰일 때도 있다.

① 東方初無君長. ② 有神人, 降于太白山檀木下, 國人立以爲君; 與堯竝立, 國號朝鮮, 是爲檀君.

상대어가 문장을 이해하는 데 힌트가 된다고 했는데, 표점이 없을 경우 ①의 無君長과 ②의 有神人이 잇달아 나오고 無-有가 상대어여서 이를 연결시켜보려는 생각이 들 수 있다. 그러나 여기서는 별개의 것이 우연히 연달아 나왔다. ②에서의 有는 '있다'의 동사가 아니라 '어떤' 정도의 의미다.

③ 周武王封箕子于朝鮮, 敎民禮儀, 設八條之敎, 有仁賢之化.
④ 燕人衛滿, 因盧綰亂, 亡命來, 誘逐箕準, 據王儉城.

④에서는 因盧綰亂^{인노관란}을 다음 구절에 걸리는 삽입구로 일단 제외하면, 亡命來(망명하다)/誘逐^{유축}(꾀어 축출하다)/據^거(차지하다)의 병렬된 세 서술어가 주어 衛滿에 걸리고 있다.

그러나 ③에서는 첫 구의 주어가 周武王인데, 이후 나열된 세 구의 주어를 周武王으로 보기는 어렵다. 내용상 주어는 箕子여야 하고, 그렇다면 엄밀하게는 敎民 앞에서 문장을 끊어야 한다.

⑤ 至孫右渠, 漢武帝討滅之, 分其地, 置樂浪·臨屯·玄菟·眞蕃四郡.

⑥ 昭帝以平那·玄菟, 爲平州; 臨屯·樂浪, 爲東府: 二都督府.

연속되는 두 문장인데, 해석에 문제가 있는 것은 ⑥이다. 세미콜론 뒷부분을 '臨屯樂浪, 爲東府二都督府'로 끊어 '臨屯과 樂浪을 東府의 二都督府로 삼았다'고 해석하는 경우가 많다. 문법상으로는 아무 문제가 없는 해석이다. 그러나 앞에서 설명했듯이 이 부분은 전승 과정에서의 착오도 있어 다루기가 까다로운데, 역시 문법보다는 내용(역사적 사실)과 맥락을 생각해야 한다.

우선 '臨屯과 樂浪을 東府의 二都督府로 삼았다'는 식으로 해석하는 것은 역사적 사실과 어긋난다. ⑥은 ⑤에서 말한 4郡의 변화인데, 4郡 가운데 살아남은 것은 玄菟와 樂浪이니 臨屯과 樂浪을 2都督府(都督府라는 명칭에는 착오가 있다 하더라도)로 병칭한 것은 맞지 않는다. 더구나 문장구조상 세미콜론 앞뒤의 '(以)A · B 爲C'는 'A와 B를 합쳐 C로 만들었다'로 보는 게 합리적인데, 뒷부분이 갑자기 '臨屯과 樂浪을 두 개의 都督府로 만들었다'가 되면 문법상으로는 문제가 없지만 문장의 흐름상 부자연스럽다. 더구나 역사적 사실과도 다르다면 해석을 달리 해야 한다. 앞에 나온 대로 표점한다면 平那(眞番)+玄菟=平州, 臨屯+樂浪=東府(東部)이고, 그 平州와 東部가 2都督府가 돼서 4郡 → 2都督府의 변화가 매끄럽게 정리된다.

⑦ 箕準避衛滿, 浮海而南, 居金馬郡, 是爲馬韓; 秦亡人避入韓, 韓割東界以與, 是爲辰韓; 弁韓則立國於韓地, 不知其始祖·年代: 是爲三韓.

三韓^(삼한)의 유래를 설명하는 부분이다. 馬韓 부분에서 南은 '남쪽으로 가다'를 뜻하는 동사로 쓰였다. 弁韓^(변한) 부분의 始祖年代는 '시조'와 '(건국) 연대'의 병렬로 볼 수도 있고 '시조의 연대'로 볼 수도 있지만, 내용상으로는 결국 같은 얘기가 된다. 건국 연대는 시조의 연대니까.

제15강 童蒙先習/韓國史 (2)
삼국에서 후백제까지

新羅始祖赫居世, 都辰韓地, 以朴爲姓; 高句麗始祖朱蒙, 至卒本, 自稱高辛之後, 因姓高; 百濟始祖溫祚, 都河南慰禮城, 以扶餘爲氏. 三國各保一隅, 互相侵伐. 其後, 唐高宗滅百濟·高句麗, 分其地, 置都督府, 以劉仁願·薛仁貴, 留鎭撫之. 百濟歷年, 六百七十八年; 高句麗, 七百五年. 新羅之末, 弓裔叛于北京, 國號泰封; 甄萱叛, 據完山, 自稱後百濟. 新羅亡, 朴·昔·金三姓相傳, 歷年九百九十二年.

신라 시조 혁거세는 진한 땅에 도읍해 성을 박으로 했고, 고구려 시조 주몽은 졸본에 이르러 자칭 고신씨의 후예라 해서 성을 고로 했으며, 백제 시조 온조는 하남위례성에 도읍하고 부여씨라 했다. 삼국이 각기 한 귀퉁이를 차지하고 서로 침략했다. 그 뒤 당 고종이 백제·고구려를 멸망시키고 그 땅을 나누어 도독부를 두고 유인원·설인귀로 하여금 머물러 진무하게 했다. 백제는 역년이 678년이고, 고구려는 705년이었다. 신라 말에 궁예가 북경(원주)에서 반란을 일으켜 국호를 태봉이라 하고, 견훤은 반란을 일으켜 완산을 점령하고 후백제라 자칭했다. 신라가 망하니, 박·석·김 세 성씨가 대대로 전해 역년이 992년이었다.

[기본 단어]

自稱 자칭, C   都城 도성, C   河南 하남, C   一隅 일우, C   互相 호상, B   侵伐 침벌, B   其後 기후, F   鎭撫 진부, B*   北京 북경, C
三姓 삼성, C   相傳 상전, C

[연관 단어]

姓氏 성씨, B   分地 분지, D   分置 분치, C   羅末 나말, C   滅亡 멸망, B

B는 병렬자, B*은 대우자, C는 주종자, D는 술보자, F는 기타

삼국^{三國}에서 後百濟^{후백제}에 이르는 역사다. 만주와 한반도 북부의 高句麗^{고구려}와 한반도 중·남부의 百濟^{백제}·新羅^{신라}가 각축을 벌인 시대를 삼국시대라고 하지만, 만주 북부의 부여^{夫餘}나 낙동강 서쪽의 가야^{加倻} 세력이 좀 더 오래 살아남았더라면 오국시대로 불렸을지도 모른다. 여기서는 부여와 가야, 그리고 옥저^{沃沮}나 예^濊 같은 세력들은 언급조차 되지 않는다.

더욱 섭섭한 것은 발해^{渤海}도 언급되지 않는 것이다. 삼국시대는 百濟·高句麗의 멸망과 新羅의 강역^{疆域} 확대, 그리고 高句麗 옛 땅에서의 발해의 건국 등이 연속적으로 일어나 사실상 삼국이 남북국으로 재편됐다고 할 수 있는데, 여기서는 잠시 설치됐던 당^唐나라의 도독부^{都督府}만 언급하고 발해는 도외시했다. 아직 발해에 대한 인식이 자라지 못한 시대에 쓰인 책이기 때문일 것이다.

본래 姓(모계)과 氏(부계)는 다른 것이었는데 후대에 뒤섞어 쓰였다.

삼국을 이야기하면서 공통적으로 姓氏 이야기가 나온다. 어떤 곳은 姓이라 했고 어떤 곳은 氏라 했다. 본래 姓과 氏는 다른 것이었는데 후대에 뒤섞어 쓰였고, 이 책에서도 뒤섞어 쓴 것이다.

姓은 女자가 들어간 글자에서 나타나는 것처럼 모계^{母系}를 나타낸다. 중국에서도 초기의 姓은 희^姬·강^姜·규^嬀·사^姒·영^嬴·길^姞·운^妘·요^姚 (이들을 상고^{上古} 8大姓이라 한다) 등 모두 女 자가 의미부로 들어간 글자들이었다. 반면 氏는 부계^{父系}를 나타냈다. 모계사회에서 부계사회로 넘

어간 일의 반영일 것이다. 氏를 가진 것은 귀족의 표지였다고 한다. 이것이 나중에 뒤섞이면서 부계를 姓氏나 姓으로 나타내게 됐다. 그런 전환이 일어난 시기는 진秦·한漢 시대, 어떤 이들은 더 구체적으로 사마천司馬遷부터였다고도 하고, 하夏·상商·주周 삼대三代의 어느 시기일 것이라고도 한다.

본문 단어 가운데 鎭撫가 좀 낯설다. 이 단어는 옛날 무관 이름으로도 쓰였는데, 鎭은 '누르다'이고 撫는 '어루만지다'는 뜻이어서 의미가 반대다. 군사적으로 정복한 뒤에 보살펴준다는 것이다. 鎭은 억누른다는 뜻의 鎭壓이라는 말에도 쓰이고, 붓글씨 쓸 때 종이를 고정시키는 書鎭 또는 文鎭이라는 말에도 쓰인다. 어떤 집단에서 영향력이 큰 인물을 가리키는 말인 重鎭은 본래 변방의 요새인 鎭 가운데 중요한 鎭을 가리키는 말이었다.

핵심 100 주어뿐만 아니라 다른 요소도 생략될 수 있기 때문에 주어 파악에 주의해야 한다.

① **新羅始祖赫居世, 都辰韓地, 以朴爲姓; 高句麗始祖朱蒙, 至卒本, 自稱高辛之後, 因姓高; 百濟始祖溫祚, 都河南慰禮城, 以扶餘爲氏.**
② **其後, 唐高宗滅百濟·高句麗, 分其地, 置都督府, 以劉仁願·薛仁貴, 留鎭撫之.**

본문 ①의 '以~ 爲~'는 '~을 ~로 삼다'라는 의미의 관용구다. ②에서는 爲 대신 다른 동사를 쓴 것이지만, 같은 구문이다. ②의 留鎭撫之

는 留鎭而撫之로 보아 留와 撫의 두 서술어가 병렬된 것으로 볼 수도 있고, 留而鎭撫之로 보아 留와 鎭撫의 두 서술어가 병렬된 것으로 볼 수도 있다.

①의 都는 '도읍하다'의 동사로 쓰였다.

③ 百濟歷年, 六百七十八年; 高句麗, 七百五年.
④ 新羅之末, 弓裔叛于北京, 國號泰封; 甄萱叛, 據完山, 自稱後百濟.
⑤ 新羅亡, 朴·昔·金三姓相傳, 歷年九百九十二年.

④의 뒤 절만 그런 대로 주어와 서술어가 잡힐 뿐, 나머지는 종잡기 어려운 부분이 많다.

우선 ③은 이렇게 표점이 되지 않은 상태에서라면 百濟/高句麗를 우선 주어로 지목하기 쉬우나, 서술어가 '~年'이기 때문에 歷年이 주어로 가야 한다. 뒤 절은 물론 高句麗歷年에서 歷年이 생략된 것이다.

④의 세미콜론 앞 절은 國號泰封 부분이 '주어(國號)+서술어(泰封)'여서 사실상 앞과 독립된 별개의 문장을 붙여놨다고 봐야겠다.

⑤는 세 개의 문장을 붙인 것이다. 두 번째 문장의 주어는 첫 번째 문장 주어와 다르고, 세 번째 문장 주어는 新羅歷年일 텐데 新羅가 앞에 나왔다는 이유로 생략됐다. 주어가 되는 대로 왔다 갔다 한 셈인데, 문맥을 가지고 파악하는 수밖에 없다.

제16강 童蒙先習/韓國史 (3)
고려와 조선

泰封諸將, 立王建爲王, 國號高麗. 剋剗群兇, 統合三韓, 移都松嶽. 至于季世, 恭愍無嗣, 僞主辛禑, 昏暴·自恣, 而王瑤不君, 遂至於亡, 歷年四百七十五年. 天命歸于眞主, 大明太祖高皇帝, 賜改國號曰朝鮮, 定鼎于漢陽. 聖子神孫, 繼繼繩繩, 重熙累洽, 式至于今, 實萬世無疆之休.

태봉 여러 장수들이 왕건을 세워 왕으로 추대하고 국호를 고려라 했다. 흉악한 무리를 제거하고 삼한을 통합해 송악으로 도읍을 옮겼다. 말기에 이르러 공민왕이 후사가 없었는데, 가짜 임금 신우가 포악하고 방자했으며 왕요(공양왕)가 임금 노릇을 못해 결국 멸망에 이르렀으니, 역사가 475년이었다.
천명이 참 임금에게 돌아가니, 대명 태조 고황제가 나라 이름을 조선이라 고쳐주었다. 한양에 도읍을 정하고 성자신손이 대대로 이어가며 군주의 덕이 거듭 빛나 현재에 이르렀으니, 실로 오랜 세월 끝없이 이어갈 아름다움이다.

【기본 단어】

諸將제장,C   剋剗극잔,B   群兇군흉,C   統合통합,C   移都이도,D   季世계세,C   無嗣무사,D   僞主위주,C   昏暴혼포,B
自恣자자,B   不君불군,D   天命천명,C   眞主진주,C   定鼎정정,D   聖子神孫성자신손,C   繼繼繩繩계계승승,A
重熙累洽중희누흡,D   萬世만세,C   無疆무강,D

【연관 단어】

熙洽희흡,B

A는 중첩자, B는 병렬자, C는 주종자, D는 술보자

우리 역사는 만주와 한반도가 무대였다. 일부에서는 고조선 때 이미 만주와 한반도 전체를 아우르는 통합 국가가 들어선 것으로 보고 있지만, 사학계 주류는 이를 인정하지 않고 있다. 만주와 한반도를 세 나라가 나누어 차지했던 삼국시대 단계가 되면 이런 근본적인 시각차는 없어지고, 후기신라와 발해로 재편된 남북국시대로 이어진다.

　남쪽 신라가 후삼국으로 분열했다가 高麗(고려)로 재통합하기 조금 전에 발해가 거란에게 멸망함으로써 우리 민족은 북쪽 만주를 잃어버렸다. 그래서 여기 나오는 고려와 조선은 우리 민족 반도 시대의 왕조들이다.

　고려는 후삼국 중 하나인 태봉(泰封)의 장수였던 왕건(王建)이 쿠데타를 일으켜 건국했고, 조선은 고려의 장수였던 이성계(李成桂)가 쿠데타를 일으켜 건국했다. 왕건은 태봉의 궁예를 쫓아낸 장수들의 추대로 곧바로 새 왕조를 건설한 데 반해, 이성계는 요동 정벌의 명을 받고 출정했다가 그 군사를 되돌려 국왕을 쫓아낸 위화도회군이라는 쿠데타를 일으켰지만 시간을 두고 세력을 키운 뒤 새 왕조를 세웠다. 본문에 나오는 '僞主辛禑(위주신우)'는 그 과정에서 나온 얘기인데, 설명이 조금 필요하다.

　僞主는 '가짜 임금'이란 말이고 辛禑는 우왕(禑王)을 가리킨다. 우왕을 가짜 임금이라고 한 것이다. 이성계 등 위화도회군 세력은 우왕을 쫓아내고 그 아들 창왕(昌王)을 왕위에 올렸다. 그러나 이성계 세력의 권력 굳히기가 여의치 않자 창왕마저 쫓아내고 왕실의 먼 친척인 공양왕(恭讓王)(본문에 王瑤(왕요)로 나오는)을 세웠다. 이때 이성계 세력이 내세운 명분이 廢假立眞(폐가입진)이었다. 가짜를 폐하고 진짜를 세운다는 뜻인데, 우왕이 공민왕의 아들이 아니고 신돈(辛旽)의 아들이라고 하며 가짜 왕씨인 우왕·창왕은 무자격자이니 폐하고 촌수는 멀지만 진짜 왕씨를 옹립해야 한다고 주장했다.

본문에 恭愍無嗣^{공민무사}(공민왕에게 후손이 없다)라고 한 것은 우왕을 그 아들로 인정하지 않는 이성계 세력의 논리가 조선시대에 통용됐기 때문이다. 마찬가지로, 우왕·창왕은 신돈의 자손이라는 논리로 신우^{辛禑}·신창^{辛昌}으로 불렸다. 우왕·창왕은 쫓겨나 살해됐기 때문에 시호도 없어, 이름인 우^禑·창^昌을 후대에 편의상 왕호^{王號}로 사용하고 있다.

고려와 조선은 모두 과거의 나라 이름을 '재활용'해 국호로 썼다.

고려는 삼국시대 고구려에서 가운데 글자인 '구' 자만 떼어내고 국호로 썼는데, 이는 고려에서 과거의 왕조와 구별하기 위하여 떼어낸 것이 아니라 고구려의 국호 자체가 고려와 병용됐었고 그 가운데 간단한 고려를 가져다 쓴 것이었다.

조선은 고대국가인 고조선에서 따왔다. 이성계는 즉위 후 고려의 국호를 그대로 쓰겠다고 했다가 얼마 뒤 새로운 국호를 정하기로 하고 명^明나라에 이름을 정해달라고 한다. 이때 보낸 후보가 朝鮮과 和寧^{화령}이었다. 화령은 이성계의 출생지로, 나중에 영원한 왕조의 발상지라는 의미를 담아 영흥^{永興}으로 개명한 곳이다. 명나라는 朝鮮을 선택하고 다음과 같은 황제의 말을 보내왔다.

> 동이의 국호는 조선이라는 이름이 아름답고 또 그 유래가 오래되었으니, 그 이름에 바탕을 두어 따를 것이며, 하늘을 본받아 백성을 다스려서 후사를 길이 번성하게 하라.

이때 이 이름을 받아 온 사람이 한명회^{韓明澮}의 할아버지 한상질^{韓尙質}이다. 한상질은 상으로 50결^結의 땅을 받았다.

그런데 古朝鮮은 지금 우리가 편의상 붙인 이름이고, 당시에는 당연히 그냥 '朝鮮'이었다. 그러니까 고대의 국가도 朝鮮이고 근세의 국가도 朝鮮인데, 둘을 구분하기 위해 고대국가를 古朝鮮으로 부르는 것이다. 사실 '저작권'을 따지자면 古朝鮮에 우선권이 있으니 고대국가를 그냥 '朝鮮'으로 부르고 근세국가는 '後朝鮮' 같은 구별 명칭을 써야 했는데, 주객이 전도된 셈이다.

 暴이 '사납다'일 때는 '포', '햇볕을 쬐다'일 때는 '폭'으로 읽지만 예외도 있다.

본문 단어 가운데 重熙累洽은 태평세월이 계속된다는 뜻으로, 班固^{반고}의 〈東都賦^{동도부}〉에 나오는 말이다.

至乎永平之際, 重熙而累洽, 盛三雍之上儀, 修衮龍之法服, 鋪鴻藻, 信景鑠, 揚世廟, 正予樂.

후한 명제 때에 이르러 태평세월이 이어져 삼옹궁^{三雍宮}에서 극진한 제사를 지내고 법복인 곤룡포를 장식했다. 명문장을 펼치고 훌륭함을 표현해 광무제의 사당을 빛내고 여악을 바르게 했다.

重熙累洽은 熙洽으로 줄이기도 하는데, 熙는 '밝다'고 洽은 '윤택하다'로 비슷한 의미이며 重은 '겹치다'고 累는 '이어지다'로 역시 비슷한 의미다. 따라서 重熙累洽은 '태평세월(熙/洽)이 계속된다(重/累)'는 뜻이 된다.

重熙累洽의 구조가 ABAB라면 昏暴自恣^{혼포자자}는 AABB다. 악정^{惡政}을 의미하는 昏과 暴가 한 세트고, 방탕을 의미하는 自와 恣가 다른 한 세트다. 여기서 暴는 '폭'이 아니라 '포'로 읽는다. 自暴自棄^{자포자기}의 경우와 같다. 暴는 橫暴^{횡포}처럼 '사납다'일 때는 '포'고 暴露^{폭로}처럼 '햇볕을 쬐다'일 때는 '폭'이라고 하지만, 앞의 경우도 '폭'으로 발음하는 경우가 있어 기준이 되지 못한다. 亂暴은 '난폭'이고 凶暴는 '흉포'다. 暴政도 본래는 '포정'이었지만 지금은 '폭정'으로 읽는다. 현대 중국어는 더욱 혼란스러워져서, 暴露의 暴도 '폭'에 해당하는 '푸'가 아니라 '포'에 해당하는 '바오'가 돼버렸다.

定鼎은 '鼎을 定하다'로 풀이되는 '서술어+부가어' 구조의 말이다. 鼎은 왕권을 상징하는 寶鼎^{보정}이며, 定鼎은 그 寶鼎의 위치를 고정했다는 것이니 수도를 정했다는 말이다. 조금 더 확장하면 왕조를 세웠다는 말이기도 하다. 왕권을 의미하는 鼎과 관련해서 問鼎輕重^{문정경중}이라는 고사가 있다. 《左傳》宣公^{선공} 3년 기사에 이런 구절이 있다.

> 초나라 장왕이 육혼의 융적을 토벌하고 낙읍에 이르러 주나라 땅에서 관병을 했다. 정왕이 왕손 만을 시켜 초나라 장왕을 위로하게 했더니, 장왕이 정^鼎의 대소와 경중을 물었다. 그래서 이렇게 대답했다.
> "(천자 자리에 오르는 것은) 덕에 달린 것이지 정이 있다고 되는 것이 아닙니다. 주나라의 덕이 비록 쇠했지만 천명이 아직 바뀌지 않았으니, 정의 경중은 물을 필요가 없습니다."

당시 주나라 정왕이 天子였고 초나라 장왕^{莊王}은 자기 멋대로 왕을 칭했을 뿐이지 공식적으로는 초자^{楚子} 즉 초^{楚}나라의 子라는 의미여서 4등급 자작^{子爵}에 불과한 제후였는데, 주나라 직할지에 군사를 끌고 들어와 관병^{觀兵}(군부대에 대한 열병식)을 했다. 그것도 모자라서 접대관에게 정의 규격을 물었다. 天子의 상징인 정을 하나 만들어서 스스로 天子가 되겠다는 얘기였다. 여기서 問鼎輕重은 '천하를 차지하려는 야심을 드러내다'는 뜻이 됐다.

핵심 102 休가 '쉬다'가 아니라 '기쁨', '복록'이라는 뜻으로 쓰일 때가 있다.

① 泰封諸將, 立王建爲王, 國號高麗. 剋剗群兇, 統合三韓, 移都松嶽.
② 至于季世, 恭愍無嗣, 僞主辛禑, 昏暴·自恣, 而王瑤不君, 遂至於亡, 歷年四百七十五年.
③ 聖子神孫, 繼繼繩繩, 重熙累洽, 式至于今, 實萬世無疆之休.

역시 4글자 맞추기의 흔적이 뚜렷한 문장들이다. 몇 부분을 제외하고는 네 글자로 맞춰져 있다.

본문 ②의 不君의 君은 '임금 노릇을 (제대로) 하다'는 동사로 쓰였다. ③의 繼繼繩繩은 繼繼承承^{계계승승}과 같은 말이며, 休는 '쉬다'라는 일반적인 의미가 아니라 '기쁨', '복록'이라는 뜻이다. 式至于今의 式은 以 정도의 의미다.

제17강 童蒙先習/韓國史 (4)
기자가 끼친 영향

於戲! 我國雖僻在海隅, 壤地褊小, 禮樂·法度, 衣冠·文物, 悉遵華制. 人倫明於上, 教化行於下, 風俗之美, 侔擬中華. 華人稱之曰小中華, 茲豈非箕子之遺化耶! 嗟! 爾小子, 宜其觀感而興起哉!

아아! 우리나라가 비록 바다 귀퉁이에 치우쳐 있고 땅도 좁지만 예악·법도와 의관·문물은 모두 중국 제도를 따라, 위로는 인륜이 분명하고 아래로는 교화가 이루어져 풍속의 아름다움이 중국과 비길 만하니 중국 사람들이 우리를 '소중화'라 부른다. 이 어찌 기자가 끼친 교화가 아니겠는가. 아아! 너희 아이들은 마땅히 보고 느껴 분발해야 할 것이다.

【기본 단어】

於戲 오호,F   我國 아국,C   海隅 해우,C   壤地 양지,B   褊 편소,B   衣冠 의관,B   文物 문물,B   華制 화제,C   教化 교화,C
風俗 풍속,B   侔擬 모의,B   中華 중화,C   華人 화인,C   小中華 소중화,C   豈非 기비,F   遺化 유화,C   小子 소자,C
觀感 관감,C   興起 흥기,B

【연관 단어】

美風 미풍,C

B는 병렬자, C는 주종자, F는 기타

사대부들의 상식이었던 기자동래설은 지금은 찬반이 나뉘지만 허구일 가능성이 높다.

앞에 나왔던 箕子는 상商의 마지막 왕 주紂의 폭정에 대해 바른말을 하다가 핍박을 받은 왕족이라고 한다(주紂의 숙부라고도 한다). 상의 왕성王姓이 子이고 그의 이름이 胥餘서여이니 子胥餘자서여라는 이름이 되지만, 箕(山西省산시성 太谷縣타이구현) 지역을 봉지封地로 받은 子爵位자작위의 인물이어서 箕子라 불렸다. 앞 강에서 고사를 이야기하면서 봤던 초자와 명목상으로는 같은 급이다.

앞에서는 주周 무왕이 상을 멸망시킨 뒤 그를 조선에 봉했다고 했지만, 이는 허구일 가능성이 높다. 이는 《史記》에 나오는 내용인데, 《尚書大典상서대전》에는 기자가 주나라 신하 되기를 거부하고 동쪽 조선으로 망명하자 무왕이 그를 조선에 봉했다고 조금 다른 이야기를 한다. 그러나 어떤 경우든 조선이 주나라의 힘이 미치는 곳이 아니었고 이후 箕子가 주나라 조정과 관계를 유지했다는 흔적도 없으니, 箕子를 조선에 봉했다는 얘기는 후대에 중화中華 의식이 생기면서 지어낸 설화일 듯하다.

이런 설화만 가지고는 箕子가 과연 조선으로 망명했는지도 확실히 알 수 없다. 망명해 조선으로 왔다고 하더라도 그가 조선을 접수해 세웠다는 기자조선이 실체가 있는 것인지, 기자조선이 실재했더라도 그것이 조선 전체를 접수한 것인지 그 한 귀퉁이를 차지한 것인지도 마찬가지다.

이 기자동래설箕子東來說은 유교적 세계관의 도입 이후 오히려 우리나라에서 확산됐다. 우리나라가 중국에 '버금'가는 문화국가라는 '小中華'의 논리로 동원된 것이었는데, 뒤집어보면 이는 식민사관의 효시라 할

만한 것이었다. 고려 말에 나온 《三國遺事》와 《帝王韻紀》에 기자조선이 단군조선의 계승자로 등장했고, 조선시대로 넘어와서 《朝鮮經國典조선경국전》의 국호 제정 경위에서 기자조선을 공식화한 이래 우리나라가 箕子의 교화를 통해 문화국가가 됐다는 이론은 사대부들의 상식이 됐다.

이후 근대에 들어서면서 기자동래설은 새로운 상식의 도전을 받았고, 지금은 찬贊·반反의 두 의견이 혼재해 있다.

고조선에 있었다는 범금팔조犯禁八條는 여러 가지 명칭으로 불리지만, 기자동래설 신봉자들에게는 '기자箕子 팔조교八條敎'로 불렸다. 《漢書》〈地理志〉에는 그 가운데 3조가 전해진다.

> 은나라의 정치가 어지러워지자 기자가 조선으로 가서 그 백성들에게 예의와 농잠農蠶을 가르쳤다. 낙랑조선 백성에게는 범금 8조가 있었다. 사람을 죽이면 즉시 사형으로 보상하고, 상해를 입히면 곡물로 변상하며, 도적질을 하면 그 집의 노비로 삼되 돈으로 변상하려면 한 사람당 오십만 냥을 낸다. 그러나 그렇게 노비 신세를 면하더라도 사람들은 이를 부끄럽게 여겨 혼인 상대가 되려 하지 않았다. 이에 따라 조선 사람들은 도둑질을 하지 않고 문을 닫아거는 법이 없었으며, 여자들은 정숙해서 음란에 빠지지 않았다.

본문 단어 가운데 於戲는 감탄사로, 전에 나왔던 嗚呼와 같다. 발음도 '어희'가 아니라 嗚呼와 같이 '오호'다.

핵심 104 耶와 哉는 감탄문을 만드는 종결사, 豈非는 '어찌 ~ 이 아니겠는가'라는 뜻으로 알아두자.

① **我國雖僻在海隅, 壤地褊小, 禮樂·法度, 衣冠·文物, 悉遵華制.**
② **人倫明於上, 敎化行於下, 風俗之美, 侔擬中華.**

본문 ①, ② 둘 다 접속사 하나를 추가하면 이해가 쉬운 문장들이다. ①의 경우 禮樂 앞에 而 정도를, ②는 風俗 앞에 故를 넣어보면 풀이가 순조롭다. ①의 而는 앞의 雖와 호응한다.

③ **華人稱之曰小中華, 玆豈非箕子之遺化耶!**
④ **爾小子, 宜其觀感而興起哉!**

③의 耶^아와 ④의 哉는 모두 감탄문을 만드는 종결사다. 耶는 반문의 어감을 포함하고 있다.

③에서 稱之의 之는 대명사로, 우리나라를 가리킨다. 豈非는 '어찌 ~이 아니겠는가'라는 뜻.

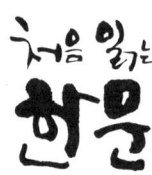

ⓒ 이재황, 2015

초판 1쇄 발행 2015년 6월 12일
초판 3쇄 발행 2015년 7월 2일

지은이 | 이재황
펴낸이 | 김영훈
편집 | 이원숙
디자인 | 김미숙

펴낸곳 | 안나푸르나
출판신고 | 2012년 5월 11일
주소 | 경기도 고양시 일산동구 숲속마을 1로 55 210-901
전화 | 010-5363-5150   팩스 | 0504-849-5150
전자우편 | idealism@naver.com

ISBN 979-11-86559-00-0 (03140)

* 저자와의 협의로 인지는 붙이지 않습니다.
* 이 책은 저작권법에 따라 보호받는 저작물이므로 무단 전재와 복제를 금하며,
  이 책의 내용 전부 또는 일부를 이용하려면 반드시 저작권자와 안나푸르나의 서면 동의를 받아야 합니다.
* 유통 중에 파손된 책은 구입하신 서점에서 바꾸어 드리며, 책값은 뒤표지에 있습니다.

이 도서의 국립중앙도서관 출판도서목록(CIP)은 서지정보유통지원시스템 홈페이지(http://seoji.nl.go.kr)와
국가자료공동목록시스템(http://www.nl.go.kr/kolisner)에서 이용하실 수 있습니다. (CIP제어번호: CIP2015015875)